Der Jüngste Tag

Die Bücherei einer Epoche

Band 1
Büchergilde Gutenberg

Herausgegeben
und mit einem dokumentarischen Anhang versehen von
Heinz Schöffler

Frankfurt am Main 1982

Faksimile-Ausgabe

Nach den Erstausgaben wiedergegeben mit Erlaubnis
der Deutschen Bücherei Leipzig

Nachdruck der 1970 im Verlag Heinrich Scheffler
erschienenen Ausgabe

Alle Rechte vorbehalten · Societäts-Verlag
© 1981 Frankfurter Societäts-Druckerei GmbH
Druck: Paul Robert Wilk, Friedrichsdorf-Seulberg
Printed in Germany 1982
ISBN 3 7632 2639 7

Inhalt

Band 1

Vorbemerkung		IX
Franz Werfel	Die Versuchung	1
Walter Hasenclever	Das unendliche Gespräch	33
Franz Kafka	Der Heizer	49
Ferdinand Hardekopf	Der Abend	95
Emmy Hennings	Die letzte Freude	115
Carl Ehrenstein	Klagen eines Knaben	129
Georg Trakl	Gedichte	177
Francis Jammes	Die Gebete der Demut	241
Maurice Barrès	Der Mord an der Jungfrau	263
Paul Boldt	Junge Pferde! Junge Pferde!	289
Ottokar Březina	Hymnen	337
Berthold Viertel	Die Spur	375
Carl Sternheim	Busekow	431
Leo Matthias	Der jüngste Tag	461
Marcel Schwob	Der Kinderkreuzzug	525

Band 2

Gottfried Kölwel	Gesänge gegen den Tod	559
Paul Kraft	Gedichte	603
Carl Sternheim	Napoleon	641
Kasimir Edschmid	Das rasende Leben	691
Carl Sternheim	Schuhlin	735
Franz Kafka	Die Verwandlung	769
René Schickele	Aïssé	845
Johannes R. Becher	Verbrüderung	877
Carl Sternheim	Meta	923
Albert Ehrenstein	Nicht da nicht dort	967
Franz Werfel	Gesänge aus den drei Reichen	1045

Band 3

Mynona	Schwarz-Weiß-Rot	1153
Max Brod	Die erste Stunde nach dem Tode	1197
Ludwig Rubiner	Das himmlische Licht	1245
Franz Kafka	Das Urteil	1291
Gottfried Benn	Gehirne	1321
Ernst Wilhelm Lotz	Wolkenüberflaggt	1375
Rudolf Leonhard	Polnische Gedichte	1433
Martin Gumpert	Verkettung	1469
Hans Reimann	Kobolz	1509
Oskar Kokoschka	Der brennende Dornbusch	1605
	Mörder, Hoffnung der Frauen	1633

Band 4

Franz Jung	Gnadenreiche, unsere Königin	1651
Paul Claudel	Die Musen	1687
Hans v. Flesch-Brunningen	Das zerstörte Idyll	1709
Ernst Blass	Die Gedichte von Sommer und Tod	1777
August Strindberg	Die Schlüssel des Himmelreichs oder Sankt Peters Wanderung auf Erden	1807
Max Herrmann	Empörung Andacht Ewigkeit	1943
Carl Sternheim	Ulrike	1991
Alfred Wolfenstein	Die Nackten	2031
Oskar Baum	Zwei Erzählungen	2051
Eugen Roth	Die Dinge die unendlich uns umkreisen	2079
Iwan Goll	Dithyramben	2119
Karl Otten	Der Sprung aus dem Fenster	2155
Mechthild Lichnowsky	Gott betet	2193

Band 5

Max Brod	Die Höhe des Gefühls	2237
Francis Jammes	Das Paradies	2277
Alexej Remisow	Legenden und Geschichten	2355
Theodor Tagger	Der zerstörte Tasso	2441
Karel Čapek	Kreuzwege	2525
Johannes Urzidil	Sturz der Verdammten	2559
Carl Maria Weber	Erwachen und Bestimmung	2599
Otfried Krzyzanowski	Unser täglich Gift	2633
Arthur Drey	Der unendliche Mensch	2657
Hans Arthur Thies	Die Gnadenwahl	2733

Band 6

Oskar Schürer	Versöhnung	2773
Julius Maria Becker	Gedichte	2815
Adolf Knoblauch	Dada	2861
Hans Siemsen	Auch ich. Auch du	2935
Bohuslav Kokoschka	Adelina oder Der Abschied vom neunzehnten Lebensjahr	2957
Alfred Brust	Der ewige Mensch	3043
Walther Georg Hartmann	Wir Menschen	3089
Béla Révész	Beethoven	3135
Ludwig Berger	Spielgeist	3165
Johannes R. Becher	Zion	3195
Ruth Schaumann	Die Kathedrale	3221
Ernst Toller	Gedichte der Gefangenen	3265
Ferdinand Hardekopf	Privatgedichte	3293
Rudolf Kayser	Moses Tod	3327

Band 7

Heinz Schöffler	Der Jüngste Tag – Daten, Deutung Dokumentation	3357

Vorbemerkung

Im Jahre 1913 gründete der Kurt Wolff Verlag in Leipzig die Buchreihe »Der Jüngste Tag«. Franz Werfel, Walter Hasenclever, Kurt Pinthus und natürlich der Verleger waren die Geburtshelfer, die auch, wie Pinthus berichtet, dem Verlagskind den Namen erfanden: »Es wurde beschlossen, eine Serie kleiner dichterischer Bändchen zu beginnen, deren jedes, im Gegensatz zur schon florierenden Insel-Bücherei, von einem jungen oder noch unbekannten Autor verfaßt sein sollte. Wie aber der Name? Auf dem Tisch lagen die Korrekturbogen von Werfels neuem Gedichtband ›Wir sind‹. Mit einem Bleistift wurde hineingestochen, und die letzte Zeile der aufgeschlagenen Seite 166 begann ›O jüngster Tag!‹ So entstand die für die keimende, kommende Literatur repräsentativste Reihe ›Der Jüngste Tag‹, die (achtzig Pfennig pro Bändchen) manchen Namen zum erstenmal in die literarische Weite trug.« Kurt Wolffs Versprechen, sich um Autoren zu kümmern, die »als charakteristisch für unsere Zeit und als zukunftsweisend zu gelten haben«, hat er schon mit den ersten sieben Nummern erfüllt, denn unter ihnen befanden sich Kafka und Trakl, bisher nur von Eingeweihten erkannt, mit wichtigen Erstdrucken. In der Folge traten Autoren wie Benn und Becher, Schikkele und Sternheim, Boldt und Blass, Edschmid und Otten, wie Jammes und Čapek hinzu; als Übersetzer wirkten Lautensack, Blei und Ernst Stadler, als Illustratoren Meidner, Kokoschka und Feininger mit. Als die Reihe 1921 mit dem sechsundachtzigsten Band schloß, hatte sie eine Aufgabe erfüllt, Literatur unter die Leute gebracht. Weder vor- noch nachher in der deutschen Literaturgeschichte gab es eine Buchreihe, die so bedeutend Ausdruck ihrer Zeit war, die so sicher Zukunft vorwegnahm. Das haben schon die Zeitgenossen gesehen, wir können es heute um so verbindlicher bekräftigen. Seit Jahren war die Reihe nicht mehr komplett auf dem Markt, selbst die großen wissenschaftlichen Bibliotheken besitzen meist nur Einzelexemplare. Daß der Verlag Heinrich Scheffler den gesamten Jüngsten Tag in faksimilierten Erstausgaben vorlegen kann, verdankt er der Deutschen Bücherei in Leipzig. Die modernen Reproduktionsmittel erlauben eine Wiedergabe in der einzigartigen, indi-

viduell variierten Schönheit des Originals. Die Gedichte, Erzählungen und szenischen Werke bilden zusammen mit der ausführlichen Dokumentation ein Lesebuch für den Zeitgenossen von heute.
Heinz Schöffler

Der Jüngste Tag

FRANZ WERFEL
DIE VERSUCHUNG
EIN GESPRÄCH DES DICHTERS
MIT DEM
ERZENGEL UND LUZIFER

1913
KURT WOLFF VERLAG · LEIPZIG

Dies Buch wurde
gedruckt im Mai 1913 als erster
Band der Bücherei „Der jüngste Tag" bei
Poeschel & Trepte in Leipzig

COPYRIGHT BY KURT WOLFF VERLAG IN LEIPZIG

DEM ANDENKEN
GIUSEPPE VERDIS

(Geschrieben an einem Manövertag)

Wüste

Der Dichter:

Sie haben vor den Pyramiden Aida aufgeführt. Ich jauchzte, als ich die superbe Auffahrt vor den berühmten Jahrtausenden sah.

Und diese Beleuchtungen, diese Fanfaren, diese Musik, die all die liebgewonnenen Theaterschicksale in luxuriös unsterbliche Melodien setzt. Ich war diesen Nachmittag so glücklich. Nichts als ein Kultus, ein ewiger Kniefall für dich, Miß Olivia. Warum hast du mir das getan? Wo ich doch jenes glückliche Lachen hatte, das in mir Tribünen und Automobile, Fellachen und Ladies, Sphynxe und Statistenbäuche, Kamele und Wiener Kaffees tanzen ließ.

Warum mußtest du sagen, daß ich jenem braunen, o=beinigen Baritonisten ähnlich sehe! Weißt du denn nicht, wie eitel ich bin? Mußt du mich täglich zerschmettern? Das erstemal, als wir uns in Luzern auf der Reunion im Hotel National sahen und ich dich bebend, wie kein Kaiser vor einem Staats=

streich, zum Twostep aufforderte… schweige, Mensch! Unsäglicher Schlemihl. Alles um dich siegt.

Nur du bist dumpf und zitterst vor jedem bißchen Leben, das du großartig das äußere nennst, und das dich, wenn du sicher bist, so seltsam gleichgültig läßt. Jeder Kellner unterjocht dich, jede Dirne blamiert dich.

Apropos, peinige nur dein Herz. In einem Münchener Weinlokal, hat nicht ein Herr aus Magdeburg, ein Statistiker des jährlichen Niederschlages, ein Wetterprophet, ein Kerl wie Weißbier, die süße Erika, die du wie ein Legendenwesen behandeltest, von deiner Seite gerissen?

Womit? Gott, ich muß zu meiner Schande gestehen, ich war die bessere Wurzen. — Womit? Mit welchem Heroentum? Er bestellte bei der Musik das Lied „Zeppelin kommt nach Berlin", schlug mit den Fäusten den Takt, sprühte hinter seinem Zwicker, war eine durchwärmte, anschmelzende Büste von Vertraulichkeit und lustigem Wohlwollen… und hin war alles.

Das ist das Gesicht der Sieger!

Und du, Miß Olivia. Wie nenn' ich dich?

Du Element, du Abend, du leiblos Üppige, du Regen im Saal!

Ich, ich sollte eifersüchtig sein!

Haha, hätt' ich doch wenigstens die menschliche Kraft dazu.

Aber im Grunde verehre ich die anderen.

Das sind große Herren, in sich, voll Ruhe, Gemessenheit und Mittelpunkt. Sie haben das Leben wie sie's wollen. Heute und morgen ist ihnen ein Ziel. Was daneben geht ein Malheur. Und du, Miß Olivia, was bist du ihnen? Etwas, was man erreichen und besitzen kann.

Begreift dich denn einer?

„Gemach," falle ich mir selbst ins Wort, „willst du denn etwas anderes als erreicht und besessen werden? Du rechnest nur zu gut. Alles was du tust, ist Rechnung." Und ich fühle in diesem Moment wieder bis ins Mark, wie ich Narr des Zufalls dir fremd und widerlich sein muß.

Und doch, nur ich empfinde dich, nur ich empfinde deine Seele, nur ich deine metaphysische Erscheinung zur Welt.

Warum, wenn du die Hotel-Hall betrittst und in die Hände klatschend ausrufst „Kinder, das war schön, den ganzen Vormittag sind wir im Segelboot gesessen und haben uns treiben lassen", warum werde ich dann so müde und traurig?

Warum muß ich an einen ganz bestimmten schwindsüchtigen, totbleichen Lehrer aus dem

Erzgebirge denken, wie er aus seinem engbrüstigen Häuschen tritt und aus dem dünnen Vorbeet einen Salatkopf zieht? Warum habe ich diese Vision vom Aztekenkönig Montezuma? Wie dieser in überirdischer Märtyrerheiterkeit, goldgepanzert und konradinblond auf der Freitreppe seines brennenden Palastes steht? Sehe ich dich in Balltoilette, warum habe ich das rasche überwältigende Gefühl von Hochtouren, Durst, Ahnung von Quellensturz und jauchzende Glieder?

Gott, Gott, bin ich das Medium, das dich ahnungslos in dir Beruhende mit der Welt verbindet, bin ich jener leitende bewußte Stoff zwischen dir und der Unendlichkeit?

Das ist es ja. Die Andern sind Menschen!

Schon was sie wollen, gehört ihnen. Sie bemessen ja einander nach Willen und Erfolg.

Meine Sehnsucht ist Flucht, mein Streben ein Wegstreben.

O ich Midas. Was ich berühre, wird unnahbar, fern und heilig und läßt mich allein.

Und warum mir gerade dies fürchterliche Geschenk der Poesie? Es leben doch durchdringendere unwiderrufliche Geister, es leben schwellendere, wirksamere, umfassendere Herzen.

Warum mir ein Schicksal, das ich nicht zu ertragen vermag?

Ich kann diesen irdischen Vergnügen, an denen ich täglich strande, nicht entsagen.

Ich brauche diese Atmosphäre von Welt, die mich ewig beschämt. Ich brauche die Rennplätze, die Strandkasinos, diesen kosmopolitischen Jargon, den ich durchschaue. Ich brauche diese glänzenden Terrassen, auf denen ich mich minderwertig erzeige.

Warum, warum dieser Dämon, der mich immer zur Demütigung treibt?

O du verhaßtes, geliebtes Menschentum.

Du angebetet, wohlerwogenes Handeln aus Gründen, du bespieen ersehntes Beschränktsein!

Satan:

Was jammerst du? Ich will dir helfen.

Der Dichter:

O Satan!

So krümme ich mich zu deinen Füßen.

Zermalmter, von den Dingen verzehrter, hochmütiger von den Stunden behandelt ist auf dieser ganzen Welt kein Wesen, als ich. Ich wanke erhaben zwischen den konstanten Naturen. Jeder Gegenstand ruft mir zu:

„Schau mal an, wie fest ich bin. Versuch's doch, mach mir's nach. Ich pfeife auf den Auf- und Abschwung deiner Seele. Damit kommt man nicht weit. Und das Leben ist doch plausibel, und manches wäre zu erringen. Was mein Teil ist, wird mein sein. Hörst du? Ich fühle mich wohl in mir; dann streck ich bloß die Hand aus und was ich will, habe ich. Aber eins, Väterchen, ist nötig. Festigkeit, ein Charakter!"

So flüstert's um mich.

Und erst die Verzweiflung in mir.

Schwächling, nicht fähig ein Schicksal zu ertragen. Du Unsittlicher! Du erkennst das Gute, dich empört die Niedrigkeit, manchmal schwillt es in dir empor, die verfaulte Welt niederzurennen und in deinem Innern Ordnung und Gesetz zu schaffen, vermagst du nicht. Satan, Satan, was soll mir die Kraft, im Banalen das Ewige zu sehen, was soll mir die Wonne, Entzücken in der Vernichtung zu fühlen?

Ich habe niemals ein festes Ja gesagt! Ich war niemals Mensch!

Mein Wunsch macht mich lächerlich, Satan, gib mir einen Charakter!

Satan:

Sieh' hin, was ich dir geben will, Sterblicher.

Der Dichter:

Was ich erblicke, sind die Reiche dieser Welt.

Satan:

Und mehr als die Reiche dieser Welt sollen dein sein.

Ich will dir unschätzbare Eigenschaften verleihen. Ich will dir die Eigenschaft verleihen, daß niemals dein Frackhemd ermatte, daß niemals die klare Eleganz deines Smokings sich trübe. Begreife wohl, das sind Eigenschaften, die ich nicht etwa nur zu deinem Äußeren füge, nein, in dein Gemüt senke ich geheime geschlossene Kräfte. Um deinen Mund lebe ein Lächeln, das dich fürchterlich macht. Quintessenz der Diplomatie spiegle der Glanz deiner gestrafften Stirnhaut. Eine Kälte sei dein, die Menschen zum Spielzeug macht. Die Stunde sei deine Sklavin. Spürst du schon deine unabwendbaren Schritte in den Spielsälen? Spürst du schon den Rausch finanziell wahnsinniger Machinationen? Ahnst du deine neue Welt? In den Hallen des Verwaltungsrats, im Direktionszimmer enormer Opernunternehmungen?

Und über allem Sicherheit der Macht. Dein Weg geht weiter. Ein Thron ist nicht nur ein Wort. Dynastien sind Puppenspiel. Sei Herr der Haupt- und Staatsaktion! Fühlst du im Taumel jagender Überlegenheit schon bewimpelte Perrons und die Trommelwirbel der Ehrenkompagnie?

Der Dichter:

Für wie unkompliziert mußt du mich halten, Satan, um mir mit Konträrem zu kommen. Kann meine vom Unendlichen verwöhnte Brust ausfüllen dieses kindische Herrsein über kindische Institutionen? Vielleicht bebt manchmal mein weltzerrissenes Herz nach innerer Autokratie. Aber deines Bürgertums im Verwegenen, deiner scharfen Mundwinkel, deiner Potentaten-Triumphe spotte ich.

Satan:

Überlege es wohl, ehe du diesen meinen ersten Vorschlag verwirfst. Wonach ihr Menschen strebt, was ist es anderes, als Leidlosigkeit? Leidloses Leben biete ich dir.

Der Dichter:

Das Leid, das Leid gerade ist es, was ich suche.

Satan, Satan, ewiger Geist, blamiere dich nicht! Haben dich meine wirren Klagen so getäuscht, daß du mich auf diese Formel bringen willst? Deine Aussichten sind gut für ungeschickte Schullehrer, für giftige Bezirksrichter und enttäuschte Oberleutnants; nicht für mich.

Satan:

Eins vergißt du, ewig Ungeliebter! Von Stund an wärst du der Geliebteste des Erdkreises.

Der Dichter:

Glaubst du, lächerliches Wesen, ich gäbe einen Heller drum, wenn mich Miß Olivia liebte?

.... Doch darüber erkundige dich in meinem dramatischen Gedicht „Der Besuch aus dem Elysium".

Und schließlich, was ist aller Besitz, alle Wollust gegen das metaphysische Vergnügen bei der Betrachtung der in sich wandelnden Geliebten mit Sonnenschirm?

Satan:

Du verschmähst meinen Vorschlag, weil er das Wichtigste in dir nicht berechnet hat. Die Poesie.

Hier mein zweites Wort!

Ich will dir eine berückende Biographie geben, ein Leben voll süßer weinender Aben=

teuer. Ich will in dein Schicksal wunderbar geheimnisvolle Wesen mischen. Schauspielerinnen. Dann sollst du schön sein und mit den Frauen dich selbst anbeten. Dem Schwung deiner Züge sollen sich die Abende und Nächte, die dir geschenkt sind, die Arme, die dich je halten und die Worte, die deinem Mund entsinken, anschmiegen.

Dein trauriger, leidenschaftlicher Genius soll Verse haben, daß knöchrige Monarchen und Kindermädchen in dem erfüllten, verdunkelten Raum heulen. Triumphe seien dein, vor denen Könige und Tenöre erblassen. Wenn du nach der Apotheose deiner Premiere ins Proszenium trittst, überrasen dich Kavallerieattacken des Applauses aus den Hinterhälten der Gallerie. Leitartikler lässest du antichambrieren. Doch auch die ruhigen, ernsten, bedeutendsten Geister sollen sich deinem Zauber beugen. Premierminister bestimmst du durch die Hölle eines Wortes zu paradoxen Umwälzungen, hundert Seiten von dir, und das Wahnsinnige wird Ereignis. Der besonnte Flug eines rhetorischen Vogelschwarms, und das zynische Zeitalter schlägt sich an die Brust und explosive Güte wird Mode. Wildes brillante Geste sei gegen dein Furioso ein Salonwalzer gegen eine Bach'sche Fuge, Pindars olympische Krönung von minder mythischer Gewalt, als deine verzehnfachten Nobelpreise, Byron das Erdenwallen eines krämrigen Poseurs angesichts deines rührend erhabenen Dahinschwebens, und krachen aus Missolounghis morschen Balkanscharten 21 Kanonenschüsse, sollen nach deinem Tod die Flotten der Nationen, von Pol zu Pol, diesem Tag den Trauersalut bringen. So gebe ich dir den Ruhm im Leben.

Und nachher das höchste, was ich verleihen kann, Unsterblichkeit.

Der Dichter:

Ruhm! Ruhm! Du Vision über meiner Schulbank.

Wer gibt mir den Ehrgeiz des Ungedruckten zurück? Wer den Tag, da ich dich ausschöpfte bis zum letzten Nachgeruch des letzten Tropfens dich einatmete, Ruhm!

Ich sehe mich noch, wie ich Gymnasiast, zitternd von Vorahnung, meinen Freund zu seiner Wohnung begleitete.

Zu jenem gelben, bestaubten Haus des Ledergeruchs. Ich fühle noch seine Bewegung, mit der er die Treppe hinaufzulaufen pflegt.

Eine Schicksalserwartung im Hausflur. Und doch wollte er sich nur ein Taschentuch holen. Ach, da kommt er atemlos, springt drei

Stufen auf einmal und hat in der Hand die kleine rosa Sonntagsbeilage einer Residenzzeitung. Und die Besinnung verbleicht, die Augen werden machtlos, das Herz verliert die Fassung, eine tiefe Übelkeit schraubt alle Nerven tief... Gott, auf der ersten Seite wohlgereiht, ungeträumt, unverrückbar, da, und doch vor Ohnmacht nicht erkannt, das kleine, steife Gedicht, das Wochen hindurch, dreimal während jeder Speise, auf dumpfen Schulwegen, ja bei jedem Stuhlgang dreimal mein Traum sich aufsagte.

Den Tag eines kaum mehr Irdischen verlebte ich. Meine Schritte bekamen einen anderen, tieferen Klang. Ich ging ausstrahlender, furchtloser, unverletzter durch die Straßen und drängte mit meinem Körper, der mir antik gewandet vorkam, mit meinem Kopfe, den ich als etwas marmorn umlocktes empfand, Wind und Gespräch, Fluch und Wagengerassel zur Seite. Vor Warenhäusern, Wagenreihen, Kaffees blieb ich stehen und war erstaunt, als ich erkannte, wie tief das Ereignis meines gedruckten Werkes in die Welt gegriffen hatte; etwas schien an allem vorgegangen zu sein, alles schien auf mich zu deuten mit einem achtungsvoll schielenden „Aha". Und dieses Wissen der Dinge machte mich geradezu frech. Ich sagte zu einem Polizisten „Sie da, wo kommt man auf den Castulusplatz" und bat einen Feldmarschall-Leutnant verdrießlich um Feuer.

Ja, damals ward Ruhm erlebt. Von meinem Ruhm ward jedes Auge, jeder Mund voll. Ich schlug mit Sicherheit jede Zeitung auf, und als ich meinen Namen nicht fand, war das selbstverständlich, denn das gewohnte Ohr hört auch nicht den Ton des Meeres und der Luft, und gar das ewige Geräusch der Sterne, und so war auch mein großes Dasein als schon natürlich und alles ausfüllend übergangen worden.

O, daß der irdische Genuß nur einmal genossen wird.

Was ist mir jetzt mein ärmlicher Ruhm? Klatsch dreier Kaffees und lächerliche Politik dreizehn übelgeratener Literaten?

Und was wäre ein großer Ruhm? Mehr unsachlich, weniger böswillig, doch einfältiger Klatsch der befestigten Gesellschaft.

Unsterblichkeit? Das Argument dagegen liegt auf der Hand.

Gewiß, gewiß. Oft sehe ich mich im Traum. Wie ich jahrelang in der Nähe einer Frau diese floh. Sie lachte über mich weg den Diabolokreisel spielender Kinder an. Und da komme ich auf gezäumtem, festlichem Pferd die Straße herab. Und das Spalier wirft toll die Hüte in die Luft und aus offenen Fenstern streut man langsame Blumen um mich. Und da ist auch die Schöne. Ich halte mein Pferd an, und mein fast schon steinerner Mund spricht ein Wort, das langsam wie die Ehrenblumen rings niederfällt. Da schaut mir die Frau in die Augen und streichelt mein Pferd, und rasend jubelt, wie ich weiterreite, das Volk um uns mit Tambourins und Tschinellen.

Aber das ist ein Traum, wie ein Bub die Geliebte aus dem brennenden Hause zu retten träumt.

Ruhm, Unsterblichkeit. Nein, nein, nein! Ich halte mir die Ohren zu, Satan.

Satan, Satan, bist du ein Quacksalber? Hast du in deinem Feuersack nur Medizinflaschen? Um mich zu vergessen oder zu erweitern, gab Gott uns Haschisch und Opium.

Satan, Satan, bist du ein Theaterfriseur? Hast du in deinem Feuersack Perücken und Schminkstifte? Willst du meinem Inwendigen und Äußeren eine schneidig geringschätzige Treumannmaske anmalen und mit ein paar höllischen Kohlenstrichen ein brutal fernes Lächeln mir um die Lippen ziehen, oder mit fachmännischem Zu- und Wegspringen mir einen melancholisch hinreißen-

den Lockenkopf von säkularer Gültigkeit an=
ordnen?

Ich will, ich will keine Metamorphose.

Ich will meine Wahrheit kennen. Mein
innerlichstes Licht oben haben.

Wenn ich um einen Charakter flehte, so
meinte ich nichts als die Kraft, durch den
Urwald des Selbst durchzukönnen nach einer
erkannten, mit den Schlüssen des Zuende=
denkens und den Blitzen des Nach=allen=
Seiten = hin = Fühlens übereinstimmenden
Richtung.

Satan:

Es ehrt dich, Mensch, daß du es ver=
schmähst, von mir ein neues Leben anzu=
nehmen! Es hätten sich Naturen, die du für
stärker hältst, durch weit geringeren Bauern=
fang erwischen lassen.

Wisse es, so oft du auch dumpf, weiner=
lich und unfähig zu leben bist, deine Seele,
Mensch, deine Seele ist stark. Sie sollen nur
höhnen, Ästhet! Dich hat der Teufel, ver=
wirrt Ehrlicher, durch kein Raffinement ge=
fangen.

Erkenne nun, was ich für die besten Tem=
peramente bewahre, und wähle!

Kein neues Leben gebe ich dir. Aber ein
neues Schicksal. Und zwar, mein Unersätt=

licher, das schmerzlichste aller Schicksale und das triumphalste: Den Kampf!

Der Dichter:

Kampf! Verzeih' Satan, wenn ich skeptisch werde, an mir skeptisch werde. Es ist etwas Unpolemisches in mir. Etwas, was einem irdischen Übel ein ironisch transzendentales Gewicht entgegenhält. Einen vielleicht billigen Trost in der ewigen Ordnung.

Satan:

Ich habe dein Herz beim Lesen mancher Notiz aus dem Gerichtssaal belauscht. Du unterschätzest deine Vehemenz. Bisher warst du wohl allzu gesättigt. Das irdische Übel erschien dir in derselben Distanz wie die ewige Ordnung. Aber ich will dir das irdische Übel naherücken, ich will's um dich gruppieren.

Du sollst das Leben nicht mehr aushalten, wird mein Geschenk sein. Du wirst verwandt werden meinem Geschlecht. Dein Schmerz wird ein Luzifer=Schmerz sein. Schweig'. Du wirst dich nicht umbringen. Du bist ein Dichter. Du wirst brausen.

Nicht mehr werde ich, wenn ich vielleicht als Hauswirtin dir früh den Kaffee bringe, dich bei jenen uns bekannten Monologen ertappen.

„So, da stehe ich nun auf und bin voll von einem Vers, den auszudrücken ich zwei Tage brauchen werde. Warum kommt dies Erschrecken über mich und diese verächtliche Frage, wozu dies alles? Soll dies schön Fühlen und schön Reden wirklich der Ersatz sein für all die Erbärmlichkeit? Warum bin ich gerade dazu verdammt, mein Leben an eine Lüge hinzuwerfen, die nur dadurch in mir gehalten werden kann, daß sie die anderen, das Publikum, scheinbar aufrecht erhalten. Wenn dieser Abgeordnete gestern nicht zitiert hätte „Es soll der Dichter mit dem Fürsten gehn" (wie ist im Herzen des Abgeordneten dieses Wort leer), so hätte ich gestern vielleicht nicht so tief an Wert und Wichtigkeit der Poesie geglaubt!

Wie gemein bin ich doch im Grunde. Ich freue mich ja zuschauend über das Gute und Böse, das mir passiert, um nachher nur darüber innerlich herzufallen. Plausibel wäre vielleicht einzig noch „Selbstmord durch Kunst". Sich aufgeben, aber gestalten. Oder — oder. Ein Wirkender zu sein. Ein unerforschlicher Gigant der eigenen Idee. In dem Scheiterhaufen der Sätze verbrennen die schnöden Gesinnungen, die gleichgültigen Taten, Systeme und Menschen, Kunst als Revolution. In Tyrannos!"

Siehst du, Dichter, ich will dir ein Schicksal geben, daß du dieser herjagende Erfüller sein wirst. Ich will dich mit Ekel und Mitleid bis oben anfüllen, daß du über Parlamenten, Kongressen und Weltversammlungen wie ein Samum dahinfährst. Ich will dich durch Wahnsinn des dir Begegnenden aufreißen zu unerhörtem Mut, zu unerhörten Taten. Du sollst die Wonne fühlen! Einer gegen Millionen. Und den Tod aller Tode sollst du sterben. Im Triumph, im Sieg, während eines Bombenattentats oder durch die Kugel eines ohnmächtigen Feindes nach dem Erdbeben einer deiner Reden.

Der Dichter:
Halt ein, halt ein! Alles, was du versprichst, ist Rausch. Alles ist Rausch! Auch deinen Kampf will ich nicht. Ich will mich nicht vergessen. Haschisch und Opium nannte ich schon. Ich gebe nicht meine Zweifel der Geschäftigkeit hin. Nicht ein Aufwachen, wo man noch Verse des Traumes im Ohr hat, gegen ein intrigantes Pathos. Wer sich der Nichtigkeit entgegenwirft, wird selbst nichtig. Wer in der kleinen Misere Leid der Ewigkeit spürt, singt, aber kämpft nicht. Nein, nein, dein Kampf gegen Dynastien, Parlamente, Dummheit, Verbrechen, ist nicht mein Kampf.

Häufe Hunger und Unglück auf mich, du täuschest dich, wenn du meinst, ich würde zum rhetorischen Parteigänger, zum dialektischen Anarchisten.

Dies Herz weiß zuviel, es hat zu sehr die Trostlosigkeit, die Einsamkeit, die Einsamkeit jedes Grashalms und jedes Lämpchens erfahren, hat zu heiß über verlassene Bänke bei Sonnenuntergang im Park geweint, als daß es den Unsinn der Wehrmacht und der Gesetzgebung überschätzen würde.

Satan, Satan, du bist mir nicht gewachsen. Ahnst nicht die Zartheit, die Demut in mir. Ich brauche nicht den Rausch des Außerordentlichen. Mich berauschen ja all die lieben Wiesen, die Bienen, und ein gütiger Weltblick einer zahnlos ordinären Hexe zum Kruzifix oder zu den Wolken versöhnt mich mit der entsetzlichsten Verleumdung aus ihrem Munde.

Ha, ich fühle, wie in mir all die Qualen so klein und niedrig werden, wenn das Leben, das Leben wieder unendlich an meine Brust greift.

Satan:

Ehe du mich verstößt, ehe ich entfliehe, vernimm noch. Schlag nicht aus die Hand Luzifers, des zur Erde Gefallenen, dem Gott das nahm, was jetzt aus deinen Augen bricht.

Die Menschen, höre, sind dein Untergang. Du sprichst nicht ihre Sprache, sie werden dich wegwerfen. Dein sei die Einsamkeit! Trage deine Liebe in die Wildnis! Ich will die Welt um dich bezaubern. Die Flüsse, die Lerchen, Vulkane und Bestien seien Träger deiner Stimme, Behälter deines Schmerzes. Die sieben Farben sollen beglückt um dich tanzen. Dein Leid harmonisiert sich. Du kraftvoller Widerstrahl Gottes, Orpheus, süßes, seliges Abbild, Erinnerung meiner selbst, ehe ich schuldig worden.

Ich wollte dich vernichten, als ich dich dreimal unter die Menschen verwies. Meine Erinnerung vernichten. Jetzt aber beugt mich Sehnsucht, Sehnsucht nach der alten Reinheit. Bleibe, o Klang des Kosmos, bleibe mir.

Der Dichter:

Satan, Satan, du auch mein Bruder.

Jetzt weiß ich, daß ich unter die Menschen muß. Alle meine Zweifel, meine Anklagen gegen mich, schrumpfen nun ein, wo urplötzlich eine ungeheure Sonne aufging, und ich sehe, daß all das, was ich für Mangel hielt, Schicksal ist, mein einziges Schicksal, das keinem, keinem Wesen angeglichen werden

kann. Ich werde nicht mehr zetern über chao=
tisches Gemüt, Unstandhaftigkeit, Unsittlich=
keit. Die Gesetze des Menschen, auch seine
Moralgesetze, sind nicht die meinigen, weil
ich in Beziehung zu ganz anderen, höheren
Gewalten stehe.

Ich werde nicht mehr weinen, weil nichts
Menschliches an mir ist außer Hunger, Durst
Schlaf und Wollust. Und doch, so ich nun
mein unmenschliches Schicksal erkenne, treibt
es mich wieder, unsäglich treibt es mich zu
den Menschen.

Satan
(hebt sich dunkel auf und verschwindet):

Der Erzengel mit dem Flammenschwert in der
Rechten steht feurig über dem ganzen Himmel.

Der Erzengel:
Nun der unselige Bruder versank, blicke
in dieses Auge, Mensch.

Der Dichter:
Was überwältigt mich so wonnig?

Es stürzen Lawinen in meiner Seele und
goldene Bäche nieder. Heimat, Heimat! Ist
auf den seligen Gefilden deines strahlenden
Kleides, die Heimat, die so oft nach dem
Schmerze wirr empfunden und beweint
wurde?

Ich will nicht mehr fort.

Laß mich sterben. Zu dir, in dich einziehen. Bist du das, was ich Kindheit, Unbewußtheit nannte, bist du das, was ich Bai des Entschluchzens, Tod nennen will? Nicht mehr zurück, nicht mehr zurück in das Leben, wo die entsetzlichen Chimären, Arbeit, Ehrgeiz und Gleichgültigkeit den Jammer der Seele verhöhnen. Sei das Eichenbett zur Winterszeit, in dem ich mich klein machen will, sei das vergehende Firmament des Frühlings, unter dem beruhigend die tausend ersten Schwalben taumeln, sei das Antlitz der Geliebten, in dem ich schlafen gehe, sei die vergangene Stimme der Mutter bei einer Kinderausfahrt im Landauer!

Der Erzengel:

Du wirst nicht sterben! Dein Geburtstag ist heute, o Sohn! Was siehst du?

Der Dichter:

Ich bin in einer Dorfkirche.

In groben Bänken grobe Gestalten mit harten, unversöhnlichen Gesichtszügen. Der Pfarrer liest die Messe. Eine Orgel höre ich nicht. Das Trippeln, Knixen und Klingeln der Ministranten ist mir ebenso widerlich, wie das falsche, salbungsvolle Sichumdrehen des Geistlichen und sein kastriertes Dominus vobiscum und saecula saeculorum.

Ein hoher, hohler, öder Chor macht mich verdrießlich. Da, auf einmal bewegt sich ein komischer, farbiger fahnenbewehrter Zug vom Hauptportal zum Altar. Voran eine Musik, zehn Männer mit ungeheuren, gelb-verschlungenen Instrumenten, dann mit kurzen Schritten Feuerwehr, nachher ein Veteranenverein und zuletzt weiße Firmkinder. Mädchen mit langen, schlenkernden Armen und kurzen Zwirnhandschuhen, an dem rührend flachen Busen allerhand Blumen; Buben, die halblange Hosen und ungewohnte Scheitel tragen, und denen von verwegenen Spielen schwere und derb zerrissene Hände allzu groß und unbeherrscht ruhig aus runden Ärmeln hängen. Mütter drängen sich, Weisungen erteilend und mit Blicken dirigierend an die Schar.

Da beginnt die Musik. Hörner und Klarinetten setzen falsch nacheinander ein und haben Mühe, sich zu finden, während unten und oben jedes für sich und unbeirrt Bombardon und Flöte ihres Weges gehn.

Und jetzt, jetzt ist es doch Musik. Süß, einfach wie Atem, wie Wind, ineinander Thema und Baß. Ist es ein Stück aus der Schöpfung Haydns, ist es Pergolese oder ein simpler ländlicher Choral?

Das Einzige ist auf einmal da, was alle, alle Geschöpfe vereint, Musik. Das Unbegreiflichste und Sicherste dieser Welt. Wie auch Lärm um uns ist, der langsame Vierviertaltakt hebt an, und jedes Gemüt hört unbewußt den Takt seines eigenen Wandelns und empfindet die große Brüderschaft der Wesen, fühlt wie sein Gang der Gang der Planeten ist, der Tanz der Sonnen und der kleine Lauf eines Wiesels.

Die ruhige, schreitende Melodie ist da und mich erfaßt ein erhabenes Allerbarmen.

Ihr sitzet da mit rauhen, verlorenen Gesichtern. Du dort, Wucherer, mit dem Glasauge, und du dort, Frau, aufgedunsen von vielen Geburten. Jener denkt an einen Pferdehandel, dieser an die Versicherung seines Hauses. Die schmächtige Frau träumt davon, daß ihr Mann Gemeinderat wird und die Üppige von der Brutalität ihres Liebhabers.

Kennt ihr euch denn, ihr Menschen?

Ihr Armen, Armen, einfältig Schlauen!

Und du, überlegener Herr Professor, wackerer Monist, was weißt du denn von dir und Welt? Armer, einfältig Schlauer!

Nur ich, nur ich verstehe euch!

Nur ich schöpfe von eurem Antlitz eine Grimasse ab und habe ein Stück flatternde

Seele in der Hand. Ihr seid Handelnde, Mitwirkende dieses großen Balletts, — ich bin der ferne, der schmerzliche Outsider.

Der Erzengel:

Nun hast du dich erkannt. Nun weißt du ganz, daß dein Reich von dieser Welt nicht von dieser Welt ist. Das ist, o Dichter, dein Geburtstag. Und in dieser Welt, der Gesandte, der Mittler, der Verschmähte zu sein, ist dein Schicksal. Kein Gesetz, keine Moral gilt für dich, denn du bist der unsrigen, der unendlichen Geister einer.

Der Dichter:

Welch unbekannter Stolz durchrollt mich, welch neue Stärke faltet meine Stirne?

Die Welt braucht mich.

Ja, ich höre eure Stimmen alle.

Der blonde verprügelte Soldat ruft mich an, ein kaum getötetes Häslein, das fröhliche Jäger mit in die Stube brachten, wartet, daß ich fühle, wie anmutig mädchenhaft sein kleiner Körper erstarrt. Die große Zigarre eines Börseaners sieht mich seltsam an, und ich allein, ich allein empfinde für sie, daß sie nun bald nicht mehr sein wird, nicht einmal mehr Rauch. Eine kleine energische Frau sagt: „Ja, als dann mein Bruder selig starb, war ich ganz allein." Und meine Seele umarmt sie und weiß alles, das Abstauben bei fremden Leuten am Morgen, das Mittagessen in der Küche (sehr viel Zimmet und Zucker), den Hausherrn in Pantoffeln, seine großen, roten, haarigen Hände, wie sie nach dem runden, festen Busen tasten.

Auch dein Ärger spricht zu mir, heute, unvorteilhaft gekleidetes Mädchen auf dem Kränzchen, und deinen Mut schöpfe ich aus, Minister, wenn du ruhig dem Wirbel der Tintenfässer und Lineale standhältst.

Bronislawa, Barmaid, du tanzest mit einem schlanken Idioten.

Und ich vergehe vor Schmerz und Jubel, denn bald, bald wird dein wunderbarer, zarter Körper erlöst sein. Du bist nicht mehr. Mit dem Walzer der Damenkapelle, mit dem Weingeruch, mit der langsamen Höflichkeit der Kellner stürzest du ein. Dein silbriges Skelett faßt ein Sarg. Doch dein unsterblicher Augenaufschlag, der harte Tanzschritt deines Fußes, dein flatternder Alt, die Hingabe durch den Mann hindurch an dich selbst, deine unsinnigen Redensarten, dies alles, alles entschwebt und ist überall da, und ich Glücklicher finde es, wenn der Mond aufgeht und Mädchen den Eimer aus dem Brunnen emporkurbeln.

Engel, mein Engel, jetzt fühle ich, daß ich von deinem Geschlechte bin. Ich bewundere mich. Ich bin groß.

Der Erzengel:

Wie du's erkennst, bist du es schon. Aber, mein Sohn und Bruder, sage, was hörst du jetzt für Stimmen?

Der Dichter:

Stimmen der Lästerung und des Unverstands. Ich will mich auf eine Steinbank setzen und himmlisch lachen. Nein, nicht mehr glaube ich von meinem Erdenwallen, daß es nutzlos und unfruchtbar sei.

Mögen sie nur rufen und achselzucken: Schwächling, Weichtier!

Ich führe und leite sie doch.

Die ganze grüne Erde liegt da und schweigt.

Ich werde sie ihnen schenken und sie werden reich von meiner Armut sein.

Denn siehe, ich bin die Verkündigung!

Walter Hasenclever
Das unendliche Gespräch
Eine nächtliche Szene

Kurt Wolff Verlag
Leipzig

Bücherei „Der jüngste Tag" Band 2
Gedruckt bei Poeschel & Trepte, Leipzig

Das unendliche Gespräch
Eine nächtliche Szene

In der Bar Santa Maria Mercede

Chor der Kaufleute:

Aus den roten Ozeanen,
Festmoscheen, Goldfasanen,
Aus dem Spuk der Karawanen
Sind wir nun herangespült.
O der Glanz auf allen Spiegeln
Droht uns wieder aufzuwiegeln —
Laßt die Türen gut verriegeln:
Leben wird hier ausgefühlt.
Wißt ihr noch, mit siebzehn Jahren
Dritter Klasse hingefahren
Auf die großen, wunderbaren
Schiffe, die in Hamburg waren!
Banken unsrer Väter krachen,
Mögen wir darüber lachen,
Denn wie Äpfel rollt uns kalifornisch Gold.
Heulten Neger, übers Meer geprügelt,
Dampften Pferde westwärts, ungezügelt:
Wen die Gier des Herzens überflügelt,

Dem ist unsre Erde hold!
Manchmal aber schollen Dampfer, Post und Winde;
Einer Ansichtskarte, einem Kinde
Sahen wir die Heimat an.
Und wie übermannte uns der Himmel,
Ersten Hauptbahnhofs Gewimmel —
Ankunft, die man nicht beschreiben kann!
Brach nicht unser Knie bei der Douane,
Fühlten wir die eingebornen Krahne
Und den Leuchtturm wehen von der Küste,
Die man weinend noch im Ozeane
Überschwenglich zog an alle Brüste?
Doch nun reicht die Mischung der Getränke,
Daß ein guter Geist uns wieder schenke
Im Unendlichen ein Stelldichein.
Urwald, übertrumpft von Weibern, Flaschen,
Durch die Luft Orkane von Gamaschen
Und im Eise mancher Wein!
Wurden wir nicht einst ertappt von Lehrern,
Hier an diesem Tisch zuerst geschwellt;
Ausgestoßen hat man den Verehrern
Einer größeren Welt uns zugesellt.
Nun zurück nach zwanzig bärtigen Jahren.
Alte Stätte, die so weh getan.
Und was damals fünfzig Pfennige waren —
Reiht ihm heute alle Schätze an!

8

Der Eintretende:

Wie schauert mich, im Duft der ewigen Nächte
Am gleichen Orte wieder zu verweilen.
O könnt ich, Abenteuer, dir enteilen —
Was kommt die Liebe nicht zu jedem Knechte!
Von ungenossenem Glück und Weltbegehren
Greif ich in später Nacht zu meinem Hut,
Um grenzenlose Wunder zu verehren —
Doch schon am Freudenhause sinkt der Mut.
Und leb ich so, in manchen Tag verschlagen,
Sterb ich des Nachts am Ruhm von Kavalieren.
Mich wird die weiße Weste niemals zieren,
Und keiner wird mir eine Ehre sagen.

Werfel:

An unsern Tisch, wo noch Zigarren ringeln,
Du Mann aus mitternächtigem Pferdetrab!
Leg deinen Mantel, leg den Purpur ab —
Vergiß die Schreibmaschinen, die dich klingeln!
An deine Schöße hingen sich die Gassen,
Doch deine Schritte wehten übers Meer;
Der gleiche Gott der Liebe trieb dich her —
Du wirst die Freudenhäuser nicht mehr hassen.
Vielleicht ist vieler Menschen Todesstunde,
Indes wir uns begegnen hier im All,
Und manches Wesen fällt mit dumpfem Schall

Aus weher Mütter Schoß und Munde
Herab auf unsern dunkeln Ball.
Mein später Freund, für diese Nacht geboren,
Laß mich etwas Gutes an dir tun!
Hast du die Schlüssel deines Tors verloren,
Sollst du die Nacht in meinem Bette ruhn.
Gott stürzt mich wieder in die Welt hinein —
Klaviere, auf! Ich fühle Angst und Feier.
Empfangt den Geist, ihr bürgerlichen Schreier:
Auch eure Liebe wird unendlich sein —
Denn ich will Gottes Wort in euch vollbringen,
Will Freund und Feind sein, Erde, Hur und
                Kind;
Doch mehr als allen Glauben will ich singen,
Daß wir im Himmel und auf Erden sind!
Und mehr als alle Demut will ich leiden,
Ein Heiland, den euch der Prophet verhieß;
Wenn einst die Eitelkeiten von euch scheiden,
Verkünd ich euch das große Paradies.

Chor der Damen:

Solange sich die Männer echt gebärden,
Und das Monokel hoch im Auge raucht,
Solange Busen und Korsett gefährden,
Ist unsre Nähe wichtig und erlaucht,
Und spricht ein Herr: „Du bist wie eine Blume",

Und fallen große Häuser bebend ein:
Roger und Gallet regnen die Parfume —
Wir werden niemals überwunden sein.
Kauft uns ein Obst! Bestellt uns eine Mischung!
Wir schenken euch die herrlichste Erfrischung
Vom Müdewerden in die Dämmerung.
Man kennt sich aus in hunderttausend Betten;
Jede Matratze hat ihren Sprung.
Wenn wir den Leib an unsre Strümpfe ketten,
Berauscht uns vieler Nächte Erinnerung.
Wie Sektflaschen schwanger sind von donnern=
  dem Schaume,
Wehen wir auf: ein überall seiendes Ding.
Vielleicht an irgendeinem Wüstensaume
Trifft man sich wieder, ihr Herren vom Ring!
Wer weiß, ob unsre Mutter in Gotha noch
  Zimmer vermietet;
Ob unsre jüngste Schwester eine Fehlgeburt hat?
Wer bezahlt den Friseur? Wir sind nicht satt.
Wer uns heute Abend ein Roastbeaf bietet,
Sei gestürzt in unsre rasende Stadt!

Olly:

Manchmal im Schlaf an meiner Mutter Brüste
Träum ich von dir, ich lieb dich, in der Nacht.
Mein Haar in meiner Hand empfängt die Lüste;

11

Vom Küssen ist die Mutter aufgewacht.
Sie ruft mich, was ich habe, und berührt mich;
Doch näher schwebt dein Bild wie ein Modell
Aus Finsternissen wächst es und entführt mich,
Denn du bist bei mir, und ich zucke schnell.
Dann lieg ich lange wach in meinem Hemde
Und sehne mich nach Leid und Glücklichsein;
Mein Bruder, den man totschlug in der Fremde,
Tritt an mein Bett — und Weinen hüllt mich
       ein.
Noch singen in den Bars die Melodien,
Sind viele Spiegel heiß um mich geschart;
Ich werde manchen Herren noch entfliehen.
Wer holt mich fort zur letzten Droschkenfahrt?

Hasenclever:

Ich trage einen Gott von deiner Erde.
Erscheine denn, gebannt durch mein Gefühl!
Sei etwas, das ich nie besitzen werde —
Einst sollst du reiten auf Tiergarten-Pferde,
Du sechzehnjähriges Tanzgesicht vom Brühl!
Erst wenn du brennst in vielen Herzen,
Entzündet sich dein Herz in mir.
Im gleichen Raum und in den gleichen
       Schmerzen

12

Kommen wir näher, Gott, zu dir.
Sei mein Geschöpf! So will ich dich begatten,
Daß du mir gleichst und mit mir wächst ins All;
Noch stehst du ängstlich unter deinem Schatten,
Da ruft dich ferner Spuk und Autoschall.
Ich will dich in Madrid spazieren führen,
Und in Venedig sollst du Hure sein;
Du wirst die Wunder aller Sphären spüren —
So tritt in ihren Zauberkreis hinein!
Erstrahle in Theatern und Parketten,
Nimm Ehre, die dir damenhaft gebührt;
Verlier im Blick die Dirnen und die Betten,
Du Ladenmädel, das ich einst verführt.
Du lebst, für mich gewollt. O ewig Neue!
Die gleiche Flamme lodert uns dahin.
In jedem Abenteuer, jeder Treue
Sei bei mir — doch sei mehr, als was ich bin.
Hörst du die Gongs der Riviera schallen?
Schon schwebst du, ins Unendliche gerafft.
Ich werde heil aus Aeroplanen fallen,
Denn unser ist die Nacht, millionenhaft.
Bekränze deine Stirne, die entehrte,
Vor dem Spiegel nimm den neuen Hut
Und schenke deine Gunst, die oft gewährte,
Noch einmal diesem ungeheuren Mut.
Und sei gewiß, daß wir verkommen müssen.

Noch singt die Bar — nun beug im Tanz das Knie.
Erfüllt von allen schmerzlichen Genüssen,
Kehr mir zurück, du süße Melodie!

Chor der Unsichtbaren:

O wo im Raume sind wir hingetrieben,
In welche sternenhafte Ruh geballt.
Fürstinnen nahn nicht wieder, uns zu lieben;
Weshalb ist keine Sehnsucht mehr geblieben,
Was schreckt uns die verlorene Gestalt!
Wir hängen nicht mehr blaß an Telephonen,
Und keine Stimme ruft uns dunkel an.
Wir sind nicht mehr gequält durch unser Wohnen;
Kein Bettler kennt uns, dem man wohlgetan.
Und keine Spange im zerwühlten Lager,
Noch warm von Schlaf, verkündet uns die Nacht.
Kein Jüngling rührt uns, arm, verliebt und hager,
Kein Weib, an Virtuosen aufgewacht.
Uns lockt nicht mehr die Dankbarkeit von Frauen,
Die Mutter werden fromm an einem Kind,
Und von Kokotten, die sich höher bauen,
Weil sie geliebt und auf der Erde sind.
Was unser war, zu sein in diesen Reichen,

Entschwand mit vieler Menschen Leid und Glück.
Wenn wir jetzt einsam durch die Säle streichen,
Wo ist ein Zauberwort von unsresgleichen —
Und wo ein Gott. Wer findet uns zurück!
Ihr lebt, um euer Herz zu überwinden,
Geschwister jedem Wesen auf der Welt;
Doch seid ihr ins Unendliche gestellt —
So lebt, euch im Unendlichen zu finden.
Begrabt die Liebe und verliert die Schmerzen
Der unerreichten Sehnsucht, die euch quält,
Und ziehet wieder ein in eure Herzen,
Denn alle Erde war durch euch beseelt.
Ihr gingt geschmückt zu einem Maskenballe,
Da fiel ein kranker Mensch am Hause um;
Ihr neigtet euch und wart in seinem Falle
Und halft ihm in ein Sanatorium.
Ihr fühltet Haß und Elend des Verschweinten,
Ihr saht ein Pferd, das sich in Krämpfen wand,
Und wenn Verlassene hinter Brücken weinten,
Nahm euch Gott an seine Bruderhand.
Nun ruft vergangnes Leben mächtig wieder
O Träne, die den Ruhelosen trug,
Ihr Gouvernanten und ihr Kirchenlieder
Und erste Wunde, die ein Heimweg schlug!
Bleibt! Haltet ein in letzten Harmonien —
(Erschein im Bild der Nacht, erhabner Mond)

Und offenbart, was im Vorüberfliehen
Die Welt mit stärkerem Gefühl belohnt.
O kehrt zurück, ihr tausendfachen Herzen,
Zum Tod verschwendet an die Sternen
    nacht —
Durch vieles Lieben und durch vieles
    Schmerzen
Habt ihr die Ewigkeit in uns vollbracht.

Im Hafen von New York.

Franz Kafka
Der Heizer
Ein Fragment

1913
Kurt Wolff Verlag · Leipzig

Dies Buch wurde
gedruckt im Mai 1913 als dritter
Band der Bücherei „Der jüngste Tag" bei
Poeschel & Trepte in Leipzig

COPYRIGHT BY KURT WOLFF VERLAG, LEIPZIG 1913

Als der sechzehnjährige Karl Roßmann, der von seinen armen Eltern nach Amerika geschickt worden war, weil ihn ein Dienstmädchen verführt und ein Kind von ihm bekommen hatte, in dem schon langsam gewordenen Schiff in den Hafen von New York einfuhr, erblickte er die schon längst beobachtete Statue der Freiheitsgöttin wie in einem plötzlich stärker gewordenen Sonnenlicht. Ihr Arm mit dem Schwert ragte wie neuerdings empor und um ihre Gestalt wehten die freien Lüfte.

„So hoch!" sagte er sich und wurde, wie er so gar nicht an das Weggehen dachte, von der immer mehr anschwellenden Menge der Gepäckträger, die an ihm vorüberzogen, allmählich bis an das Bordgeländer geschoben.

Ein junger Mann, mit dem er während der Fahrt flüchtig bekannt geworden war, sagte im Vorübergehen: „Ja, haben Sie denn noch keine Lust, auszusteigen?" „Ich bin doch fertig," sagte Karl, ihn anlachend, und hob aus Übermut, und weil er ein starker Junge war, seinen Koffer auf die Achsel. Aber wie er über seinen Bekannten hinsah, der ein wenig seinen Stock schwenkend sich schon mit den andern entfernte, merkte er bestürzt, daß er seinen eigenen Regenschirm unten im Schiff vergessen hatte. Er bat schnell den Bekannten, der nicht sehr beglückt schien, um die Freundlichkeit, bei seinem Koffer

5

einen Augenblick zu warten, überblickte noch die Situation, um sich bei der Rückkehr zurechtzufinden und eilte davon. Unten fand er zu seinem Bedauern einen Gang, der seinen Weg sehr verkürzt hätte, zum erstenmal versperrt, was wahrscheinlich mit der Ausschiffung sämtlicher Passagiere zusammenhing und mußte sich seinen Weg durch eine Unzahl kleiner Räume, über kurze Treppen, die einander immer wieder folgten, durch fortwährend abbiegende Korridore, durch ein leeres Zimmer mit einem verlassenen Schreibtisch mühselig suchen, bis er sich tatsächlich, da er diesen Weg nur ein- oder zweimal und immer in größerer Gesellschaft gegangen war, ganz und gar verirrt hatte. In seiner Ratlosigkeit und da er keinen Menschen traf und nur immerfort über sich das Scharren der tausend Menschenfüße hörte und von der Ferne, wie einen Hauch, das letzte Arbeiten der schon eingestellten Maschinen merkte, fing er, ohne zu überlegen, an eine beliebige kleine Tür zu schlagen an, bei der er in seinem Herumirren stockte.

„Es ist ja offen," rief es von innen, und Karl öffnete mit ehrlichem Aufatmen die Tür. „Warum schlagen Sie so verrückt auf die Tür?" fragte ein riesiger Mann, kaum daß er nach Karl hinsah. Durch irgendeine Oberlichtluke fiel ein trübes, oben im Schiff längst abgebrauchtes Licht in die klägliche Kabine, in welcher ein Bett, ein Schrank, ein Sessel und der Mann knapp nebeneinander, wie eingelagert, standen. „Ich habe mich verirrt," sagte Karl, „ich habe es während der Fahrt gar nicht so bemerkt, aber es ist ein schrecklich großes Schiff." „Ja, da haben Sie recht," sagte der Mann mit einigem Stolz und hörte nicht auf, an dem Schloß eines kleinen Koffers zu hantieren, den er mit beiden Händen immer wieder zudrückte, um das Einschnappen des Riegels zu behorchen. "Aber kommen Sie doch herein!" sagte der Mann weiter, "Sie werden doch nicht draußen stehn!" "Störe ich nicht?" fragte Karl. "Ach, wie werden Sie denn stören!" "Sind Sie ein Deutscher?" suchte sich Karl noch zu versichern, da er viel von den Gefahren gehört hatte, welche besonders von Irländern den Neuankömmlingen in Amerika drohen. "Bin ich, bin ich," sagte der Mann. Karl zögerte noch. Da faßte unversehens der Mann die Türklinke und schob mit der Türe, die er rasch schloß, Karl zu sich herein. "Ich kann es nicht leiden, wenn man mir vom Gang hereinschaut," sagte der Mann, der wieder an seinem Koffer arbeitete, "da läuft jeder vorbei und schaut herein, das soll der Zehnte aushalten!" "Aber der Gang ist doch ganz leer," sagte Karl, der unbehaglich an den Bettpfosten gequetscht dastand. "Ja, jetzt," sagte der Mann. "Es handelt sich doch um jetzt," dachte Karl, "mit dem Mann ist schwer zu reden." "Legen Sie sich doch aufs Bett, da haben Sie mehr Platz," sagte der Mann. Karl kroch, so gut es ging, hinein und lachte dabei laut über den ersten vergeblichen Versuch, sich hinüberzuschwingen. Kaum war er aber im Bett, rief er: "Gottes Willen, ich habe ja ganz meinen Koffer vergessen!" "Wo ist er denn?" "Oben auf dem Deck, ein Bekannter gibt acht auf ihn. Wie heißt er nur?" Und er zog aus einer Geheimtasche, die ihm seine Mutter für die Reise im Rockfutter angelegt hatte, eine Visitkarte. "Butterbaum, Franz Butterbaum." "Haben Sie den Koffer sehr nötig?" "Natürlich." "Ja, warum haben sie ihn dann einem fremden Menschen gegeben?" "Ich hatte meinen Regenschirm unten vergessen und bin gelaufen, ihn zu holen, wollte aber den Koffer nicht mitschleppen. Dann habe ich mich auch noch verirrt." "Sie sind allein? Ohne Begleitung?" "Ja, allein." "Ich sollte mich vielleicht an diesen Mann halten," ging es Karl durch den Kopf, "wo finde ich gleich einen besseren Freund." "Und jetzt haben Sie auch noch den Koffer verloren. Vom Regenschirm rede ich gar nicht." Und der Mann setzte sich auf den Sessel, als habe Karls Sache jetzt einiges Interesse für ihn gewonnen. "Ich glaube aber, der Koffer ist noch nicht verloren." "Glauben macht selig," sagte der Mann und kratzte sich kräftig in seinem dunklen, kurzen, dichten Haar, "auf dem Schiff wechseln mit den Hafenplätzen auch die Sitten. In Hamburg hätte Ihr Butterbaum den Koffer vielleicht bewacht, hier ist höchstwahrscheinlich von beiden keine Spur mehr." "Da muß ich aber doch gleich hinaufschauen," sagte Karl und sah sich um, wie er hinauskommen könnte. "Bleiben Sie nur," sagte der Mann und stieß ihn mit einer Hand gegen die Brust, geradezu rauh, ins Bett zurück. "Warum denn?" fragte Karl ärgerlich. "Weil es keinen Sinn hat," sagte der Mann "in einem kleinen Weilchen gehe ich auch, dann gehen wir zusammen. Entweder ist der Koffer gestohlen, dann ist keine Hilfe, oder der Mensch

8

bewacht ihn noch immer, dann ist er ein Dummkopf und soll weiter wachen, oder er ist bloß ein ehrlicher Mensch und hat den Koffer stehen gelassen, dann werden wir ihn, bis das Schiff ganz entleert ist, desto besser finden. Ebenso auch Ihren Regenschirm." "Kennen Sie sich auf dem Schiff aus?" fragte Karl mißtrauisch und es schien ihm, als hätte der sonst überzeugende Gedanke, daß auf dem leeren Schiff seine Sachen am besten zu finden sein würden, einen verborgenen Haken. "Ich bin doch Schiffsheizer," sagte der Mann. "Sie sind Schiffsheizer!" rief Karl freudig, als überstiege das alle Erwartungen, und sah, den Ellbogen aufgestützt, den Mann näher an. "Gerade vor der Kammer, wo ich mit den Slowaken geschlafen habe, war eine Luke angebracht, durch die man in den Maschinenraum sehen konnte." "Ja, dort habe ich gearbeitet," sagte der Heizer. "Ich habe mich immer so für Technik interessiert," sagte Karl, der in einem bestimmten Gedankengang blieb, "und ich wäre sicher später Ingenieur geworden, wenn ich nicht nach Amerika hätte fahren müssen." "Warum haben Sie denn fahren müssen?" "Ach was!" sagte Karl und warf die ganze Geschichte mit der Hand weg. Dabei sah er lächelnd den Heizer an, als bitte er ihn selbst für das Nichteingestandene um seine Nachsicht. "Es wird schon einen Grund gehabt haben," sagte der Heizer und man wußte nicht recht, ob er damit die Erzählung dieses Grundes fordern oder abwehren wollte. "Jetzt könnte ich auch Heizer werden," sagte Karl, "meinen Eltern ist es jetzt ganz gleichgültig, was ich werde." "Meine Stelle wird frei," sagte der Heizer, gab im Vollbewußtsein dessen die Hände in die Hosentaschen und warf die Beine, die in faltigen, lederartigen, eisengrauen Hosen steckten, aufs Bett hin, um sie zu strecken. Karl mußte mehr an die Wand rücken. „Sie verlassen das Schiff?" „Jawohl, wir marschieren heute ab." „Warum denn? Gefällt es Ihnen nicht?" „Ja, das sind die Verhältnisse, es entscheidet nicht immer, ob es einem gefällt oder nicht. Übrigens haben Sie recht, es gefällt mir auch nicht. Sie denken wahrscheinlich nicht ernstlich daran, Heizer zu werden, aber gerade dann kann man es am leichtesten werden. Ich also rate Ihnen entschieden ab. Wenn Sie in Europa studieren wollten, warum wollen Sie es denn hier nicht? Die amerikanischen Universitäten sind ja unvergleichlich besser als die europäischen." „Es ist ja möglich," sagte Karl, „aber ich habe ja fast kein Geld zum Studieren. Ich habe zwar von irgendjemandem gelesen, der bei Tag in einem Geschäft gearbeitet und in der Nacht studiert hat, bis er Doktor und ich glaube Bürgermeister wurde, aber dazu gehört doch eine große Ausdauer, nicht? Ich fürchte, die fehlt mir. Außerdem war ich gar kein besonders guter Schüler, der Abschied von der Schule ist mir wirklich nicht schwer geworden. Und die Schulen hier sind vielleicht noch strenger. Englisch kann ich fast gar nicht. Überhaupt ist man hier gegen Fremde so eingenommen, glaube ich." „Haben Sie das auch schon erfahren? Na, dann ist's gut. Dann sind Sie mein Mann. Sehen Sie, wir sind doch auf einem deutschen Schiff, es gehört der Hamburg=Amerika=Linie, warum sind wir nicht lauter Deutsche hier? Warum ist der Obermaschinist ein Rumäne? Er heißt Schubal. Das ist doch nicht zu glauben. Und dieser Lumpenhund schindet uns Deutsche auf einem deutschen Schiff. Glauben Sie nicht" — ihm ging die Luft aus, er fackelte mit der Hand — „daß ich klage, um zu klagen. Ich weiß, daß Sie keinen Einfluß haben und selbst ein armes Bürschchen sind. Aber es ist zu arg!" Und er schlug auf den Tisch mehrmals mit der Faust und ließ kein Auge von ihr, während er schlug. „Ich habe doch schon auf so vielen Schiffen gedient" — und er nannte zwanzig Namen hintereinander als sei es ein Wort, Karl wurde ganz wirr — „und habe mich ausgezeichnet, bin belobt worden, war ein Arbeiter nach dem Geschmack meiner Kapitäne, sogar auf dem gleichen Handelssegler war ich einige Jahre" — er erhob sich, als sei das der Höhepunkt seines Lebens — „und hier auf diesem Kasten, wo alles nach der Schnur eingerichtet ist, wo kein Witz erfordert wird, hier taug' ich nichts, hier stehe ich dem Schubal immer im Wege, bin ein Faulpelz, verdiene hinausgeworfen zu werden und bekomme meinen Lohn aus Gnade. Verstehen Sie das? Ich nicht." „Das dürfen Sie sich nicht gefallen lassen," sagte Karl aufgeregt. Er hatte fast das Gefühl davon verloren, daß er auf dem unsicheren Boden eines Schiffes, an der Küste eines unbekannten Erdteils war, so heimisch war ihm hier auf dem Bett des Heizers zumute. „Waren Sie schon beim Kapitän? Haben Sie schon bei ihm Ihr Recht gesucht?" „Ach gehen Sie, gehen Sie lieber weg. Ich will Sie nicht hier haben. Sie hören nicht zu was ich sage und geben mir Ratschläge. Wie soll ich denn zum Kapitän gehen!" Und müde setzte sich der Heizer wieder und legte das Gesicht in beide Hände.

„Einen besseren Rat kann ich ihm nicht geben," sagte sich Karl. Und er fand überhaupt, daß er lieber seinen Koffer hätte holen sollen, statt hier Ratschläge zu geben, die doch nur für dumm gehalten wurden. Als ihm der Vater den Koffer für immer übergeben hatte, hatte er im Scherz gefragt: „Wielange wirst Du ihn haben?" und jetzt war dieser teuere Koffer vielleicht schon im Ernst verloren. Der einzige Trost war noch, daß der Vater von seiner jetzigen Lage kaum erfahren konnte, selbst wenn er nachforschen sollte. Nur daß er bis New York mitgekommen war, konnte die Schiffsgesellschaft gerade noch sagen. Leid tat es aber Karl, daß er die Sachen im Koffer noch kaum verwendet hatte, trotzdem er es beispielsweise längst nötig gehabt hätte, das Hemd zu wechseln. Da hatte er also am unrichtigen Ort gespart; jetzt, wo er es gerade am Beginn seiner Laufbahn nötig haben würde, rein gekleidet aufzutreten, würde er im schmutzigen Hemd erscheinen müssen. Sonst wäre der Verlust des Koffers nicht gar so arg gewesen, denn der Anzug, den er anhatte, war sogar besser, als jener im Koffer, der eigentlich nur ein Notanzug war, den die Mutter noch knapp vor der Abreise hatte flicken müssen. Jetzt erinnerte er sich auch, daß im Koffer noch ein Stück Veroneser Salami war, die ihm die Mutter als Extragabe eingepackt hatte, von der er jedoch nur den

kleinsten Teil hatte aufessen können, da er während der
Fahrt ganz ohne Appetit gewesen war und die Suppe,
die im Zwischendeck zur Verteilung kam, ihm reichlich
genügt hatte. Jetzt hätte er aber die Wurst gern bei
der Hand gehabt, um sie dem Heizer zu verehren. Denn
solche Leute sind leicht gewonnen, wenn man ihnen
irgendeine Kleinigkeit zusteckt, das wußte Karl noch
von seinem Vater her, welcher durch Zigarrenverteilung
alle die niedrigeren Angestellten gewann, mit denen er
geschäftlich zu tun hatte. Jetzt besaß Karl an Verschenk=
barem nur noch sein Geld, und das wollte er, wenn er
schon vielleicht den Koffer verloren haben sollte, vor=
läufig nicht anrühren. Wieder kehrten seine Gedanken
zum Koffer zurück, und er konnte jetzt wirklich nicht ein=
sehen, warum er den Koffer während der Fahrt so
aufmerksam bewacht hatte, daß ihm die Wache fast den
Schlaf gekostet hatte, wenn er jetzt diesen gleichen Koffer
so leicht sich hatte wegnehmen lassen. Er erinnerte sich an
die fünf Nächte, während derer er einen kleinen Slo=
waken, der zwei Schlafstellen links von ihm gelegen war,
unausgesetzt im Verdacht gehabt hatte, daß er es auf
seinen Koffer abgesehen habe. Dieser Slowake hatte nur
darauf gelauert, daß Karl endlich, von Schwäche be=
fallen, für einen Augenblick einnicke, damit er den
Koffer mit einer langen Stange, mit der er immer
während des Tages spielte oder übte, zu sich hinüber=
ziehen könne. Bei Tag sah dieser Slowake genug un=
schuldig aus, aber kaum war die Nacht gekommen, er=
hob er sich von Zeit zu Zeit von seinem Lager und sah

traurig zu Karls Koffer hinüber. Karl konnte dies ganz
deutlich erkennen, denn immer hatte hie und da jemand
mit der Unruhe des Auswanderers ein Lichtchen ange=
zündet, trotzdem dies nach der Schiffsordnung verboten
war, und versuchte, unverständliche Prospekte der Aus=
wanderungsagenturen zu entziffern. War ein solches Licht
in der Nähe, dann konnte Karl ein wenig eindämmern,
war es aber in der Ferne, oder war dunkel, dann
mußte er die Augen offenhalten. Diese Anstrengung hatte
ihn recht erschöpft, und nun war sie vielleicht ganz um=
sonst gewesen. Dieser Butterbaum, wenn er ihn einmal
irgendwo treffen sollte!

In diesem Augenblick ertönten draußen in weiter
Ferne in die bisherige vollkommene Ruhe hinein kleine
kurze Schläge, wie von Kinderfüßen, sie kamen näher
mit verstärktem Klang und nun war es ein ruhiger
Marsch von Männern. Sie gingen offenbar, wie es in
dem schmalen Gang natürlich war, in einer Reihe, man
hörte Klirren wie von Waffen. Karl, der schon nahe
daran gewesen war, sich im Bett zu einem von allen
Sorgen um Koffer und Slowaken befreiten Schlafe
auszustrecken, schreckte auf und stieß den Heizer an, um
ihn endlich aufmerksam zu machen, denn der Zug schien
mit seiner Spitze die Tür gerade erreicht zu haben. „Das
ist die Schiffskapelle," sagte der Heizer, „die haben oben
gespielt und gehen jetzt einpacken. Jetzt ist alles fertig
und wir können gehen. Kommen Sie!" Er faßte Karl
bei der Hand, nahm noch im letzten Augenblick ein ein=
gerahmtes Muttergottesbild von der Wand über dem

Bett, stopfte es in seine Brusttasche, ergriff seinen Koffer und verließ mit Karl eilig die Kabine.

„Jetzt gehe ich ins Bureau und werde den Herren meine Meinung sagen. Es ist kein Passagier mehr da, man muß keine Rücksicht nehmen". Dieses wiederholte der Heizer verschiedenartig und wollte im Gehen mit Seitwärtsstößen des Fußes eine den Weg kreuzende Ratte niedertreten, stieß sie aber bloß schneller in das Loch hinein, das sie noch rechtzeitig erreicht hatte. Er war überhaupt langsam in seinen Bewegungen, denn wenn er auch lange Beine hatte, so waren sie doch zu schwer.

Sie kamen durch eine Abteilung der Küche, wo einige Mädchen in schmutzigen Schürzen — sie begossen sie absichtlich — Geschirr in großen Bottichen reinigten. Der Heizer rief eine gewisse Line zu sich, legte den Arm um ihre Hüfte und führte sie, die sich immerzu kokett gegen seinen Arm drückte, ein Stückchen mit. „Es gibt jetzt Auszahlung, willst du mitkommen?" fragte er. „Warum soll ich mich bemühn, bring mir das Geld lieber her," antwortete sie, schlüpfte unter seinem Arm durch und lief davon. „Wo hast du denn den schönen Knaben aufgegabelt?" rief sie noch, wollte aber keine Antwort mehr. Man hörte das Lachen aller Mädchen, die ihre Arbeit unterbrochen hatten.

Sie gingen aber weiter und kamen an eine Tür, die oben einen kleinen Vorgiebel hatte, der von kleinen, vergoldeten Karyatiden getragen war. Für eine Schiffs=einrichtung sah das recht verschwenderisch aus. Karl war, wie er merkte, niemals in diese Gegend gekommen, die wahrscheinlich während der Fahrt den Passagieren der ersten und zweiten Klasse vorbehalten gewesen war, während man jetzt vor der großen Schiffsreinigung die Trennungstüren ausgehoben hatte. Sie waren auch tatsächlich schon einigen Männern begegnet, die Besen an der Schulter trugen und den Heizer gegrüßt hatten. Karl staunte über den großen Betrieb, in seinem Zwischendeck hatte er davon freilich wenig erfahren. Entlang der Gänge zogen sich auch Drähte elektrischer Leitungen und eine kleine Glocke hörte man immerfort.

Der Heizer klopfte respektvoll an der Türe an und forderte, als man „herein" rief, Karl mit einer Handbewegung auf, ohne Furcht einzutreten. Er trat auch ein, aber blieb an der Türe stehen. Vor den drei Fenstern des Zimmers sah er die Wellen des Meeres und bei Betrachtung ihrer fröhlichen Bewegung schlug ihm das Herz, als hätte er nicht fünf lange Tage das Meer ununterbrochen gesehen. Große Schiffe kreuzten gegenseitig ihre Wege und gaben dem Wellenschlag nur soweit nach als es ihre Schwere erlaubte. Wenn man die Augen klein machte, schienen diese Schiffe vor lauter Schwere zu schwanken. Auf ihren Masten trugen sie schmale, aber lange Flaggen, die zwar durch die Fahrt gestrafft wurden, trotzdem aber noch hin- und herzappelten. Wahrscheinlich von Kriegsschiffen her erklangen Salutschüsse, die Kanonenrohre eines solchen nicht allzuweit vorüberfahrenden Schiffes, strahlend mit dem Reflex ihres Stahlmantels, waren wie gehätschelt von der sicheren, glatten und doch nicht wagrechten Fahrt. Die kleinen Schiffchen und Boote konnte man, wenigstens von der Tür aus, nur in der Ferne beobachten, wie sie in Mengen in die Öffnungen zwischen den großen Schiffen einliefen. Hinter alledem aber stand New York und sah Karl mit den hunderttausend Fenstern seiner Wolkenkratzer an. Ja, in diesem Zimmer wußte man, wo man war.

An einem runden Tisch saßen drei Herren, der eine ein Schiffsoffizier in blauer Schiffsuniform, die zwei anderen, Beamte der Hafenbehörde, in schwarzen, amerikanischen Uniformen. Auf dem Tisch lagen, hochaufgeschichtet, verschiedene Dokumente, welche der Offizier zuerst mit der Feder in der Hand überflog, um sie dann den beiden anderen zu reichen, die bald lasen, bald exzerpierten, bald in ihre Aktentaschen einlegten, wenn nicht gerade der eine, der fast ununterbrochen ein kleines Geräusch mit den Zähnen vollführte, seinem Kollegen etwas in ein Protokoll diktierte.

Am Fenster saß an einem Schreibtisch, den Rücken der Türe zugewendet, ein kleinerer Herr, der mit großen Folianten hantierte, die auf einem starken Bücherbrett in Kopfhöhe vor ihm aneinander gereiht waren. Neben ihm stand eine offene, wenigstens auf den ersten Blick leere Kassa.

Das zweite Fenster war leer und gab den besten Ausblick. In der Nähe des dritten aber standen zwei Herren in halblautem Gespräch. Der eine lehnte neben dem Fenster, trug auch die Schiffsuniform und spielte mit dem Griff des Degens. Derjenige, mit dem er sprach,

war dem Fenster zugewendet und enthüllte hie und da
durch eine Bewegung einen Teil der Ordensreihe auf
der Brust des andern. Er war in Zivil und hatte ein
dünnes Bambusstöckchen, das, da er beide Hände an den
Hüften festhielt, auch wie ein Degen abstand.

Karl hatte nicht viel Zeit, alles anzusehen, denn bald
trat ein Diener auf sie zu und fragte den Heizer mit
einem Blick, als gehöre er nicht hierher, was er denn
wolle. Der Heizer antwortete, so leise als er gefragt
wurde, er wolle mit dem Herrn Oberkassier reden. Der
Diener lehnte für seinen Teil mit einer Handbewegung
diese Bitte ab, ging aber dennoch auf den Fußspitzen,
dem runden Tisch in großem Bogen ausweichend, zu dem
Herrn mit den Folianten. Dieser Herr — das sah man
deutlich — erstarrte geradezu unter den Worten des
Dieners, kehrte sich aber endlich nach dem Manne um,
der ihn zu sprechen wünschte, und fuchtelte dann, streng
abwehrend, gegen den Heizer und der Sicherheit halber
auch gegen den Diener hin. Der Diener kehrte darauf
zum Heizer zurück und sagte in einem Tone, als vertraue
er ihm etwas an: „Scheren Sie sich sofort aus dem
Zimmer!"

Der Heizer sah nach dieser Antwort zu Karl hinunter,
als sei dieser sein Herz, dem er stumm seinen Jammer
klage. Ohne weitere Besinnung machte sich Karl los,
lief quer durchs Zimmer, daß er sogar leicht an den
Sessel des Offiziers streifte, der Diener lief gebeugt mit
zum Umfangen bereiten Armen, als jage er ein Unge=
ziefer, aber Karl war der erste beim Tisch des Ober=

kassiers, wo er sich festhielt, für den Fall, daß der Diener versuchen sollte, ihn fortzuziehen.

Natürlich wurde gleich das ganze Zimmer lebendig. Der Schiffsoffizier am Tisch war aufgesprungen, die Herren von der Hafenbehörde sahen ruhig, aber aufmerksam zu, die beiden Herren am Fenster waren nebeneinander getreten, der Diener, welcher glaubte, er sei dort, wo schon die hohen Herren Interesse zeigten, nicht mehr am Platze, trat zurück. Der Heizer an der Tür wartete angespannt auf den Augenblick, bis seine Hilfe nötig würde. Der Oberkassier endlich machte in seinem Lehnsessel eine große Rechtswendung.

Karl kramte aus seiner Geheimtasche, die er den Blicken dieser Leute zu zeigen keine Bedenken hatte, seinen Reisepaß hervor, den er statt weiterer Vorstellung geöffnet auf den Tisch legte. Der Oberkassier schien diesen Paß für nebensächlich zu halten, denn er schnippte ihn mit zwei Fingern beiseite, worauf Karl, als sei diese Formalität zur Zufriedenheit erledigt, den Paß wieder einsteckte.

„Ich erlaube mir zu sagen," begann er dann, „daß meiner Meinung nach dem Herrn Heizer Unrecht geschehen ist. Es ist hier ein gewisser Schubal, der ihm aufsitzt. Er selbst hat schon auf vielen Schiffen, die er Ihnen alle nennen kann, zur vollständigen Zufriedenheit gedient, ist fleißig, meint es mit seiner Arbeit gut, und es ist wirklich nicht einzusehen, warum er gerade auf diesem Schiff, wo doch der Dienst nicht so übermäßig schwer ist, wie zum Beispiel auf Handelsseglern, schlecht entsprechen sollte.

Es kann daher nur Verleumdung sein, die ihn in seinem Vorwärtskommen hindert und ihn um die Anerkennung bringt, die ihm sonst ganz bestimmt nicht fehlen würde. Ich habe nur das Allgemeine über diese Sache gesagt, seine besonderen Beschwerden wird er Ihnen selbst vorbringen." Karl hatte sich mit dieser Rede an alle Herren gewendet, weil ja tatsächlich auch alle zuhörten und es viel wahrscheinlicher schien, daß sich unter allen zusammen ein Gerechter vorfand, als daß dieser Gerechte gerade der Oberkassier sein sollte. Aus Schlauheit hatte außerdem Karl verschwiegen, daß er den Heizer erst so kurze Zeit kannte. Im übrigen hätte er noch viel besser gesprochen, wenn er nicht durch das rote Gesicht des Herrn mit dem Bambusstöckchen beirrt worden wäre, das er von seinem jetzigen Standort zum erstenmal sah.

„Es ist alles Wort für Wort richtig," sagte der Heizer, ehe ihn noch jemand gefragt, ja ehe man noch überhaupt auf ihn hingesehen hatte. Diese Übereiltheit des Heizers wäre ein großer Fehler gewesen, wenn nicht der Herr mit den Orden, der, wie es jetzt Karl aufleuchtete, jedenfalls der Kapitän war, offenbar mit sich bereits übereingekommen wäre, den Heizer anzuhören. Er streckte nämlich die Hand aus und rief dem Heizer zu: „Kommen Sie her!" mit einer Stimme, fest, um mit einem Hammer darauf zu schlagen. Jetzt hing alles vom Benehmen des Heizers ab, denn was die Gerechtigkeit seiner Sache anlangte, an der zweifelte Karl nicht.

Glücklicherweise zeigte sich bei dieser Gelegenheit, daß der Heizer schon viel in der Welt herumgekommen war.

Musterhaft ruhig nahm er aus seinem Kofferchen mit dem ersten Griff ein Bündelchen Papiere, sowie ein Notizbuch, ging damit, als verstünde sich das von selbst, unter vollständiger Vernachlässigung des Oberkassiers, zum Kapitän und breitete auf dem Fensterbrett seine Beweismittel aus. Dem Oberkassier blieb nichts übrig, als sich selbst hinzubemühn. „Der Mann ist ein bekannter Querulant," sagte er zur Erklärung, „er ist mehr in der Kassa, als im Maschinenraum. Er hat Schubal, diesen ruhigen Menschen, ganz zur Verzweiflung gebracht. Hören Sie einmal!" wandte er sich an den Heizer, „Sie treiben Ihre Zudringlichkeit doch schon wirklich zu weit. Wie oft hat man Sie schon aus den Auszahlungsräumen hinausgeworfen, wie Sie es mit Ihren ganz, vollständig und ausnahmslos unberechtigten Forderungen verdienen! Wie oft sind Sie von dort in die Hauptkassa gelaufen gekommen! Wie oft hat man Ihnen im Guten gesagt, daß Schubal Ihr unmittelbarer Vorgesetzter ist, mit dem allein Sie sich als sein Untergebener abzufinden haben! Und jetzt kommen Sie gar noch her, wenn der Herr Kapitän da ist, schämen sich nicht, sogar ihn zu belästigen, sondern entblöden sich nicht einmal, als eingelernten Stimmführer Ihrer abgeschmackten Beschuldigungen diesen Kleinen mitzubringen, den ich überhaupt zum erstenmal auf dem Schiffe sehe!"

Karl hielt sich mit Gewalt zurück, vorzuspringen. Aber schon war auch der Kapitän da, welcher sagte: „Hören wir den Mann doch einmal an. Der Schubal wird mir sowieso mit der Zeit viel zu selbständig, womit ich aber nichts zu Ihren Gunsten gesagt haben will." Das letztere galt dem Heizer, es war nur natürlich, daß er sich nicht sofort für ihn einsetzen konnte, aber alles schien auf dem richtigen Wege. Der Heizer begann seine Erklärungen und überwand sich gleich am Anfang, indem er den Schubal mit „Herr" titulierte. Wie freute sich Karl am verlassenen Schreibtisch des Oberkassiers, wo er eine Briefwage immer wieder niederdrückte vor lauter Vergnügen. — Herr Schubal ist ungerecht! Herr Schubal bevorzugt die Ausländer! Herr Schubal verwies den Heizer aus dem Maschinenraum und ließ ihn Klosette reinigen, was doch gewiß nicht des Heizers Sache war! — Einmal wurde sogar die Tüchtigkeit des Herrn Schubal angezweifelt, die eher scheinbar als wirklich vorhanden sein sollte. Bei dieser Stelle starrte Karl mit aller Kraft den Kapitän an, zutunlich, als sei er sein Kollege, nur damit er sich durch die etwas ungeschickte Ausdrucksweise des Heizers nicht zu dessen Ungunsten beeinflussen lasse. Immerhin erfuhr man aus den vielen Reden nichts Eigentliches, und wenn auch der Kapitän noch immer vor sich hinsah, in den Augen die Entschlossenheit, den Heizer diesmal bis zu Ende anzuhören, so wurden doch die anderen Herren ungeduldig, und die Stimme des Heizers regierte bald nicht mehr unumschränkt in dem Raume, was manches befürchten ließ. Als erster setzte der Herr in Zivil sein Bambusstöckchen in Tätigkeit und klopfte, wenn auch nur leise, auf das Parkett. Die anderen Herren sahen natürlich hie und da hin, die Herren von der Hafenbehörde, die offenbar pressiert waren, griffen

wieder zu den Akten und begannen, wenn auch noch
etwas geistesabwesend, sie durchzusehen, der Schiffsoffizier
rückte seinem Tische wieder näher, und der Oberkassier,
der gewonnenes Spiel zu haben glaubte, seufzte aus
Ironie tief auf. Von der allgemein eintretenden Zer=
streuung schien nur der Diener bewahrt, der von den
Leiden des unter die Großen gestellten armen Mannes
einen Teil mitfühlte und Karl ernst zunickte, als wolle
er damit etwas erklären.

Inzwischen ging vor den Fenstern das Hafenleben
weiter; ein flaches Lastschiff mit einem Berg von Fässern,
die wunderbar verstaut sein mußten, daß sie nicht ins
Rollen kamen, zog vorüber und erzeugte in dem Zimmer
fast Dunkelheit; kleine Motorboote, die Karl jetzt, wenn
er Zeit gehabt hätte, genau hätte ansehen können, rausch=
ten nach den Zuckungen der Hände eines am Steuer
aufrecht stehenden Mannes schnurgerade dahin; eigentüm=
liche Schwimmkörper tauchten hie und da selbständig aus
dem ruhelosen Wasser, wurden gleich wieder überschwemmt
und versanken vor dem erstaunten Blick; Boote der
Ozeandampfer wurden von heiß arbeitenden Matrosen
vorwärtsgerudert und waren voll von Passagieren, die
darin, so wie man sie hineingezwängt hatte, still und
erwartungsvoll saßen, wenn es auch manche nicht unter=
lassen konnten, die Köpfe nach den wechselnden Szenerien
zu drehen. Eine Bewegung ohne Ende, eine Unruhe,
übertragen von dem unruhigen Element auf die hilflosen
Menschen und ihre Werke!

Aber alles mahnte zur Eile, zur Deutlichkeit, zu ganz

genauer Darstellung, aber was tat der Heizer! Er redete sich allerdings in Schweiß, die Papiere auf dem Fenster konnte er längst mit seinen zitternden Händen nicht mehr halten, aus allen Himmelsrichtungen strömten ihm Klagen über Schubal zu, von denen seiner Meinung nach jede einzelne genügt hätte, diesen Schubal vollständig zu begraben, aber was er dem Kapitän vorzeigen konnte, war nur ein trauriges Durcheinanderstrudeln aller insgesamt. Längst schon pfiff der Herr mit dem Bambusstöckchen schwach zur Decke hinauf, die Herren von der Hafenbehörde hielten schon den Offizier an ihrem Tisch und machten keine Miene, ihn je wieder loszulassen, der Oberkassier wurde sichtlich nur durch die Ruhe des Kapitäns vor dem Dreinfahren zurückgehalten, der Diener erwartete in Habtachtstellung jeden Augenblick einen auf den Heizer bezüglichen Befehl seines Kapitäns.

Da konnte Karl nicht mehr untätig bleiben. Er ging also langsam zu der Gruppe hin und überlegte im Gehen nur desto schneller, wie er die Sache möglichst geschickt angreifen könnte. Es war wirklich höchste Zeit, noch ein kleines Weilchen nur, und sie konnten ganz gut beide aus dem Bureau fliegen. Der Kapitän mochte ja ein guter Mann sein und überdies gerade jetzt, wie es Karl schien, irgend einen besonderen Grund haben, sich als gerechter Vorgesetzter zu zeigen, aber schließlich war er kein Instrument, das man in Grund und Boden spielen konnte — und gerade so behandelte ihn der Heizer, allerdings aus seinem grenzenlos empörten Innern heraus.

Karl sagte also zum Heizer: „Sie müssen das einfacher

erzählen, klarer, der Herr Kapitän kann es nicht würdigen, so wie Sie es ihm erzählen. Kennt er denn alle Maschinisten und Laufburschen beim Namen oder gar beim Taufnamen, daß er, wenn Sie nur einen solchen Namen aussprechen, gleich wissen kann, um wen es sich handelt? Ordnen Sie doch Ihre Beschwerden, sagen Sie die wichtigste zuerst und absteigend die anderen, vielleicht wird es dann überhaupt nicht mehr nötig sein, die meisten auch nur zu erwähnen. Mir haben Sie es doch immer so klar dargestellt!" Wenn man in Amerika Koffer stehlen kann, kann man auch hie und da lügen, dachte er zur Entschuldigung.

Wenn es aber nur geholfen hätte! Ob es nicht auch schon zu spät war? Der Heizer unterbrach sich zwar sofort, als er die bekannte Stimme hörte, aber mit seinen Augen, die ganz von Tränen der beleidigten Mannesehre, der schrecklichen Erinnerungen, der äußersten gegenwärtigen Not verdeckt waren, konnte er Karl schon nicht einmal gut mehr erkennen. Wie sollte er auch jetzt — Karl sah das schweigend vor dem jetzt Schweigenden wohl ein — wie sollte er auch jetzt plötzlich seine Redeweise ändern, da es ihm doch schien, als hätte er alles, was zu sagen war, ohne die geringste Anerkennung schon vorgebracht und als habe er andererseits noch gar nichts gesagt und könne doch den Herren jetzt nicht zumuten, noch alles anzuhören. Und in einem solchen Zeitpunkt kommt noch Karl, sein einziger Anhänger, daher, will ihm gute Lehren geben, zeigt ihm aber statt dessen, daß alles, alles verloren ist.

„Wäre ich früher gekommen, statt aus dem Fenster

zu schauen," sagte sich Karl, senkte vor dem Heizer das
Gesicht und schlug die Hände an die Hosennaht, zum
Zeichen des Endes jeder Hoffnung.

Aber der Heizer mißverstand das, witterte wohl in
Karl irgendwelche geheime Vorwürfe gegen sich, und in
der guten Absicht, sie ihm auszureden, fing er zur Krönung
seiner Taten mit Karl jetzt zu streiten an. Jetzt, wo doch
die Herren am runden Tisch längst empört über den
nutzlosen Lärm waren, der ihre wichtigen Arbeiten störte,
wo der Hauptkassier allmählich die Geduld des Kapitäns
unverständlich fand und zum sofortigen Ausbruch neigte,
wo der Diener, ganz wieder in der Sphäre seiner Herren,
den Heizer mit wildem Blicke maß, und wo endlich der
Herr mit dem Bambusstöckchen, zu welchem sogar der
Kapitän hie und da freundschaftlich hinübersah, schon
gänzlich abgestumpft gegen den Heizer, ja von ihm an=
gewidert, ein kleines Notizbuch hervorzog und, offenbar
mit ganz anderen Angelegenheiten beschäftigt, die Augen
zwischen dem Notizbuch und Karl hin= und herwandern ließ.

"Ich weiß ja, ich weiß ja," sagte Karl, der Mühe
hatte, den jetzt gegen ihn gekehrten Schwall des Heizers
abzuwehren, trotzdem aber quer durch allen Streit noch
ein Freundeslächeln für ihn übrig hatte, „Sie haben
Recht, Recht, ich habe ja nie daran gezweifelt." Er
hätte ihm gern aus Furcht vor Schlägen die herum=
fahrenden Hände gehalten, noch lieber allerdings ihn in
einen Winkel gedrängt, um ihm ein paar leise beruhigende
Worte zuzuflüstern, die niemand sonst hätte hören
müssen. Aber der Heizer war außer Rand und Band.

Karl begann jetzt schon sogar aus dem Gedanken eine Art Trost zu schöpfen, daß der Heizer im Notfall mit der Kraft seiner Verzweiflung alle anwesenden sieben Männer bezwingen könne. Allerdings lag auf dem Schreibtisch, wie ein Blick dorthin lehrte, ein Aufsatz mit viel zu vielen Druckknöpfen der elektrischen Leitung und eine Hand, einfach auf sie niedergedrückt, konnte das ganze Schiff mit allen seinen von feindlichen Menschen gefüllten Gängen rebellisch machen.

Da trat der doch so uninteressierte Herr mit dem Bambusstöckchen auf Karl zu und fragte, nicht überlaut, aber deutlich über allem Geschrei des Heizers: „Wie heißen Sie denn eigentlich?" In diesem Augenblick, als hätte jemand hinter der Tür auf diese Äußerung des Herrn gewartet, klopfte es. Der Diener sah zum Kapitän hinüber, dieser nickte. Daher ging der Diener zur Tür und öffnete sie. Draußen stand in einem alten Kaiserrock ein Mann von mittleren Proportionen, seinem Aussehen nach nicht eigentlich zur Arbeit an den Maschinen geeignet und war doch — Schubal. Wenn es Karl nicht an aller Augen erkannt hätte, die eine gewisse Befriedigung ausdrückten, von der nicht einmal der Kapitän frei war, er hätte es zu seinem Schrecken am Heizer sehen müssen, der die Fäuste an den gestrafften Armen so ballte, als sei diese Ballung das Wichtigste an ihm, dem er alles, was er an Leben habe, zu opfern bereit sei. Da steckte jetzt alle seine Kraft, auch die, welche ihn überhaupt aufrecht erhielt.

Und da war also der Feind, frei und frisch im Festanzug, unter dem Arm ein Geschäftsbuch, wahrscheinlich die Lohnlisten und Arbeitsausweise des Heizers, und sah mit dem ungescheuten Zugeständnis, daß er die Stimmung jedes Einzelnen vor allem feststellen wolle, in aller Augen der Reihe nach. Die sieben waren auch schon alle seine Freunde, denn wenn auch der Kapitän früher gewisse Einwände gegen ihn gehabt oder vielleicht auch nur vorgeschützt hatte, nach dem Leid, das ihm der Heizer angetan hatte, schien ihm wahrscheinlich an Schubal auch das Geringste nicht mehr auszusetzen. Gegen einen Mann, wie den Heizer, konnte man nicht streng genug verfahren, und wenn dem Schubal etwas vorzuwerfen war, so war es der Umstand, daß er die Widerspenstigkeit des Heizers im Laufe der Zeit nicht so weit hatte brechen können, daß es dieser heute noch gewagt hatte, vor dem Kapitän zu erscheinen.

Nun konnte man ja vielleicht noch annehmen, die Gegenüberstellung des Heizers und Schubals werde die ihr vor einem höheren Forum zukommende Wirkung auch vor den Menschen nicht verfehlen, denn wenn sich auch Schubal gut verstellen konnte, er mußte es doch durchaus nicht bis zum Ende aushalten können. Ein kurzes Aufblitzen seiner Schlechtigkeit sollte genügen, um sie den Herren sichtbar zu machen, dafür wollte Karl schon sorgen. Er kannte doch schon beiläufig den Scharfsinn, die Schwächen, die Launen der einzelnen Herren und unter diesem Gesichtspunkt war die bisher hier verbrachte Zeit nicht verloren. Wenn nur der Heizer besser auf dem Platz gewesen wäre, aber der schien vollständig kampfunfähig. Wenn man ihm den Schubal hingehalten hätte, hätte er wohl dessen gehaßten Schädel mit den Fäusten aufklopfen können. Aber schon die paar Schritte zu ihm hinzugehen, war er wohl kaum imstande. Warum hatte denn Karl das so leicht Vorauszusehende nicht vorausgesehen, daß Schubal endlich kommen müsse, wenn nicht aus eigenem Antrieb, so vom Kapitän gerufen. Warum hatte er auf dem Herweg mit dem Heizer nicht einen genauen Kriegsplan besprochen, statt, wie sie es in Wirklichkeit getan hatten, heillos unvorbereitet einfach dort einzutreten, wo eine Tür war? Konnte der Heizer überhaupt noch reden, ja und nein sagen, wie es bei dem Kreuzverhör, das allerdings nur im günstigsten Fall bevorstand, nötig sein würde? Er stand da, die Beine auseinander gestellt, die Knie ein wenig gebogen, den Kopf etwas gehoben und die Luft verkehrte durch den offenen Mund, als gebe es innen keine Lungen mehr, die sie verarbeiteten.

Karl allerdings fühlte sich so kräftig und bei Verstand, wie er es vielleicht zu Hause niemals gewesen war. Wenn ihn doch seine Eltern sehen könnten, wie er in fremdem Land, vor angesehenen Persönlichkeiten das Gute verfocht und wenn er es auch noch nicht zum Siege gebracht hatte, so doch zur letzten Eroberung sich vollkommen bereit stellte! Würden sie ihre Meinung über ihn revidieren? Ihn zwischen sich niedersetzen und loben? Ihm einmal, einmal in die ihnen so ergebenen Augen sehn? Unsichere Fragen und ungeeignetester Augenblick, sie zu stellen!

„Ich komme, weil ich glaube, daß mich der Heizer irgendwelcher Unredlichkeiten beschuldigt. Ein Mädchen aus der Küche sagte mir, sie hätte ihn auf dem Wege hierher gesehen. Herr Kapitän und Sie alle meine Herren, ich bin bereit, jede Beschuldigung an der Hand meiner Schriften, nötigenfalls durch Aussagen unvoreingenommener und unbeeinflußter Zeugen, die vor der Türe stehen, zu widerlegen." So sprach Schubal. Das war allerdings die klare Rede eines Mannes und nach der Veränderung in den Mienen der Zuhörer hätte man glauben können, sie hörten zum erstenmal nach langer Zeit wieder menschliche Laute. Sie bemerkten freilich nicht, daß selbst diese schöne Rede Löcher hatte. Warum war das erste sachliche Wort, das ihm einfiel, „Unredlichkeiten"? Hätte vielleicht die Beschuldigung hier einsetzen müssen, statt bei seinen nationalen Voreingenommenheiten? Ein Mädchen aus der Küche hatte den Heizer auf dem Weg ins Bureau gesehen und Schubal hatte sofort begriffen? War es nicht das Schuldbewußtsein, das ihm den Verstand schärfte? Und Zeugen hatte er gleich mitgebracht und nannte sie noch außerdem unvoreingenommen und unbeeinflußt? Gaunerei, nichts als Gaunerei! Und die Herren duldeten das und anerkannten es noch als richtiges Benehmen? Warum hatte er zweifellos sehr viel Zeit zwischen der Meldung des Küchenmädchens und seiner Ankunft hier verstreichen lassen, doch zu keinem anderen Zwecke, als damit der Heizer die Herren so ermüde, daß sie allmählich ihre klare Urteilskraft verloren, welche Schubal vor allem zu fürchten hatte? Hatte er, der sicher schon lange hinter der Tür gestanden war, nicht erst in dem Augenblick geklopft, als er infolge der nebensächlichen Frage jenes Herrn hoffen durfte, der Heizer sei erledigt?

Alles war klar und wurde ja auch von Schubal wider Willen so dargeboten, aber den Herren mußte man es anders, noch handgreiflicher zeigen. Sie brauchten Aufrüttelung. Also Karl, rasch, nütze jetzt wenigstens die Zeit aus, ehe die Zeugen auftreten und alles überschwemmen!

Eben aber winkte der Kapitän dem Schubal ab, der daraufhin sofort — denn seine Angelegenheit schien für ein Weilchen aufgeschoben zu sein — beiseite trat und mit dem Diener, der sich ihm gleich angeschlossen hatte, eine leise Unterhaltung begann, bei der es an Seitenblicken nach dem Heizer und Karl sowie an den überzeugtesten Handbewegungen nicht fehlte. Schubal schien so seine nächste große Rede einzuüben.

„Wollten Sie nicht den jungen Menschen etwas fragen, Herr Jakob?" sagte der Kapitän unter allgemeiner Stille zu dem Herrn mit dem Bambusstöckchen.

„Allerdings," sagte dieser, mit einer kleinen Neigung für die Aufmerksamkeit dankend. Und fragte dann Karl nochmals: „Wie heißen Sie eigentlich?"

Karl, welcher glaubte, es sei im Interesse der großen Hauptsache gelegen, wenn dieser Zwischenfall des hartnäckigen Fragers bald erledigt würde, antwortete kurz, ohne, wie es seine Gewohnheit war, durch Vorweisung des Passes sich vorzustellen, den er erst hätte suchen müssen: „Karl Roßmann".

„Aber," sagte der mit Jakob Angesprochene und trat zuerst fast ungläubig lächelnd zurück. Auch der Kapitän, der Oberkassier, der Schiffsoffizier, ja sogar der Diener zeigten deutlich ein übermäßiges Erstaunen wegen Karls Namen. Nur die Herren von der Hafenbehörde und Schubal verhielten sich gleichgültig.

„Aber," wiederholte Herr Jakob und trat mit etwas steifen Schritten auf Karl zu, „dann bin ich ja dein Onkel Jakob und du bist mein lieber Neffe. Ahnte ich es doch die ganze Zeit über!" sagte er zum Kapitän hin, ehe er Karl umarmte und küßte, der alles stumm geschehen ließ.

„Wie heißen Sie?" fragte Karl, nachdem er sich losgelassen fühlte, zwar sehr höflich, aber gänzlich ungerührt, und strengte sich an, die Folgen abzusehen, welche dieses neue Ereignis für den Heizer haben dürfte. Vorläufig deutete nichts darauf hin, daß Schubal aus dieser Sache Nutzen ziehen könnte.

„Begreifen Sie doch, junger Mann, Ihr Glück," sagte der Kapitän, der durch Karls Frage die Würde der Person des Herrn Jakob verletzt glaubte, der sich zum Fenster gestellt hatte, offenbar, um sein aufgeregtes Gesicht, das er überdies mit einem Taschentuch betupfte, den andern nicht zeigen zu müssen. „Es ist der Senator Edward Jakob, der sich Ihnen als Ihr Onkel zu erkennen gegeben hat. Es erwartet Sie nunmehr, doch wohl ganz gegen Ihre bisherigen Erwartungen, eine glänzende Laufbahn. Versuchen Sie das einzusehen, so gut es im ersten Augenblick geht, und fassen Sie sich!"

„Ich habe allerdings einen Onkel Jakob in Amerika," sagte Karl zum Kapitän gewendet, „aber wenn ich recht verstanden habe, ist Jakob bloß der Zuname des Herrn Senators."

„So ist es," sagte der Kapitän erwartungsvoll.

„Nun, mein Onkel Jakob, welcher der Bruder meiner Mutter ist, heißt aber mit dem Taufnamen Jakob, während sein Zuname natürlich gleich jenem meiner Mutter lauten müßte, welche eine geborene Bendelmayer ist."

„Meine Herren!" rief der Senator, der von seinem Erholungsposten beim Fenster munter zurückkehrte, mit Bezug auf Karls Erklärung aus. Alle, mit Ausnahme der Hafenbeamten, brachen in Lachen aus, manche wie in Rührung, manche undurchdringlich.

„So lächerlich war das, was ich gesagt habe, doch keineswegs," dachte Karl.

„Meine Herren," wiederholte der Senator, „Sie nehmen gegen meinen und gegen Ihren Willen an einer kleinen Familienszene teil und ich kann deshalb nicht umhin, Ihnen eine Erläuterung zu geben, da, wie ich glaube, nur der Herr Kapitän" — diese Erwähnung hatte eine gegenseitige Verbeugung zur Folge — „vollständig unterrichtet ist."

„Jetzt muß ich aber wirklich auf jedes Wort achtgeben," sagte sich Karl und freute sich, als er bei einem Seitwärtsschauen bemerkte, daß in die Figur des Heizers das Leben zurückzukehren begann.

„Ich lebe seit allen den langen Jahren meines amerikanischen Aufenthaltes — das Wort Aufenthalt paßt

33

hier allerdings schlecht für den amerikanischen Bürger, der ich mit ganzer Seele bin — seit allen den langen Jahren lebe ich also von meinen europäischen Verwandten vollständig abgetrennt, aus Gründen, die erstens nicht hierher gehören, und die zweitens zu erzählen, mich wirklich zu sehr hernehmen würde. Ich fürchte mich sogar vor dem Augenblick, wo ich vielleicht gezwungen sein werde, sie meinem lieben Neffen zu erzählen, wobei sich leider ein offenes Wort über seine Eltern und ihren Anhang nicht vermeiden lassen wird."

„Es ist mein Onkel, kein Zweifel," sagte sich Karl und lauschte, „wahrscheinlich hat er seinen Namen ändern lassen."

„Mein lieber Neffe ist nun von seinen Eltern — sagen wir nur das Wort, das die Sache auch wirklich bezeichnet — einfach beseitegeschafft worden, wie man eine Katze vor die Tür wirft, wenn sie ärgert. Ich will durchaus nicht beschönigen, was mein Neffe gemacht hat, daß er so gestraft wurde, aber sein Verschulden ist ein solches, daß sein einfaches Nennen schon genug Entschuldigung enthält."

„Das läßt sich hören," dachte Karl, „aber ich will nicht, daß er es allen erzählt. Übrigens kann er es ja auch nicht wissen. Woher denn?"

„Er wurde nämlich," fuhr der Onkel fort und stützte sich mit kleinen Neigungen auf das vor ihm eingestemmte Bambusstöckchen, wodurch es ihm tatsächlich gelang, der Sache die unnötige Feierlichkeit zu nehmen, die sie sonst unbedingt gehabt hätte, „er wurde nämlich von einem

Dienstmädchen, Johanna Brummer, einer etwa 35jährigen Person, verführt. Ich will mit dem Worte „verführt" meinen Neffen durchaus nicht kränken, aber es ist doch schwer, ein anderes, gleich passendes Wort zu finden."

Karl, der schon ziemlich nahe zum Onkel getreten war, drehte sich hier um, um den Eindruck der Erzählung von den Gesichtern der Anwesenden abzulesen. Keiner lachte, alle hörten geduldig und ernsthaft zu. Schließlich lacht man auch nicht über den Neffen eines Senators bei der ersten Gelegenheit, die sich darbietet. Eher hätte man schon sagen können, daß der Heizer, wenn auch nur ganz wenig, Karl anlächelte, was aber erstens als neues Lebenszeichen erfreulich und zweitens entschuldbar war, da ja Karl in der Kabine aus dieser Sache, die jetzt so publik wurde, ein besonderes Geheimnis hatte machen wollen.

„Nun hat diese Brummer," setzte der Onkel fort, „von meinem Neffen ein Kind bekommen, einen gesunden Jungen, welcher in der Taufe den Namen Jakob erhielt, zweifellos in Gedanken an meine Wenigkeit, welche, selbst in den sicher nur ganz nebensächlichen Erwähnungen meines Neffen, auf das Mädchen einen großen Eindruck gemacht haben muß. Glücklicherweise, sage ich. Denn da die Eltern zur Vermeidung der Alimentenzahlung oder sonstigen bis an sie selbst heranreichenden Skandales — ich kenne, wie ich betonen muß, weder die dortigen Gesetze noch die sonstigen Verhältnisse der Eltern — da sie also zur Vermeidung der Alimentenzahlung und des Skandales ihren Sohn, meinen lieben Neffen, nach Amerika haben transportieren lassen, mit unverantwortlich ungenügender Ausrüstung, wie man sieht, so wäre der Junge, ohne die gerade noch in Amerika lebendigen Zeichen und Wunder, auf sich allein angewiesen, wohl schon gleich in einem Gäßchen im Hafen von New York verkommen, wenn nicht jenes Dienstmädchen in einem an mich gerichteten Brief, der nach langen Irrfahrten vorgestern in meinen Besitz kam, mir die ganze Geschichte samt Personenbeschreibung meines Neffen und vernünftigerweise auch Namensnennung des Schiffes mitgeteilt hätte. Wenn ich es darauf angelegt hätte, Sie, meine Herren, zu unterhalten, könnte ich wohl einige Stellen jenes Briefes" — er zog zwei riesige, engbeschriebene Briefbogen aus der Tasche und schwenkte sie — „hier vorlesen. Er würde sicher Wirkung machen, da er mit einer etwas einfachen, wenn auch immer gutgemeinten Schlauheit und mit viel Liebe zu dem Vater des Kindes geschrieben ist. Aber ich will weder Sie mehr unterhalten, als es zur Aufklärung nötig ist, noch vielleicht gar zum Empfang möglicherweise noch bestehende Gefühle meines Neffen verletzen, der den Brief, wenn er mag, in der Stille seines ihn schon erwartenden Zimmers zur Belehrung lesen kann."

Karl hatte aber keine Gefühle für jenes Mädchen. Im Gedränge einer immer mehr zurücktretenden Vergangenheit saß sie in ihrer Küche neben dem Küchenschrank, auf dessen Platte sie ihren Ellbogen stützte. Sie sah ihn an, wenn er hin und wieder in die Küche kam, um ein Glas zum Wassertrinken für seinen Vater zu

36

holen oder einen Auftrag seiner Mutter auszurichten.
Manchmal schrieb sie in der vertrackten Stellung seitlich
vom Küchenschrank einen Brief und holte sich die Ein=
gebungen von Karls Gesicht. Manchmal hielt sie die
Augen mit der Hand verdeckt, dann drang keine An=
rede zu ihr. Manchmal kniete sie in ihrem engen Zim=
merchen neben der Küche und betete zu einem hölzernen
Kreuz; Karl beobachtete sie dann nur mit Scheu im
Vorübergehen durch die Spalte der ein wenig geöff=
neten Tür. Manchmal jagte sie in der Küche herum und
fuhr wie eine Hexe lachend zurück, wenn Karl ihr in
den Weg kam. Manchmal schloß sie die Küchentüre, wenn
Karl eingetreten war und behielt die Klinke solange
in der Hand, bis er wegzugehn verlangte. Manchmal
holte sie Sachen, die er gar nicht haben wollte, und
drückte sie ihm schweigend in die Hände. Einmal aber
sagte sie „Karl" und führte ihn, der noch über die un=
erwartete Ansprache staunte, unter Grimassen seufzend
in ihr Zimmerchen, das sie zusperrte. Würgend umarmte
sie seinen Hals und während sie ihn bat, sie zu ent=
kleiden, entkleidete sie in Wirklichkeit ihn und legte ihn
in ihr Bett, als wolle sie ihn von jetzt niemandem mehr
lassen und ihn streicheln und pflegen bis zum Ende der
Welt. „Karl, o du mein Karl!" rief sie, als sähe sie
ihn und bestätige sich seinen Besitz, während er nicht
das Geringste sah und sich unbehaglich in dem vielen
warmen Bettzeug fühlte, das sie eigens für ihn aufge=
häuft zu haben schien. Dann legte sie sich auch zu ihm
und wollte irgendwelche Geheimnisse von ihm erfahren,

aber er konnte ihr keine sagen und sie ärgerte sich im
Scherz oder Ernst, schüttelte ihn, horchte sein Herz ab,
bot ihre Brust zum gleichen Abhorchen hin, wozu sie Karl
aber nicht bringen konnte, drückte ihren nackten Bauch
an seinen Leib, suchte mit der Hand, so widerlich, daß
Karl Kopf und Hals aus den Kissen heraus schüttelte,
zwischen seinen Beinen, stieß dann den Bauch einige
Male gegen ihn, ihm war, als sei sie ein Teil seiner
selbst und vielleicht aus diesem Grunde hatte ihn eine
entsetzliche Hilfsbedürftigkeit ergriffen. Weinend kam er
endlich nach vielen Wiedersehenswünschen ihrerseits in
sein Bett. Das war alles gewesen und doch verstand es
der Onkel, daraus eine große Geschichte zu machen.
Und die Köchin hatte also auch an ihn gedacht und den
Onkel von seiner Ankunft verständigt. Das war schön
von ihr gehandelt und er würde es ihr wohl noch ein=
mal vergelten.

„Und jetzt," rief der Senator, „will ich von dir offen
hören, ob ich dein Onkel bin oder nicht."

„Du bist mein Onkel," sagte Karl und küßte ihm die
Hand und wurde dafür auf die Stirne geküßt. „Ich
bin sehr froh, daß ich dich getroffen habe, aber du irrst,
wenn du glaubst, daß meine Eltern nur Schlechtes von
dir reden. Aber auch abgesehen davon, sind in deiner
Rede einige Fehler enthalten gewesen, das heißt, ich
meine, es hat sich in Wirklichkeit nicht alles so zuge=
tragen. Du kannst aber auch wirklich von hier aus die
Dinge nicht so gut beurteilen, und ich glaube außerdem,
daß es keinen besonderen Schaden bringen wird, wenn

die Herren in Einzelheiten einer Sache, an der ihnen
doch wirklich nicht viel liegen kann, ein wenig unrichtig
informiert worden sind."

„Wohl gesprochen," sagte der Senator, führte Karl
vor den sichtlich teilnehmenden Kapitän und fragte:
„Habe ich nicht einen prächtigen Neffen?"

„Ich bin glücklich," sagte der Kapitän mit einer Ver=
beugung, wie sie nur militärisch geschulte Leute zustande=
bringen, „Ihren Neffen, Herr Senator, kennen gelernt
zu haben. Es ist eine besondere Ehre für mein Schiff,
daß es den Ort eines solchen Zusammentreffens ab=
geben konnte. Aber die Fahrt im Zwischendeck war wohl
sehr arg, ja, wer kann denn wissen, wer da mitgeführt
wird. Nun, wir tun alles Mögliche, den Leuten im
Zwischendeck die Fahrt möglichst zu erleichtern, viel
mehr zum Beispiel, als die amerikanischen Linien, aber
eine solche Fahrt zu einem Vergnügen zu machen, ist
uns allerdings noch immer nicht gelungen."

„Es hat mir nicht geschadet," sagte Karl.

„Es hat ihm nicht geschadet!" wiederholte laut lachend
der Senator.

„Nur meinen Koffer fürchte ich verloren zu —" und
damit erinnerte er sich an alles, was geschehen war und
was noch zu tun übrigblieb, sah sich um und erblickte
alle Anwesenden stumm vor Achtung und Staunen auf
ihren früheren Plätzen, die Augen auf ihn gerichtet.
Nur den Hafenbeamten sah man, soweit ihre strengen,
selbstzufriedenen Gesichter einen Einblick gestatteten, das
Bedauern an, zu so ungelegener Zeit gekommen zu sein

und die Taschenuhr, die sie jetzt vor sich liegen hatten,
war ihnen wahrscheinlich wichtiger, als alles, was im
Zimmer vorging und vielleicht noch geschehen konnte.

Der erste, welcher nach dem Kapitän seine Anteil=
nahme ausdrückte, war merkwürdigerweise der Heizer.
„Ich gratuliere Ihnen herzlich,“ sagte er und schüttelte
Karl die Hand, womit er auch etwas wie Anerkennung
ausdrücken wollte. Als er sich dann mit der gleichen
Ansprache auch an den Senator wenden wollte, trat
dieser zurück, als überschreite der Heizer damit seine
Rechte; der Heizer ließ auch sofort ab.

Die übrigen aber sahen jetzt ein, was zu tun war,
und bildeten gleich um Karl und den Senator einen
Wirrwarr. So geschah es, daß Karl sogar eine Gratu=
lation Schubals erhielt, annahm und für sie dankte.
Als letzte traten in der wieder entstandenen Ruhe die
Hafenbeamten hinzu und sagten zwei englische Worte,
was einen lächerlichen Eindruck machte.

Der Senator war ganz in der Laune, um das Ver=
gnügen vollständig auszukosten, nebensächlichere Momente
sich und den anderen in Erinnerung zu bringen, was
natürlich von allen nicht nur geduldet, sondern mit In=
teresse hingenommen wurde. So machte er darauf auf=
merksam, daß er sich die in dem Brief der Köchin er=
wähnten hervorstechendsten Erkennungszeichen Karls in
sein Notizbuch zu möglicherweise notwendigem augen=
blicklichen Gebrauch eingetragen hatte. Nun hatte er
während des unerträglichen Geschwätzes des Heizers zu
keinem anderen Zweck, als um sich abzulenken, das Notiz=

buch herausgezogen und die natürlich nicht gerade detektivisch richtigen Beobachtungen der Köchin mit Karls Aussehen zum Spiel in Verbindung zu bringen gesucht. „Und so findet man seinen Neffen!" schloß er in einem Ton, als wolle er noch einmal Gratulationen bekommen.

„Was wird jetzt dem Heizer geschehen?" fragte Karl, vorbei an der letzten Erzählung des Onkels. Er glaubte in seiner neuen Stellung alles, was er dachte, auch aussprechen zu können.

„Dem Heizer wird geschehen, was er verdient," sagte der Senator, „und was der Herr Kapitän für gut erachtet. Ich glaube, wir haben von dem Heizer genug und übergenug, wozu mir jeder der anwesenden Herren sicher zustimmen wird."

„Darauf kommt es doch nicht an, bei einer Sache der Gerechtigkeit," sagte Karl. Er stand zwischen dem Onkel und dem Kapitän, und glaubte, vielleicht durch diese Stellung beeinflußt, die Entscheidung in der Hand zu haben.

Und trotzdem schien der Heizer nichts mehr für sich zu hoffen. Die Hände hielt er halb in dem Hosengürtel, der durch seine aufgeregten Bewegungen mit dem Streifen eines gemusterten Hemdes zum Vorschein gekommen war. Das kümmerte ihn nicht im geringsten, er hatte sein ganzes Leid geklagt, nun sollte man auch noch die paar Fetzen sehen, die er am Leibe hatte, und dann sollte man ihn forttragen. Er dachte sich aus, der Diener und Schubal, als die zwei hier im Range Tiefsten, sollten ihm diese letzte Güte erweisen. Schubal würde dann

Ruhe haben und nicht mehr in Verzweiflung kommen wie sich der Oberkassier ausgedrückt hatte. Der Kapitän würde lauter Rumänen anstellen können, es würde überall rumänisch gesprochen werden, und vielleicht würde dann wirklich alles besser gehen. Kein Heizer würde mehr in der Hauptkassa schwätzen, nur sein letztes Geschwätz würde man in ziemlich freundlicher Erinnerung behalten, da es, wie der Senator ausdrücklich erklärt hatte, die mittelbare Veranlassung zur Erkennung des Neffen gegeben hatte. Dieser Neffe hatte ihm übrigens vorher öfters zu nützen gesucht und daher für seinen Dienst bei der Wiedererkennung längst vorher einen mehr als genügenden Dank abgestattet; dem Heizer fiel gar nicht ein, jetzt noch etwas von ihm zu verlangen. Im übrigen, mochte er auch der Neffe des Senators sein, ein Kapitän war er noch lange nicht, aber aus dem Munde des Kapitäns würde schließlich das böse Wort fallen. — So wie es seiner Meinung entsprach, versuchte auch der Heizer nicht zu Karl hinzusehen, aber leider blieb in diesem Zimmer der Feinde kein anderer Ruheort für seine Augen.

„Mißverstehe die Sachlage nicht," sagte der Senator zu Karl, „es handelt sich vielleicht um eine Sache der Gerechtigkeit, aber gleichzeitig um eine Sache der Disziplin. Beides und ganz besonders das letztere unterliegt hier der Beurteilung des Herrn Kapitäns."

„So ist es," murmelte der Heizer. Wer es merkte und verstand, lächelte befremdet.

„Wir aber haben überdies den Herrn Kapitän in

seinen Amtsgeschäften, die sich sicher gerade bei der Ankunft in New York unglaublich häufen, so sehr schon behindert, daß es höchste Zeit für uns ist, das Schiff zu verlassen, um nicht zum Überfluß auch noch durch irgendwelche höchst unnötige Einmischung diese geringfügige Zänkerei zweier Maschinisten zu einem Ereignis zu machen. Ich begreife deine Handlungsweise, lieber Neffe, übrigens vollkommen, aber gerade das gibt mir das Recht, dich eilends von hier fortzuführen."

„Ich werde sofort ein Boot für Sie flottmachen lassen," sagte der Kapitän, ohne zum Erstaunen Karls auch nur den kleinsten Einwand gegen die Worte des Onkels vorzubringen, die doch zweifellos als eine Selbstdemütigung des Onkels angesehen werden konnten. Der Oberkassier eilte überstürzt zum Schreibtisch und telephonierte den Befehl des Kapitäns an den Bootsmeister.

„Die Zeit drängt schon," sagte sich Karl, „aber ohne alle zu beleidigen, kann ich nichts tun. Ich kann doch jetzt den Onkel nicht verlassen, nachdem er mich kaum wiedergefunden hat. Der Kapitän ist zwar höflich, aber das ist auch alles. Bei der Disziplin hört seine Höflichkeit auf, und der Onkel hat ihm sicher aus der Seele gesprochen. Mit Schubal will ich nicht reden, es tut mir sogar leid, daß ich ihm die Hand gereicht habe. Und alle anderen Leute hier sind Spreu."

Und er ging langsam in solchen Gedanken zum Heizer, zog dessen rechte Hand aus dem Gürtel und hielt sie spielend in der seinen. „Warum sagst du denn nichts?" fragte er. „Warum läßt du dir alles gefallen?"

Der Heizer legte nur die Stirn in Falten, als suche er den Ausdruck für das, was er zu sagen habe. Im übrigen sah er auf Karls und seine Hand hinab.

„Dir ist ja unrecht geschehen, wie keinem auf dem Schiff, das weiß ich ganz genau." Und Karl zog seine Finger hin und her zwischen den Fingern des Heizers, der mit glänzenden Augen ringsumher schaute, als widerfahre ihm eine Wonne, die ihm aber niemand verübeln möge.

„Du mußt dich aber zur Wehr setzen, ja und nein sagen, sonst haben doch die Leute keine Ahnung von der Wahrheit. Du mußt mir versprechen, daß du mir folgen wirst, denn ich selbst, das fürchte ich mit vielem Grund, werde dir gar nicht mehr helfen können." Und nun weinte Karl, während er die Hand des Heizers küßte und nahm die rissige, fast leblose Hand und drückte sie an seine Wangen, wie einen Schatz, auf den man verzichten muß. — Da war aber auch schon der Onkel Senator an seiner Seite und zog ihn, wenn auch nur mit dem leichtesten Zwange, fort.

„Der Heizer scheint dich bezaubert zu haben," sagte er und sah verständnisinnig über Karls Kopf zum Kapitän hin. „Du hast dich verlassen gefühlt, da hast du den Heizer gefunden und bist ihm jetzt dankbar, das ist ja ganz löblich. Treibe das aber, schon mir zuliebe, nicht zu weit und lerne deine Stellung begreifen."

Vor der Türe entstand ein Lärmen, man hörte Rufe und es war sogar, als werde jemand brutal gegen die Türe gestoßen. Ein Matrose trat ein, etwas verwildert, und hatte eine Mädchenschürze umgebunden. „Es sind Leute draußen," rief er und stieß einmal mit dem Ellbogen herum, als sei er noch im Gedränge. Endlich fand er seine Besinnung und wollte vor dem Kapitän salutieren, da bemerkte er die Mädchenschürze, riß sie herunter, warf sie zu Boden und rief: „Das ist ja ekelhaft, da haben sie mir eine Mädchenschürze umgebunden." Dann aber klappte er die Hacken zusammen und salutierte. Jemand versuchte zu lachen, aber der Kapitän sagte streng: „Das nenne ich eine gute Laune. Wer ist denn draußen?"

„Es sind meine Zeugen," sagte Schubal vortretend, „ich bitte ergebenst um Entschuldigung für ihr unpassendes Benehmen. Wenn die Leute die Seefahrt hinter sich haben, sind sie manchmal wie toll."

„Rufen Sie sie sofort herein!" befahl der Kapitän und gleich sich zum Senator umwendend sagte er verbindlich, aber rasch: „Haben Sie jetzt die Güte, verehrter Herr Senator, mit Ihrem Herrn Neffen diesem Matrosen zu folgen, der Sie ins Boot bringen wird. Ich muß wohl nicht erst sagen, welches Vergnügen und welche Ehre mir das persönliche Bekanntwerden mit Ihnen, Herr Senator, bereitet hat. Ich wünsche mir nur, bald Gelegenheit zu haben, mit Ihnen, Herr Senator, unser unterbrochenes Gespräch über die amerikanischen Flottenverhältnisse wieder einmal aufnehmen zu können und dann vielleicht neuerdings auf so angenehme Weise, wie heute, unterbrochen zu werden."

„Vorläufig genügt mir dieser eine Neffe," sagte der Onkel lachend. „Und nun nehmen Sie meinen besten

Dank für Ihre Liebenswürdigkeit und leben Sie wohl.
Es wäre übrigens gar nicht so unmöglich, daß wir" —
er drückte Karl herzlich an sich — „bei unserer nächsten
Europareise vielleicht für längere Zeit mit Ihnen zu=
sammenkommen könnten."

„Es würde mich herzlich freuen," sagte der Kapitän.
Die beiden Herren schüttelten einander die Hände, Karl
konnte nur noch stumm und flüchtig seine Hand dem
Kapitän reichen, denn dieser war bereits von den viel=
leicht fünfzehn Leuten in Anspruch genommen, welche
unter Führung Schubals zwar etwas betroffen, aber doch
sehr laut einzogen. Der Matrose bat den Senator, vor=
auszugehen zu dürfen und teilte dann die Menge für ihn
und Karl, die leicht zwischen den sich verbeugenden Leuten
durchkamen. Es schien, daß diese im übrigen gutmütigen
Leute den Streit Schubals mit dem Heizer als einen
Spaß auffaßten, dessen Lächerlichkeit nicht einmal vor
dem Kapitän aufhöre. Karl bemerkte unter ihnen auch
das Küchenmädchen Line, welche, ihm lustig zuzwinkernd,
die vom Matrosen hingeworfene Schürze umband, denn
es war die ihrige.

Weiter dem Matrosen folgend verließen sie das Bureau
und bogen in einen kleinen Gang ein, der sie nach ein paar
Schritten zu einem Türchen brachte, von dem aus eine
kurze Treppe in das Boot hinabführte, welches für sie
vorbereitet war. Die Matrosen im Boot, in das ihr
Führer gleich mit einem einzigen Satz hinuntersprang,
erhoben sich und salutierten. Der Senator gab Karl
gerade eine Ermahnung zu vorsichtigem Hinuntersteigen,

als Karl noch auf der obersten Stufe in heftiges Weinen ausbrach. Der Senator legte die rechte Hand unter Karls Kinn, hielt ihn fest an sich gepreßt und streichelte ihn mit der linken Hand. So gingen sie langsam Stufe für Stufe hinab und traten engverbunden ins Boot, wo der Senator für Karl gerade sich gegenüber einen guten Platz aussuchte. Auf ein Zeichen des Senators stießen die Matrosen vom Schiffe ab und waren gleich in voller Arbeit. Kaum waren sie ein paar Meter vom Schiff entfernt, machte Karl die unerwartete Entdeckung, daß sie sich gerade auf jener Seite des Schiffes befanden, wohin die Fenster der Hauptkassa gingen. Alle drei Fenster waren mit Zeugen Schubals besetzt, welche freund=
schaftlichst grüßten und winkten, sogar der Onkel dankte, und ein Matrose machte das Kunststück, ohne eigentlich das gleichmäßige Rudern zu unterbrechen, eine Kußhand hinaufzuschicken. Es war wirklich, als gebe es keinen Heizer mehr. Karl faßte den Onkel, mit dessen Knien sich die seinen fast berührten, genauer ins Auge, und es kamen ihm Zweifel, ob dieser Mann ihm jemals den Heizer werde ersetzen können. Auch wich der Onkel seinem Blicke aus und sah auf die Wellen hin, von denen ihr Boot umschwankt wurde.

DER ABEND
EIN KLEINES GESPRÄCH
VON
FERDINAND HARDEKOPF

1913
KURT WOLFF VERLAG · LEIPZIG

Dies Buch wurde
gedruckt im Mai 1913 als vierter
Band der Bücherei „Der jüngste Tag" bei
Poeschel & Trepte in Leipzig

COPYRIGHT BY KURT WOLFF VERLAG, LEIPZIG 1913

FÜR

LUDWIG RUBINER

Ostap und *Germaine*

überschreiten die Schwelle des Hotelzimmers. Der Herr, der sie bis dahin geleitet hatte, nach einer Verbeugung, zieht sich zurück. Kaum sind sie allein, so fliegt Germaine schräg an Ostaps Brust. Germaine ist 25 Jahre alt. Ostap ist 30 Jahre alt.

Ostap:

In diesem Zimmer sind die Teppiche rot und tief. Es ist Abend. Hier ist es warm. Das Hotel hat Zentralheizung. Draußen regnet es stark. Das Gepäck ist schon da. Du hast alle deine Parfüms. Du hast deine Bücher. Du hast deine Bilder. Und die Madonnen.

Du wirst deine Knöchel nicht mehr verletzen, wenn du steile Treppen hinaufrennst... Warum ranntest du immer so die Treppen hinauf? ... Mein Kind, vielleicht magst du sehr lange ausruhen. Wir fahren nicht mehr auf der Eisenbahn. Kaffee, Brötchen, Zigaretten kommen ans Bett. Die elektrische Leselampe kommt ans Bett. In diesem Spiegel — —

5

Germaine:

Ich bin soweit... Bei mir geht das rasch... Ein Korsett trug ich zuletzt in... Krakau. Meine Kleider saßen viel besser. Sie saßen besser an. Aber jetzt trage ich keins mehr. Bei dir habe ich es gut. Ich brauche auch meine Haare nicht zu brennen. Ich darf sie glatt tragen. Du schickst mich nicht hinaus. Aber wenn du willst, will ich sofort in den Regen hinausgehen.

Ostap:

Nein... Ich denke daran, wie mißtrauisch gegen mich Madame Chantavoine war, als ich am ersten Abend in euer Haus kam, Rue St. Fiacre im zweiten Arrondissement. Ihr stecktet alle in roten Kleidern. Ich empfand: daß alle Mädchen, die es noch geben würde, rote Kleider tragen würden. Wir sprachen zusammen. Aber wie ich aufstand, da trat Madame sehr schnell vor dich hin und hielt dich zurück. Im Atrium sah ich noch, durch einen hellen Streif, die letzte Welle deines roten Kleides... Man schob mich hinaus. An der Tür murmelte die Concierge verächtlich: ich sei ja schon aus vielen Häusern hinausgeworfen worden.

Germaine:

Niemand soll Böses zu dir sagen!... Aber du kamst wieder. Du benahmst dich geschickt. Und als ich dich mit aufs Zimmer hinaufnehmen durfte —

6

Ostap:

... da verlangtest du zehn Franks von mir, Geliebte. Soviel wollte ich dir nicht geben. Schließlich sagtest du: „Mein Herr, Sie werden mir soviel geben, wie ich Ihnen wert gewesen sein werde." Das tat ich.

Germaine:

War ich zehn Franks wert?

Ostap:

Du warst mehr als zehn Franks wert. — — —

Germaine:

... Wir lieben uns ganz innig. Als man dir neulich den Hals schnitt, taten mir die Brüste ebenso weh. Was ich dir gesagt habe, das hat dir noch kein Mädchen gesagt. Und du hast es angenommen! Das weißt du. Wir verschieben es nur noch, nicht wahr? Aber ... etwas möchte ich gern wissen.

Ostap:

. . . . .

Germaine:

Warum du mich nicht heiratest.

Ostap:

. . . . .

Germaine:

Du brauchst es ja nicht zu tun. Du bist an nichts gebunden. Aber sag' nur einen Augenblick, daß du

7

es tun **willst**. Du brauchst es ja nicht zu tun. Es
macht mich so namenlos glücklich, wenn du es nur
sagst. Du bist an nichts gebunden.

Ostap:
Wir werden uns heiraten.

Germaine:
... Wäre es möglich, daß ich dich einst nicht
mehr liebte, so könnte ich nicht sagen: „Ich **habe**
dich geliebt." Das ... dächte ich dann nicht mehr
aus. Vergangen könnte dies nur sein, wenn ich nicht
mehr wüßte, wie süß es war. Wenn ich kein ...
Bewußtsein mehr hätte. Wenn ich ... nicht mehr
Herrin meiner selbst wäre. Sonst wäre es: grauenvoll. Du ...

Ostap:
Bitte, sprich nicht von mir! Ich komme
nicht im geringsten in Betracht! Ich bin ein alter
Mann. Ich habe graue Haare. Ich bin ... dein Publikum. Ich lebe von dem Gifte das du bist. Ich
habe nie eine Rolle gespielt. Ich bin ja **überglücklich**, wenn du **totkrank** bist, nur damit
ich eine Rolle übernehmen darf: in tiefster Seele
um dich besorgt zu sein.

Germaine:
Und doch hast du eine Rolle von mir angenommen. Das weißt du. **Hättest du sie aber**

8

nur gespielt, so wärst du immer noch ein guter Schauspieler. Denn du hast so zu mir gesprochen, wie ... Lupu Hood nicht zu mir gesprochen hat.

Ostap:

Wo ist Lupu Hood?

Germaine:

Im Zuchthaus.

Ostap:

Was hatte er getan?

Germaine:

. . . . .

Ostap:

Du hast ihn wahnsinnig geliebt.

Germaine:

Ich liebe dich.

Ostap:

... Aber vielleicht hast du alles nur gespielt!? Alles das, was du für mich tun wolltest. Du warst freigebig, mein Kind. Du sagtest: „Denke dir aus, was ich tun soll. Ich tue alles!"

Germaine:

Das sage ich auch jetzt.

Ostap:

Der Regen kam immer dabei vor. Vielleicht hast du alles nur gespielt!?

9

Germaine:

Wenn ich es gespielt hätte, hätte ich es dir am anderen Morgen doch gesagt! Was ich dir gesagt habe, ist meine Natur. Eine Zeitlang hatte ich meine Natur vergessen. Du selbst hast mich sie wiedergelehrt. Du sprachst von dreierlei, was man anbete, und was ein jeder deshalb „du" nennen dürfe: Gott, Könige und die Kokotten. Du sprachst wild. Ich hatte meinen Charakter verloren. Du hast mir meinen Charakter wiedergegeben. Ich fühle es so tief.

Ostap:

... (hè), in der Nacht, als du dich plötzlich verändertest. Ich erkannte dich nicht wieder. Deine Augen wurden wasserklar und bleich. Dein Gesicht wurde rein. Da schien mir jeder Atemzug, den du tatest, wie tausend Jahre der Weltgeschichte. Da ward die kleinste Bewegung, die du tatest, eine Revolution ... Damals erzählte ich dir auch meine ... armselige Lebensgeschichte.

Germaine:

Ja, Mädchen wie ich bin, denen erzählt man viel.

Ostap:

Bist du denn ein solches Mädchen?

Germaine:

Natürlich! So glaube es doch endlich! ...

10

Du sollst es gut haben. Du schläfst bis Mittag. Dann komme ich. Kaffee, Brötchen, Zigaretten kommen ans Bett. Du kannst den ganzen Tag im Café sitzen. Wir werden dich alle lieb haben. Du hast mir versprochen, daß du es tun willst.

Ostap:
... Wer will mich lieb haben?

Germaine:
Wir Mädchen und unsere Freunde.

Ostap:
... Was wollte ich tun?

Germaine:
Nichts tun. Mich tun lassen.

Ostap:
... Du sollst alles für mich tun. So tun, daß du es merkst, mein Kind, daß es für mich ist! Amüsant soll das für dich nicht sein! Dein Tun soll ganz gefärbt, ganz ... entstellt, ganz verzerrt sein von dem Willen, es für mich zu tun. Du sollst die Aufopferung kennen lernen, Germaine!

Germaine:
Ich bin irrsinnig glücklich, Geliebter. Wir sind weithin gereist, aber mir fehlte etwas. Am unendlichen Ozean hatt' ich nur den einen Wunsch: ein-

gesperrt zu sein in einem Gefängnis oder in einem Haus, wie es das in der Rue St. Fiacre war. In all den vornehmen Hotels hatt' ich nur den einen Wunsch, von der Polizei verfolgt zu sein mit dir. In jedem Augenblick müßte es draußen klopfen können ... Wir müßten etwas zusammen getan haben.

Ostap:

... Ich fürchte, es ist schwierig, die Aufmerksamkeit der Polizei zu erreichen. Falls man ihr nicht ganz ... approbierte Themata bietet, rächt sie sich durch eine ... beleidigende Nichtachtung. Für die Nuancen hat sie kein Organ. Und die ... Bürger wissen nicht einmal die Verbrechen zu würdigen, die auf ihre eigenen Kosten begangen werden. Das entwaffnet ein bißchen. Schließlich verliert der Abenteuerlustigste die Neigung, jemanden in die Luft zu sprengen, der für den ... Reiz dieser Operation nicht das geringste Verständnis mitbringt. Deshalb gibt es auf beiden Seiten der Barrikade so wenig Gefahren ... Du hast recht: wir müssen uns die Gefährdung, die wir brauchen, mit den verzweifeltsten Mitteln fortwährend selbst schaffen.

Germaine:

— — Wie spät ist es?

12

Ostap
(sieht nach seiner Uhr):
... halb zwölf. — Ich kann nur Leute zerstören die f ü h l e n, was das bedeutet.

Germaine:
Oh! schon — Komm, trink Kognak.
(Sie gibt ihm die Flasche.)

Ostap
(trinkt gierig aus der Flasche. — Sie schweigen.)

Ostap:
... Ich lebte einmal mit einem Mädchen wie du.

Germaine:
Mon petit loup, d a s habe ich gemerkt. Wie hieß sie?

Ostap:
Aber i c h liebte sie nicht. Das war der Unterschied. Ein paarmal soupierten wir im Pavillon d'Armenonville. Am nächsten Morgen hatten wir nichts. ... Sie hieß Suzanne. Ich malte damals in der Art von Matisse. Es galt noch als modern. Wir waren so glücklich, daß ich das Rot aus Suzannes Schminktöpfen als Abendrot auf meine Leinwand schmierte und das Indisch-Gelb aus meinen Tuben als Butter aufs Brot quetschte. Sie hieß Suzanne. Vor mir hatte sie einen Boxer geliebt. Da-

mals war ich glücklich; ich war ja dumm genug dazu.

Germaine
(sich ankleidend):

Trink doch mehr Kognak.

Ostap
(trinkt gierig aus der Flasche):

Du auch.

Germaine
(trinkt gierig aus der Flasche):

Ja. Wir beide denken mehr, als wir sagen.

Ostap:

Ja. Dein Gesicht ist ganz zerdacht. Aber nicht von dir. Von anderen. Dein Gesicht sieht schlimm aus. Es sieht ... wundervoll aus!

Germaine:

Ja, ich sehe manchmal schlimm aus. Ich habe auch das Schlimme in dir erkannt.

Ostap
(höhnisch):

... Du hast dich geirrt, Germaine. Es spricht gegen dich, daß du mich liebst.

(Er trinkt aus der Flasche.)

... Ich höre Symphonien, die ich nicht angeordnet habe. Auf dem Teppich die Blumen duften roh ... Gib mir deine Hand, Germaine, nur einen Augenblick. Mir ist ...

Germaine:
Wie spät ist es jetzt?

Ostap:
Danke sehr ... Etwas nach halb zwölf. Warum fragst du danach?

Germaine:
Ach bitte, knöpfe mir die Schuhe zu. Der verdammte Schuhknöpfer ist wieder mal nicht da.

Ostap
(kniet nieder... und erhebt sich rasch):
Warum hast du dich angezogen? Warum hast du dich geschminkt? Was soll dies Kleid?

Germaine:
In diesem Kleide habe ich immer Glück gehabt. Laß mich jetzt gehen. Wir treffen uns nachher wieder.

Ostap:
Das nennst du Glück! — Du bleibst hier!

Germaine:
Hast du alles nur gespielt?

Ostap:
Nein. Aber heute abend bleibst du hier! Es ist warm hier. Das Hotel hat Zentralheizung. Da sind 4 ... 5 ... 600 Franken. Noch mehr. Bitte, nimm sie.

15

Germaine:

Das verstehst du nicht. Es muß sein. Ich sehne mich nach Ordnung...

(In der Tür:)

Wir treffen uns nachher wieder.

Ostap:

Du kannst das Hotel jetzt unmöglich verlassen. Es ist Mitternacht... Ich will mein Leben lang für dich arbeiten.

Germaine:

Das werden wir sehen!... — Sei doch vernünftig.

(Sie kommt ins Zimmer zurück und tritt ans Fenster.)

Siehst du? Auf der Place Stanislas gehen die Kavaliere im Regen. Die suchen doch! Es ist Mitternacht. Und ich bin nicht da... Ich bin wunderschön! Ich komme. Ich sehne mich nach meinem Charakter. Ich muß in Ordnung kommen.

Ostap

(packt sie am Handgelenk):

Du bleibst hier! Du...

Germaine:

So sag' doch, was ich bin! So sag' es doch endlich! Du hast es doch tausendmal gesagt! Du hast mich so frech beschimpft, daß ich dachte: „Was ist das für ein Mensch!" Und jetzt willst du mich einsperren! Ich soll wohl keinen Menschen mehr ansehen dürfen! Mich soll wohl kein Mensch mehr ansehen dürfen! Ich war so gut im Gange. Du hast mich herausgenommen. Aber du hast mir versprochen, daß du mich der Straße zurückgeben wolltest. Ich bin einmal nicht wie die Bürgermädchen, die keine Ehre im Leibe haben. Ich kann ohne Ehre nicht leben! Ich kann meine Zeit nicht verlieren. In diesem Kleid habe ich immer Glück gehabt. — Du hast mir versprochen, daß ich für dich verdienen sollte. Du hast mir versprochen, daß ich meinen Charakter wieder haben sollte. So sei doch endlich, was du sagst! Bei mir ist alles Wirklichkeit. Bei mir langweilt man sich nicht. Du sollst es gut haben. Du schläfst bis Mittag.

Ostap
(läßt Germaines Handgelenk los):
Hast du in deiner Tasche alles, was du brauchst?

Germaine
(erfreut):
Ja.

Ostap:
... auch ...?

Germaine:
Ja!

Ostap:
Wo wollen wir uns treffen?

Germaine:
Um 3 Uhr, im Café de la Régence.

Ostap:
Es regnet ja draußen.

Germaine:
Ja, laß mich in den Regen hinausgehen. Für dich.
(Sie geht an die Tür.)

Ostap:
Du wirst dich erkälten, mein Kind.

Germaine:
Ich erkälte mich nie.
(Sie tritt auf die Schwelle.)

Ostap:
Mein Gott!

Germaine:
Auf Wiedersehen, mein Liebling.
(Sie geht hinaus.)

Ostap:
Nein!
(Er stürzt zur Tür, reißt einen Browning aus der Tasche und feuert zwei Schüsse ab — in einer vagen Richtung. Die Kugeln schlagen in die Wand.)

Germaine
(auf der Treppe):
Laß mich aus diesem Hause hinaus! Laß mich auf die Straße hinaus! . . . Und für einen solchen

Jammermenschen habe ich mich interessiert! An einen solchen Feigling habe ich mich weggeworfen! Ich muß ganz von Gott verlassen gewesen sein. Meine erste Dummheit! . . . Gute Nacht.

Ostap:
Hätte die im Mittelalter gelebt, so hätte man sie heilig gesprochen!
(Man hört, wie Germaine die Treppe hinuntereilt. Auf Ostaps Gesicht bildet sich ein feiges, unendlich trauriges Lächeln. Eine Zeitlang bleibt alles still. Dann entsteht Geräusch.)

EMMY HENNINGS
DIE LETZTE FREUDE

1913
KURT WOLFF VERLAG · LEIPZIG

Dies Buch wurde
gedruckt im Mai 1913 als fünfter
Band der Bücherei „Der jüngste Tag" bei
Poeschel & Trepte in Leipzig

COPYRIGHT BY KURT WOLFF VERLAG, LEIPZIG 1913

ÄTHERSTROPHEN

Jetzt muß ich aus der großen Kugel fallen.
Dabei ist in Paris ein schönes Fest.
Die Menschen sammeln sich am Gare de l'est
Und bunte Seidenfahnen wallen.
Ich aber bin nicht unter ihnen.
Ich fliege in dem großen Raum.
Ich mische mich in jeden Traum
Und lese in den tausend Mienen.
Es liegt ein kranker Mann in seinem Jammer.
Mich hypnotisiert sein letzter Blick.
Wir sehnen einen Sommertag zurück...
Ein schwarzes Kreuz erfüllt die Kammer...

(Dieses Gedicht ist für Hardy)

An die Scheiben schlägt der Regen.
Eine Blume leuchtet rot.
Kühle Luft weht mir entgegen.
Wach ich, oder bin ich tot?

Eine Welt liegt weit, ganz weit,
Eine Uhr schlägt langsam vier.
Und ich weiß von keiner Zeit,
In die Arme fall ich dir...

(Robert Jentzsch gewidmet)

Und nachts in tiefer Dunkelheit,
Da fallen Bilder von den Wänden,
Und jemand lacht so frech und breit,
Man greift nach mir mit langen Händen.
Und eine Frau mit grünem Haar,
Die sieht mich traurig an
Und sagt, daß sie einst Mutter war,
Ihr Leid nicht tragen kann.
(Ich presse Dornen in mein Herz
Und halte ruhig still,
Und leiden will ich jeden Schmerz,
Weil man es von mir will.)

AN FRÄNZI

Einsam geh ich durch die Gassen,
Und der Abend senkt sich nieder.
Leise sing ich deine Lieder.
Ach, ich fühl mich so verlassen.

In dem fahlen roten Licht,
O, wie war dein Mund so schmerzlich,
Süß und bleich dein Angesicht,
Und dein Volkslied klang so herzlich.

Augen, die die Tränen kannten,
Die der Liebe Leid erfahren,
Die wie zwei dunkle Sterne waren,
In denen leise Feuer brannten...

8

EIN TRAUM

Wir liegen in einem tiefen See
Und wissen nichts von Leid und Weh.
Wir halten uns umfangen
Und Wasserrosen rings um uns her.
Wir streben und wünschen und wollen nichts mehr.
Wir haben kein Verlangen.
Geliebter, etwas fehlt mir doch,
Einen Wunsch, den hab ich noch:
Die Sehnsucht nach der Sehnsucht.

HYPNOSE

Mein Leib schmerzt, irgendwo in einem fremden
   Land,
Ich fühle meinen Körper längst nicht mehr,
Die Füße sind wie Blei so schwer,
Die Brust ist hohl und ausgebrannt.
Mir tut nichts weh und bin doch voller Schmerzen,
Ich seh in deine Augen wie gebannt.
Ich fall in Schlaf, es flammen Kerzen,
Sie leuchten mir ins unbekannte Land.

(Für Siurlai)

BEI MIR ZU HAUSE

Meine Großmutter hielt die ganze Nacht
— Im grünen Glase brannte ein Licht —
Vor einem vergitterten Fenster Wacht,
Ich sah in ihr fahles Angesicht.

Die Möbel in dem blauen Zimmer,
An ihnen haftet all unser Leid.
Und wenn jemand stirbt, um diese Zeit
Bleibt stehn die Uhr mit krankem Gewimmer.

IM KRANKENHAUSE

Alle Herbste gehn an mir vorüber.
Krank lieg ich im weißen Zimmer,
Tanzen möchte ich wohl lieber.
An die Geigen denk ich immer.
Und es flimmern tausend Lichter.
O, wie bin ich heute schön!
Bunt geschminkte Angesichter
Schnell im Tanz vorüberwehn.
O, die vielen welken Rosen,
Die ich Nachts nach Haus getragen,
Die zerdrückt vom vielen Kosen
Morgens auf dem Tische lagen.
An die Mädchen denk ich wieder,
Die wie ich die Liebe machen.
Wenn wir sangen Heimatlieder,
Unter Weinen, unter Lachen.
Und jetzt lieg ich ganz verlassen
In dem stillen weißen Raum.
O, ihr Schwestern von den Gassen,
Kommt zu mir des Nachts im Traum!

NACH DEM CABARET

Ich gehe morgens früh nach Haus.
Die Uhr schlägt fünf, es wird schon hell,
Doch brennt das Licht noch im Hotel.
Das Cabaret ist endlich aus.
In einer Ecke Kinder kauern,
Zum Markte fahren schon die Bauern,
Zur Kirche geht man still und alt.
Vom Turme läuten ernst die Glocken,
Und eine Dirne mit wilden Locken
Irrt noch umher, übernächtig und kalt.

Schon zweimal wurde ich geboren,
Und damals sang ich auch für Geld,
Doch sonniger schien mir die Welt,
Und meine Munterkeit hab ich verloren.
Irgendwo in der Ferne vergeht die Zeit,
In meinem Arme fühl ich sie entrinnen.
Ich denke an mein erstes Beginnen.
Wie tief verwirrt mich die Unendlichkeit!

Einsam irr ich durch die Nächte und denke an dich.
Manchmal sehe ich einen Mantel, der deinem gleicht.
Und dann rufe ich dich leise beim Namen.
Mein Herz steht still vor Trauer.
Müde lehne ich mich an die Mauer und schließe die
    Augen.
Langsam rinnen viele Tränen zur Erde.
Die Welt bleibt weit zurück.
Ich wehe durch weiße Wolken in offene Arme.
Ein Rosenregen fällt mir nach und kühlt meine
    kranken Augen.
Alles ist so weiß und zart.
Ach so süß.

        (Ferdinand Hardekopf gewidmet)

CARL EHRENSTEIN
KLAGEN EINES KNABEN

1913
KURT WOLFF VERLAG · LEIPZIG

Dies Buch wurde
gedruckt im Mai 1913 als sechster
Band der Bücherei „Der jüngste Tag" bei
Poeschel & Trepte in Leipzig

COPYRIGHT BY KURT WOLFF VERLAG, LEIPZIG 1913

MEINEM BRUDER ALBERT

... Und hundert Jahre nach dem Tode dessen, der kein Erlöser war, kam ich in den Körper eines anderen Menschen. Der Träger meines Körpers wurde Caj Rolo genannt. Er war in der Sklaverei zur Sklaverei geboren. Von Geburt an bis zum Tode kannte er nur Heulen und Zähneklappern. Mutter schlug ihn, Vater auch. Aufseher stieß ihn. Kinder warfen ihn her und hin. Hunde bissen ihn, und traurig fragte er sich immer: „Warum?" Als er so groß wie ein Spaten war, mußte er einem solchen dienen. Bevor noch Sonne schien, und lange nachdem sie erloschen war, ununterbrochen, hindurch den langen Zeitraum eines Tages und einer halben Nacht, mußte er das Werkzeug bedienen. Und oft schlug ihn da der Spaten auch. Einst, als er wieder von allen geschlagen war, weinte der Knabe und dachte zu sich: „Soll ich Armer denn Zeit meines Lebens, da ich in Sklaverei geboren wurde, Sklave sein, gekränkt werden von Menschen, Tieren, Dingen? Soll nie Sonne mich ruhend sehen, nie Freuden und Mädchen mich freuen? Soll ich ewig arbeiten und nie leben? Kann ich das Leben nicht finden, so will ich den Tod suchen!" Der Knabe ging aber aus, das Leben zu finden, — nicht den

5

Tod zu suchen; doch kam er an ein weites Wasser, und da setzte er über — das Leben...

Ich flog über das Wasser. Lange schwebte ich mit Vögeln in der Luft, bis ich mich herabließ, in dem Körper eines befruchteten Weibes zu landen. Menschen kamen und töteten im Namen dessen, dessen Namen sie geraubt, und dessen Worte: „Füget eurem Nächsten nicht Übles zu!" sie nicht erhört hatten, das Weib... Ich entging der Frucht und flog in ein fernes Meer zum Lande der schwarzen Menschen. Dort fand ich Leute vor, die sich Missionäre der großen Seele nannten, die aber Kommissionäre ihres Leibes waren. Sie verwirrten die Seelen der Eingeborenen, verwüsteten ihre Körper und Länder. Ich war in den Körper eines Negers gekommen. Chwala nannte ihn die Mutter, als sie ihn sah. Sie liebte ihn und tat ihm Gutes. Es kamen die Weißen zu dieser Familie. Den Vater vergifteten sie mit heißem Wasser, der Mutter zerschmetterten sie den Kopf mit einem eisernen Kreuz, die Schwestern fesselten sie und nahmen sie in ihre Häuser, und Chwala und seinen jungen Brüdern zerschnitten sie die Sehnen im Knie und warfen sie in die Bergwerke zur Arbeit. In dauernder Nacht, unter der Erde, mußte Chwala graben. Faules Wasser bekam er zu trinken, faule Überbleibsel zu essen. Manchmal, wenn die Aufseher besonders stark mit dem heißen Wasser gefüllt waren, bekam er nichts als Faustschläge. Seine Wunden

6

im Knie eiterten. Der Eiter fraß Fleisch und Knochen. Der Körper war aber sehr stark und starb nicht. Ein Aufseher war über Chwala sehr erbost. Eines Nachts verlangte er von ihm, er möge ihm die Füße küssen. Chwala stand auf und stolperte. Da schlug ihn der Aufseher mit dem Eisenknauf seiner Peitsche auf die Schläfe, in das Hirn hinein. Chwala fiel hin und der Tod kam zu ihm... Wieder flog ich auf, flog über weites, weites Wasser und kam zu einem von Weißen noch nicht bedreckten Lande. Ich kam zu einem hohen Volke. Sie liebten die Sonne und den Frieden. Putamajo hieß meine Trägerin. Und wieder kamen jene, die sich Diener nennen und machten sich das Volk zum Diener. Sie vernichteten das Volk und das Land, nachdem sie es beraubt hatten. Mit Putamajos Körper belustigten sie sich, bis er verging... Ich fliege weiter. Ich komme an jemandem vorbei. Blut quillt ihm aus den Seiten, Tränen aus den Augen, und ob der Schmerzen seiner Seele weint er und sagt: „Ich habe noch umsonst gelebt und gelitten." Ich aber höre das Wort: noch — und nehme es mit mir im Fluge... Ich fliege. Weit? Ich will nicht mehr wandern, will ruhen. Wird einer müden Seele bald eine weiße Taube von einer emporgekommenen Erde berichten? Ist noch immer schlechtes Wasser über der Erde? Schreit niemand: „Land! Land!"? Ich will nicht mehr wandern, will ruhen.

An einem Teiche ging ich vorüber; in dem schwammen Enten und quakten. Sie schienen mit dieser ihrer Beschäftigung zufrieden zu sein, denn ihr Quaken klang gesättigt. Manchmal kam jemand, tötete eine Ente und aß sie; und die Ente schwamm nicht mehr und ließ auch das Quaken sein; und schien auch mit ihrer jetzigen Beschäftigungslosigkeit zufrieden zu sein, denn ihr Nichtquaken kam aus sattem Magen und klang mir gesättigt . . .

An einem Lande ging ich vorüber, in dem waren Menschen und quakten. Sie schienen mit dieser ihrer Beschäftigung zufrieden zu sein, denn ihr Quaken kam aus vollem Magen und klang gesättigt. Manchmal kam jemand, ein Tod, tötete einen Menschen und aß ihn. Der Mensch ließ dann das Quaken sein und war auch damit zufrieden, denn sein Quaken der Ruhe klang mir gesättigt . . .

Heute werde ich an den Teich gehen und die Enten fragen, warum sie schwimmen, quaken und zufrieden sind. Heute werde ich in das Land gehen und die Menschen fragen, warum sie sind, quaken und zufrieden sind. Heute werde ich zum Tod gehen und ihn fragen, warum er ist, Dinge tötet, sie ißt und dann zufrieden rülpst. Heute werde ich den Schreiber dieses fragen, warum er lebt, quakt und unzufrieden ist . . .

Und sie alle werden mir sagen: „Wir quaken, weil wir quaken. Wir sind, weil wir sind. Wir quaken, solange wir sind; sind wir nicht mehr, so lassen wir es sein. Zufrieden oder unzufrieden quaken wir, sind wir, weil es uns so gefällt und gut dünkt. Qua, qua..."...

Mich schmerzt mein Kopf, mein Körper ist müde, ich möchte mich auf den Boden fallen lassen und aufhören, mich aufrecht zu erhalten. Doch ich darf es nicht, der Lehrer scheint mit mir sprechen zu wollen, ich muß „Aufmerken" markieren, und deshalb nicke ich des Öfteren mit dem Kopf und lächle, als wäre das, wovon der Lehrer spricht, mir sehr einleuchtend und als würde ich ihm großes Interesse entgegenbringen. Gut ist es, daß ich dabei nicht direkt auf den Lehrer schaue, die Leere und Starre meiner Augen müßte dem Lehrer sagen, daß mein Lächeln eine Lüge ist. Doch weiß ich, im Notfalle könnte ich auch meine Augen aus ihrer Starre reißen, mit ihnen lächeln, mit ihnen lügen. Es scheint, der Lehrer will es, er spricht mich an. Ich muß seine Worte erst in meinem Hirn aufnehmen, denn sinnlose Laute hört bisher nur mein Ohr. Es ist mir endlich geglückt, und schon sagt mir mein hilfreicher Nachbar, was der Lehrer zu hören wünscht. Gut, daß der Lehrer schon von mir abläßt, sonst hätte ich ihn noch gefragt — was die ganze Zeit mich schon bedrückt — wozu das alles ist, wozu ich im Trauerspiel „Schule", dessen Dauer ohne erlösendes Ende zu sein scheint, mitspielen muß, weshalb das Stück überhaupt aufgeführt wird, und warum es durch so viele Saisons geschleppt wird. Doch ich weiß, nie werde ich den Lehrer fragen, denn aufschreiend würde ich ihm auf seine Lügenantwort antworten: „Non vitae, sed scholae disci-

mus!!!" Er würde das aber nicht verstehen, wie
auch, wenn ich ihm sagen würde, daß die Schule
und das Leben, beides, Lügen sind. Unverständig
würde mein Verstand seinem Unverstand scheinen,
deshalb unterlasse ich alles Sprechen und lebe
weiter in der Schule, wie ich im Leben weiterleben
werde, eben weil ich noch nicht tot bin.

Er war Repetent. Ich hatte Nachprüfung gehabt. Wir gefielen einander und wurden Freunde. Gegenseitig schrieben wir die Schularbeiten von einander ab, machten uns auf Fehler aufmerksam. Doch bei der lateinischen Schularbeit zeigte er mir keinen Fehler, und als er die bessere Note bekam, lächelte er. Zur Strafe dafür, daß er mir die Freundschaft beschmutzt, beschmutzte ich ihm das Lineal. Er verlangte, daß ich es reinige, doch ich tat es nicht. Schulrecht und Schülerstolz hatte ich. Und als er mir mit Klage beim Lehrer drohte, sagte ich ihm verächtlich, er möge nach seinem Belieben verfahren, ich möge ihn nicht mehr. Ich wandte mich von ihm ab und meiner Beschäftigung zu, verfolgte Harun al Raschid durch tausendundeine Nacht. Der Verräter an meiner ersten Freundschaft zeigte mich und meine Tat dem Lehrer an. Solche Schandtat verstand ich nicht und nahm das Urteil des Lehrers wortlos entgegen. Der Lehrer hätte mich doch nicht verstanden, wenn ich ihn über Schulrecht belehrt hätte. Nach dieser Affäre sandte mir der Judas einen Unterfreund und bot mir neuerdings seine Freundschaft an. Doch ich wies sie ab. Und wandelte allein, über dieses Vorgehen meines Freundes a. D. nachdenkend. Und dieser Schurke ließ eine schurkische Rachetat folgen. Am nächsten Morgen stand er auf und sagte dem Lehrer, sein Reißzeug fehle ihm, noch vor dem Unterricht hätte er es besessen, wie Augenzeugen bezeugen könnten. Und er wandte den Verdacht, ihm das Reißzeug gestohlen zu haben, auf mich, und der Lehrer, der mir nicht sympathisch, und dem ich deshalb antipathisch war, gab ihm recht und sagte zu mir: „Sie scheinen der Dieb zu sein!" Der Lehrer hatte die Angelegenheit vorher nicht geprüft, mich nicht sprechen lassen. Dieb hieß er mich vor der ganzen Klasse, Dieb echoten die Schüler, und der Verräter grinste mich an. Ohne Träne, weinend, fiel ich in die Bank...

Ich sitze vor der Uhr und starre sie an. Das ist meine tägliche Beschäftigung. Ihr werdet sagen, das sei eine nutzlose Beschäftigung. O nein, das ist nicht wahr, denn ich werde dafür bezahlt. Ja, etwas eintönig ist sie, da die Uhr nur eine Gangart hat, in der sie seit ihrer Erschaffung geht und in immer gleicher Tonlage und Tonart zu mir spricht. Aber das macht mir nun nichts mehr. Ich habe mich damit abgefunden, d. h. ich mußte, denn würde ich mit meiner Beschäftigung nicht zufrieden sein, so würde man mir sie nehmen, ich würde nicht bezahlt bekommen, könnte nicht weiter leben und arbeiten, um zu arbeiten. Es ist nämlich jetzt so schwer, Arbeit zu finden, alle Arbeiten sind vergeben. Die Mondanstarrer brauchen keinen neuen, und auch bei den Auf-die-Erde-Spuckern sind alle Posten besetzt. Deshalb trachte ich, meinen Vorgesetzten keinen Anlaß zur Klage zu geben und starre die Uhr gut an. Ich glaube, niemand kann das so gut wie ich. Manchmal, um mich ein wenig zu unterhalten, folge ich den Sekunden- und Minutenzeigern mit meinen Zeigefingern, obwohl das sehr strenge verboten ist. Doch ich wurde noch nie auf diesen Abwegen betroffen, denn, kommt jemand zu mir in meine Zelle, so gebe ich, bevor er noch bei mir ist, schon wenn ich das geringste Geräusch von Tritten höre, schnell die Finger von der Uhr und starre sie vorgeschriebenermaßen bewegungslos an. Doch immer, wenn ich meine Finger denen der Uhr folgen lasse, schaut sie mich spottend an, denn sie weiß, daß meine Finger nicht soviel aushalten können wie ihre und daß ich meine Finger bald fallen lassen werde. Auch meine Augen halten nicht soviel wie die Uhr aus, müde fallen mir oft die Lider über meine Augen. Doch sofort reiße ich die Lider empor, und meine Augen starren die Uhr an, denn ich will meine Pflicht erfüllen und will nicht die Leute, die mich bezahlen, betrügen, indem ich ihnen für ihr Geld nicht den vereinbarten Gegenwert leiste.

Eigentlich: wozu ich die Uhr anstarren muß, weiß ich nicht. Aber dies weiß mein Herr. Denn er spricht sehr groß davon, und ich ahne, auch ich werde bald meine Arbeit verstehen und zu würdigen wissen. Sagte mir doch gestern der Herr, wenn ich größer sein werde, würde ich all dies verstehen; und bis dahin erfülle ich getreulich meine Pflicht, worob mich mein Herr auch lobt und liebt. Und ich warte, daß meine Jahre kommen, mich älter und größer zu machen, und mir das Verständnis für die Arbeit und andere Dinge zu geben.

Mein Wecker schrillt mir in die Ohren. Mein Tag fällt mich an. Ins Gefängnis. Arbeite, Sklave! Ich der Herr, peitsche dich mit Befehlen. Du bist meine Prostituierte für Dirnenmonatslohn. Sklave, sklave mehr! Schneller, sonst gibt es Peitsche! Hier nimm deinen Lohn! Lecke mir die Hand! Sklave schufte! Schneller! Diese Bücher auf deinen Kopf! Schleppe sie den Tag! Höre Sklave, ich bin auch in der Nacht dein Herrdämon! Trage sie des nachts in deine Träume auch! Ich sitze auf deinem Bauch. Ich rauche dich an. Drossle und presse dich. Fresse dich. Bei lebendem Leben. Stöhnst du Sklave? Mein Fuß ist auf deinem Kopf. Ich reiße dich nieder an deinem Schopf. Werfe und schlage dich. Denn du bist mein Sklave. Mir verkauft fürs tägliche Brot. Um Schandenlohn. Ich gebe dir auch Hohn. Brichst du zusammen, werfe ich dich fort. In den Ab-Ort des Lebens. In den Arbeitstod. Nicht in den wirklichen, Törichter. Nein. Weiter renne du dann, aber als kranker Hund in der Mühle deines Lebens, das du mir verkauft hast. Weiter gehe in deiner Krankheit. In die Arbeit. Du entkommst mir nicht aus dem Gefängnis. Flüchtest du für kurze Zeit, größre Last werfe ich auf dich. Langsam werde ich dein Licht ausblasen. Und entzünden werde ich es mit der Peitsche. Sklave! sklave!

Gefangen bin ich, kann nicht entkommen; wo ich mich auch hinwende, sind Tage. Enteile ich vorwärts, laufe ich hintwärts, ich komme zu Tagen. Sie lassen mich nicht aus, eingekerkert bin ich von ihnen, von allen Seiten. Bleibe ich ruhig, bewege ich mich nirgendhin, es hilft mir nichts, die Tage kommen über mich. Ein böser Zauberer, dem etwas angetan zu haben ich mich nicht entsinne, muß mich verflucht, zu ewigen Tagen verdammt haben. Die Tage, sie sind ohne Unterschied; sie gleichen einander, wie ein Tag dem andern. Ich kann sie nicht von einander unterscheiden, auseinanderhalten, sie sind Meer, das keinen Rand hat, wie Raum ohne Ende, greifen ineinander, keine Marke zu merken, zu erkennen. In diese Tage bin ich gesetzt, kann nicht aus ihnen heraus. Es wird mich nicht von ihnen erretten, wenn ich vielleicht nicht mehr wissen werde, daß ich bin, der ich bin, wenn ich tot sein werde, wenn ich in andere Formen umgeformt werde. Der Kerker der Tage, der Kerker der Zeiten und Räume wird weiter bestehen, ewig sein. Denn es ist keine Aussicht dafür vorhanden, daß jemand käme und Zeit und Raum vernichte, töte.

Einmal, ja, da muß es doch ganz anders gewesen sein als jetzt. Ich erinnere mich. Die Lampe brannte hell, der Ofen war warm und im Zimmer war eine zufriedene, gesättigte Stimmung. Der Vater kam lächelnd ins Zimmer; es war abends, er kam aus der Fabrik, in der tagsüber er gearbeitet hatte. Die Mutter empfing ihn mit guten Worten und auch die andern begrüßten ihn freudig. Im Zimmer war es wohnlich; ein runder Tisch, ein Teppich darunter, Gardinen vor den Fenstern... Und neben der Mutter war eine Wiege, und in der Wiege, da war ich. Und damals, als ich noch in der Wiege lag, da war eben alles anders als jetzt. Jetzt ist es dunkel im Zimmer, keine Wärme ist darinnen und keine Wohnlichkeit. Finster ist der Vater, kommt er nach Hause, und finstre Worte bekommt er. Friede ging von denen im Zimmer und Haß kam zu ihnen. Und mir ist es kalt, so kalt. Ich bin nicht mehr in der Wiege. Halberwachsen bin ich, ich soll verdienen. Und dieses ist mein Tod, denn als ich in der Wiege war, da wiegten mich andre Worte und Träume als: Verdienen, Dienen. Und als ich noch ein Embryo war, da dachte ich nicht daran, daß ich geboren werden würde, um zu dienen, und nicht um zu leben. Und jetzt, da ich erwachsen bin, bin ich noch weniger als zuvor gesinnt zu dienen, Herr will ich sein.

Ich warte auf Dinge. Und sie ereignen sich nicht. Ich weiß nicht, was für Dinge sich da ereignen sollen. Aber ich warte. Will mir nicht sagen, daß es nutzlos sei, zu warten. Kein Ereignis gab sich mit mir Rendezvous. Und keines wird deshalb kommen. Leer läuft mein Leben. Ohne Inhalt. Und warum werfe ich es nicht wie ein inhaltloses Buch von mir? Warum gehe ich nicht aus dem Theater, da mir das Stück nicht gefällt? Es ist in mir die Furcht des Tieres vor dem Tode. Das fürchtet das Unbekannte. Und hängt an dem Bekannten. Trotzdem, daß dies Bekannte das Schlechteste des zu Denkenden ist, und das Unbekannte nur besser sein kann. Und das Tier stöhnt in mir. Ich kann ihm nicht helfen. Es will mit dem Leben ringen. Doch das stellt sich ihm nicht, und der Tod sich nicht mir. Das Tier in mir will leben. Und kein Leben wird ihm gegeben. Ohnmächtig schlafft es durchs Leben. Und neben dem Tier gehe ich einher. Es aber ist mein Treiber. Es treibt mich schlecht. Es treibt mich allein. Und der Trieb ist für zwei. Ich will ein zweites Tier. Will Wärme, Sonne. Ein Mädchen. Doch die Dinge wollen nicht mich. Und so muß ich warten.

Mädchen, du, ich liebe dich. Sagen werde ich es dir nie, denn zu große Trauer gebar dir Liebe schon, und du würdest meiner Liebe nicht glauben, würdest nicht glauben, daß ich nur Mensch bin und daß mein Tier tot ist. Wie geschah es, liebes Kind, daß dich Tierfeuer schon einmal sengte und du trotzdem nochmals dem Feuer zu nahe kamst? Wolltest du, da du schon unten warst, unten bleiben? Waren dir schon alle Dinge nebensächlich, so sich mit dir ereigneten? Warum ließest du die Befleckung deines Körpers zu? Sicherlich fandest du sie angenehm, wußtest noch nicht um das Erwachen zum häßlichen Leben. So geschah es, daß du aus dir Nichtgewesenem Wesenheit gabst. Nicht lieb wars dir, und trotzdem: nochmals hättest du, wäre es wohlweislich nicht verhindert worden, unempfindlichem Nichtlebendem zum Lebenstod verholfen. Warum ereigneten sich diese Dinge? Ließest du dich denn vom Zeuger deiner Qualen gerne zu weiteren drängen? Wolltest du ihm sagen und zeigen: „Sieh! welche Schmerzen du mir zufügst, und sieh: ich ertrage sie!" Wolltest du ihn so deinen Schmerz fühlen lassen? Auf alle meine Fragen wird mir wahrscheinlich nicht Antwort werden, denn wir werden wohl einander nie mehr sehen. Du Licht, das mir von Ferne leuchtet, und so mir nicht leuchtet, o, laß doch dich und deine Strahlen näher zu mir kommen, auf daß mir Wärme werde. Warum ist wohl meine Liebe zu dir,

Mädchen? Weil du mir wie eine Jüdin schienst, die ich in England sah, mit rotem Haar, oder weil mein Auge Ruhe fand an deinem, und an der Stille deines Körpers? Ich weiß nicht, warum meine Liebe ist, aber sie ist. Nur eines gibt Schmerz meiner Liebe, daß du vielleicht sie nicht willst. Und ich will dich nicht beleidigen durch das Anbieten meiner Liebe. Und da ich dir nicht meine Liebe sagen werde, so werde ich ohne deine sein, die du mir aber vielleicht auch nicht geben würdest, wenn ich dir meine Liebe sagen würde. So ist mein Leben, aussichtslos. Zu ewigen Nichtsprechen bin ich verurteilt. Und es gibt keinen Richter, an den ich mich wegen ungerechten Rachspruchs wenden kann, denn der Richter, der beim jüngsten Gericht amtieren und sich rächen wird, der ist bis dahin still und tot. Und auch mein Leben kann nicht seinen Spruch erwarten, denn dann wird es tot sein, wie es jetzt das des toten Gottes ist.

Regen, Wind, Sturm, ihr seid mir lieb. . . . Im Sturme kletterte ich auf die hohe Föhre und ließ mich auf ihrem höchsten Aste nieder, und ließ mich wiegen und werfen vom Sturm. Der Wind sauste durch den Wald über die Wiese zu mir auf die Anhöhe, und ich, auf der Föhre stehend, sang und schrie im Sturm. . . . Ich war Herrscher. Auf einem Schiff. Ich kämpfte mit dem Feind. Ich besiegte alle. Der Sturm hörte auf. Die Sonne gab schöne Wärme. Die Ameisen zogen wieder auf dem Baume auf und ab. In ihre Höhlungen. Ich sah ihnen lange zu. Ich stieg vom Baume herunter und ging zu einem der Bergwerke der Ameisen. Der Duft der Ameisen, der feuchten Wiese, des Waldes und des nassen Heues war mir angenehm. Nachdem ich den Ameisen, den kleinen, schwarzen, zugesehen, ging ich zum Ameisenbergwerk der roten. Bald waren die Roten und Schwarzen im Kampf. Ich war die Ursache der Völkerschlacht. Ein Heerführer der Schwarzen schrie unaufhörlich: „Rettet die Ungeborenen, die Zukunft!" Mir ward dies bald zu eintönig und zwei Ameisenvölker wurden ausgerottet. Dann ging ich auf die Wiese und träumte vom Mädchen meiner Träume. Ich bin mit ihr zusammen. Ich spreche zu ihr. Und sie ist mir gut . . . Ich steuere ein starkes Schiff im großen Meer. Sie sitzt vor mir in langen Gewändern, und ihre Augen leuchten schön zu mir . . . Friede habe ich, Freude, Lilith . . . Lilith, darf ich mit dir

sprechen und dir sagen, daß ich dich liebe?...
Keine Antwort werde ich erhalten, denn ich werde
nicht fragen, wissend und fürchtend, daß du
mich ablehnen würdest... Und so werde ich dir
nie sagen können, wie wert du mir bist, daß du
das Mädchen meiner Träume und meines Denkens
bist, daß ich seit den Tagnächten meiner Kindheit immer deiner gedacht, daß ich die Augenblicke, da ich dich gesehen habe, aufbewahre und
sie mir immer hervorhole, um schön von dir zu
träumen, daß du der Anfangsgedanke meiner
Träume bist, daß der Gedanke an dich vielleicht
mein letzter sein wird.... Dies alles werde ich dir
nicht sagen, denn du würdest es mir nicht glauben.... So werde ich von dir nur immer träumen,
denn ich werde nie mit dir sprechen....
Träumen, träumen. Mein Leben ist träumen, mein
Träumen mein Glück.... Und mein Leben ist tot.
Du wirst mir nicht helfen, denn du wirst niemals
wissen um meine Not.... Ich hungere nach deiner
Liebe. Und ich werde verhungern, denn ich werde
nicht betteln. Ich kann mich nicht beugen und
bitten. Das Nein fürchtend. Und ich wüßte mich
nicht zu benehmen, abgelehnt... Ohne Denken
würde ich vor dir stehen, dumm und lächerlich...
Ich will keine Niederlage, deshalb keinen Kampf.
Du unterschätzest und geringschätzest mich sicherlich als Gegner. Und so kann ich dir nicht sagen,
daß ich der Stärkere bin... Nur im Traum.

Lilith! Ich grüße dich, aber den Hut nehme ich nicht ab, und so wirst du nicht wissen, daß ich dich grüße. Und du staunst, wie auch darüber, daß ich mich trotzdem neben dich setze und nicht mit dir spreche. Weißt du noch, wie vor vielen Jahren, als wir wie heute in der Elektrischen fuhren, ich, da du mich nicht sahst, dich berührte, grüßte und dann mit dir nichts sprach, weil meine Zunge dumm ist. Wie du schnell auf dem Eise warst und ich immer auf dem Boden. Aber Schnurspringen konnte ich besser als du. Du hast mich Bier holen gesehen und Einkäufe mit der Markttasche besorgen. Wie fuhr ich auf dem Velocipedkarussel so schnell — und du lachtest. Und als ich abstieg, bemerkte ich, daß die Sohle meines Schuhes im Begriffe war, ihn zu verlassen, getrennt von ihm leben wollte, und rächender Richter war ich. Uns hatte sie entzweit, in meinem Jähzorn tat ich mit ihr und dem Schuh desgleichen. — Es irrt der Mensch, solang' er richtet!

Deiner Puppe brach ich lachend den Kopf ab, und als du weintest, da, nein, ich kann mich an meinen Gefühlsausdruck nicht erinnern. Amnestie habe ich über die andern, mich verfärbenden Ereignisse erlassen. (Wäre ich Herrscher, keine Amnestie würde ich geben, ins Recht würde ich mich setzen, für und für.) Ich kenne dich nicht, dein Denken und Dichten. In einem anderen Hause wohnst du, und nur manchmal kamst du in unsern Hof, und da verkroch ich mich oft und spielte nicht mit dir. Ich kenne bloß deinen Namen, der mir Fetisch ist, und ich liebe dich, weil ich von meiner Kindheit an von dir geliebt sein wollte. Ich bin schwerkrank, morgen werde ich operiert werden. Lilith, Todesengel, komm, küsse mich.

Einziges Mädchen meiner Kindheit, der wenigen
Spiele, die wir selten gespielt, Zeugin meiner Scheu
und Furchtsamkeit, ich sah dich heute, und wann
werde ich dir wieder begegnen und dir sagen
können, daß du mich lieben sollst, daß ich bei dir
Frieden suche, meinen Kopf an dir ruhen lassen
will, du mich küssen sollst und zu mir sprechen!
Meine geliebten Sterne in schwarzer Nacht über uns,
oder am Meeresstrand im Sand, von den tönenden
Wogen nicht berührt, allein mit dir. Und ich werde
zu dir weinen und du wirst mich liebkosen, und
wirst mir Mutter sein, denn meine Mutter war es
nicht. Freude, Liebe kenne ich nicht. Und ich bin
doch so gut, Gott liebte mich, das weiß ich, und
er war der einzige. Wirst du es nun sein? Denn ihn
habe ich abgesetzt. Er ist Gottgeist und ich verlange nach Menschkörper. Aber ich weiß, mein
Wille wird nicht geschehen, wie überall auf Erden,
mein Wunsch wird Traum bleiben, ohne dich werde
ich das Leben sein lassen, ohne Leben und Lieben
sterben.

Ein kahler Baum ist in meinem Garten. Die Winterkrankheit kam über ihn, und bar seiner grünen Kleidung schauert er im Winde zusammen. Mein Garten ist leer, und ihn friert. Eine Krähe flieht vor ihm und über ihn und schreit: „Kahl, kahl". Auf dem Baume hängt ein leerer, umgestülpter Handschuh. Einst scheint er einem Mädchen gehört zu haben, und im Sommer wird er wohl zum Baume geflogen sein. Baum, Garten, Krähe, sie wissen von einem Frühling, einem Sommer und einem Herbst. Sie wissen im Winter: ein Sommer wird sein. Der Handschuh weiß von einem Sommer, einem Mädchen. Und ich, ich weiß nur von einem Winter. Der dauert nun schon mein ganzes Leben. Kein Frühling kommt, keinen Frühling, keine Jugend hatte ich, kein Sommer wird mir werden. Kalt, kalt, kräht es um mich.

Ich bin im kahlkalten Zimmer, bin leer und umgestülpt, wie der Handschuh auf dem Baume. Doch in dessen Sein griff ein Mädchen ein, warf sie ihn auch fort, so weiß er doch von einem Mädchen, dem er gehörte, das ihm ward. Ich aber weiß von keinem Mädchen, keines griff in mein leeres Leben ein, keines brachte mir Sommer, Sonne; nein, sie lassen mich alle dem kalten Winter, lassen mich frieren im Leben, in meinem Alleinsein. Außer meinem Winter kenne ich noch eins: einen Namen. Lilith, er ist der Name eines Mädchens und eines Engels. Das Mädchen ist das meiner Märchen und

Träume. Der Engel ist der des Todes. Wenn es mir zu kalt ist, sage ich mir den Namen des Mädchens und träume mir ein Märchen. Das Märchen wärmt mich ein wenig. Wird es aber in meinem Winter zu kalt werden, so daß das Blut in meinem Thermometer gefriert, wird kein Märchenmädchen mich aus der Kälte erlösen können, wird ein Engel kommen, Lilith, der Tod, und mich befreien aus meiner kalten Nacht. Der Winter wird zwar vorüber sein, aber keine andere Zeit wird mir sein. Nichts wird mehr sein, kein Winter, kein Märchen, kein Mädchen, kein Engel, kein Tod, und doch flieht eine Krähe und schreit: „Kahl, kalt, Tod."

Mir als Abstämmling alter Priesterfamilie war es vom Gebot verbeut, mich dem Acker Gottes, in den diesseitige Früchte für jenseitige Blüte gepflanzt werden, zu nähern oder auf ihm zu weilen. Nicht des Verbotes halber war ich gerne dort, sondern weil der Friede des Ortes auch mir Frieden gab, Frieden mit mir. Ich lag dort im Grase neben zwei Gräbern. Sah zur Sonne, gedeckt durch ein Tuch, und schaute die schönsten Farbenwunder. Wirkliche Pegasusse, geflügelte Heupferde ließen Musik aus sich heraus ertönen. Grillen vertrieben mir auch mit ihren Tönen meine Grillen. Bienen flogen zu Disteln, Schmetterlinge umschwärmten sie. Kein Mensch störte mich, die Tiere freuten mich. Und ich war voll Ruhe und Friedens mit mir. Hie und da lagen Grasbüschel auf den Steinen der Gräber, aber immer und überall konnte das Auge, wenn es sich schon daran gewöhnt hatte, graue Grabschnecken von den grauen Steinen unterscheiden... Im Grabe, neben dem ich lag, war seit geraumer Zeit ein Mädchen interniert. Gut erinnerte ich mich an es, denn ich hatte es einst, da es noch im Leben interniert war, beleidigt. Es kam einmal in meinen Garten, der Wind hatte ihm ein schönes Tüchlein, Kleid einer Puppe, zu mir vertrieben. Das Mädchen verlangte das Tüchlein von mir, zaghaft. Ich hob das Tüchlein von der Erde, verunreinigt wie es war, und warf es auf das Mädchen, sein Haar damit beschmutzend. Traurig sah das Mädchen auf mich ob meiner Untat, traurig ging es von mir, ohne Wort; und des Mädchens Augen sagten mir, daß sein Mund sich mir öffnen und zu mir sprechen würde, hätte ich nicht so häßlich gehandelt...

Ihre klagenden Augen erschienen mir wieder. Ich sah sie, durch Glas hindurch, das auf ihnen lag. Einen Einschnitt hatte sie auf der Stirne, einen auf ihrer Brust. Damit die Seele aus ihr heraus könne, glaube ich, wurde so ihr Körper verletzt. Weshalb aber Glas ihre Augen deckte, weiß ich nicht. Vielleicht auch, daß ich nur Glas und Schnitte sah, die nicht vorhanden waren. Leute, die ein Recht auf das kleine Mädchen zu besitzen wähnten, wälzten sich und heulten vor dem Mädchen, das traurig dalag auf der Bahre, vor seinem Grabe. Ein Rabe krächzte über die Menschen und floh den Friedhof, dessen Ruhe durch unruhige, lebende Menschen gestört war. Lange Zeit nachher, als schon keine Spuren der Menschen mehr am Orte des Nichtseins zu entdecken waren, ging ich hin und bat das Mädchen, mir die Unbill, die ich ihr angetan, zu verzeihen. Ich opferte ihr, um sie zu versöhnen, meine Gedanken und Worte, und ich glaube, sie hat sie angenommen, denn nur selten mehr lasse ich mir ihr trauriges Gesicht mit den trauernden Augen erscheinen.

Weite Ebene, ruhig wie See, wenn Wind nicht weht, ist. Tag ist tot. Nacht lebt. Knabe ohne Schlaf traumwebt. Mädchen zu ihm kommt. Legt Körper zu Körper. Knabe weint: „Du bist gut." Liegen und träumen. Gedanken: Sterne sind schön, wie Wunder herrlich. Ruhe ist groß. Knabe: „Mädchen, bist du fraulich schon, oder noch jungfräulich? Bist du Frau: Deinen Körper, Wunder will ich schauen. Bist du jungfräulich: Heiliger Tempel bist du, den ich anbeten will." Knabe wacht auf. Kälte und Tod.

Ich habe dich oft gesehen und mit dir gesprochen. Habe von dir deinen Körper verlangt. Aber du sagtest immer: „Nein." Ich verstand es nie, weshalb du nicht einwilligtest. Bin ich denn häßlich, dumm, nicht verlangenswert? Ach so! da ich dich verlange, so weisest du mich zurück. Was du haben kannst, das willst du nicht. Und würde ich dir gezeigt haben, daß ich dich nicht will, du würdest gewußt haben, daß ich Trauben, die ich nicht gekostet, sauer weiß. Oder würdest, da ich dir dann nicht mehr begegnet wäre, mich bald vergessen haben. Und ich bin ja auch nicht der einzige, der dich besiegen will. Du findest das Geschlecht unästhetisch, willst ein Mädchen bleiben. Aber ich weiß, du wirst heiraten. Einen Geistproleten, Goldbesitzer. Und ich, der ich ein armer Geisteskapitalist bin, werde dich nicht kaufen können. Nur ein goldbeladenes Kamel zieht durchs Öhr ins Himmelreich ein. Wenn ich deinen Namen hörte, mein Herz, das schmerzte mich, der Hals war zugepreßt, und ich, ich schmähte dich. Weil ich dich nicht küssen darf und kann, muß ich dich schlagen, hassen. Aber ich will dich nicht hassen, ich will dir meine Liebe zeigen. Und da du mich's nicht läßt, so verpanzere ich mich in mir und hohnlächle dir. Und ich glaube, ich werde nie mehr lieben können. Da man mir meine Liebe immer aufs neue zertreten, so riß ich sie aus mir und verschloß die Wunde mit Eis und Eisen. Und ich kann nicht sagen: „Ich liebe dich", denn ich glaube es nicht mehr. Liebe, Leben und Glas, wie schwer bricht das. Und ihr, die ihr es mir gebrochen, an euch, an euch wird es von mir gerächt. Mein rächender Richter werde ich sein. Schrill wie ein Klavier, das zerstört ist, so grell schreit meine Liebe nun. Ich hasse, mein Gesicht ist verzerrt, meine Zähne knirschen... Gott war es, der aus Luzifer Satan machte...

Merkwürdig ist es eigentlich: Immer schreie ich nach einem Mädchen, nach einem Tod, und verlange diese Dinge, obwohl ich mir diese Dinge doch, ohne nach ihnen zu schreien, einfach nehmen könnte, ohne ein Wort darüber zu verlieren. Und deshalb deucht mir, daß es mir eigentlich nicht um diese Gegenstände zu tun ist, sondern daß mir das Schreien darnach behagt, welches Mittel mir Zweck geworden zu sein scheint. Denn wollte ich wirklich Mädchen, Tode, ich könnte doch zu einem Mädchen gehen und für geringes Geld es für eine kleine Dauer haben. Ist es die zu kurze Zeit, während der ich sie besitzen würde, was mich davon abhält, so könnte mich ja die Dauer eines Todes, die von unbegrenzter Zeit ist, regalieren. Nein, es scheint, ich will es umgekehrt: Mädchen für unbeschränkte Zeiten, Tode für begrenzte. Doch glaube ich nicht, daß die Dinge, dem Gesetz der Trägheit folgend, meines Willens wegen, aus ihrer Bahn weichen werden, um mit der zu fahren, die ich ihnen vorschreibe. Und so werde ich auch des Ferneren schreien: „Ein Mädchen, einen Tod." Man achte darauf, daß ich Mädchen vor Tod schreie, denn ich könnte ja auch ungestört umgekehrt schreien, aber ich brülle das nur so, weil ich auch sonst, um den Kellner mit den Speisen an mich heranzulocken, schreie: „Kellner, zahlen!" Doch auch durch diesen Trick konnte ich bis jetzt noch keinen Kellner und kein Essen ködern. . . . .

Schmerzen fühle ich. Und die Schmerzen freuen mich. Wenn Schmerz zu meinem Herzen kommt, und er mich sticht, so hoffe ich auf den letzten Stich. Doch der Tod will mich nicht einstechen. Ich scheine ihm zu wertlos. . . . Der Tod spielt mit mir Schach. Ich gab ihm die Dame vor. Und noch immer will er mich nicht matt machen. Und davon bin ich matt. Will die Partie aufgeben. Er nimmt aber nicht an. Will der Tod mich leben lassen, da das Leben es mich nicht läßt? Gibt mir der, von dem ich nichts will? Ja. Denn es ist immer so. Da ich das Leben will, will es mich nicht. Vor den Toren, zwischen den Toren zweier Höllen bin ich, und kein Teufel läßt mich ein. Ich bitte Gott, der Teufel möge mich erhören. Doch beide sind taub. Verschnupft, irgend einer Sache wegen, von der ich nicht mehr weiß, daß ich sie ihnen angetan habe. Und so bin ich aus allen Höllen der Welten ausgeschlossen worden. Für die Dauer meiner Spielzeit.

Der Tod kommt auf einen Markt. Er gleicht einem Hausierer mit seinem Kram und spricht wie ein solcher. „Billige Tode, noch nie dagewesene, sensationelle Tode. Bei mir bekommen Sie jeden Tod. Prompte und reelle Bedienung. Ich bin ohne Konkurrenz. Bei mir sterben Sie garantiert gut. Was haben Sie davon, wenn Sie sich teures Leben, teure Krankheiten anschaffen? Das kostet Sie nur viel Geld. Heben Sie sich doch lieber das Geld und das Leben für den Tod auf. Ich weiß überhaupt nicht, weshalb, wozu und wieso Sie leben. Das Leben ist eine schlechte Gewohnheit. Hören Sie mir doch mit dem Leben auf. Glauben Sie, es macht gar so einen schönen Eindruck, wenn Sie unaufhörlich sich oder andern in der Nase bohren? Ich sage Ihnen, das schönste und beste Weihnachts- oder Geburtstagsgeschenk ist z. B. so ein Revolver. Sehr billig, und ein äußerst amüsantes Gesellschaftsspiel für sechs Personen. Hier habe ich auch etwas für größere Gesellschaften: einen Krieg mit drei Schlachten täglich. Kaufen Sie, kaufen Sie. Kaufen Sie nicht heut', so morgen. Ich warte. Ich habe immer Zeit. Wenn Sie mich brauchen: — Karte genügt, komme sofort." Der Tod geht weiter, immerwährend seine Waren preisend und ausrufend.

Kälte dringt auf mich von allen Seiten ein. Schließt mich ein und will mich erdrücken. Ich verkrieche mich in mich hinein, wie eine angegriffene Schnecke in ihr Haus. Doch ich weiß: nutzlos ist es. Und ich fürchte den Augenblick, da ich aus mir heraustreten werde, die kraftlose Verschanzung aufgeben werde, und mich, aufschreiend vor innerem, wesenlosem Weh, der Kälte preisgeben werde. Ohnmächtig werde ich zusammensinken. Kälte wird wie ein Vampyr Wärme, Leben aus mir saugen und mich leblos lassen. Wozu wurde ich in den Kampf gesetzt? Nutzlos muß ich Kampf-Hasser kämpfen und fallen. Im Tode lallen: Wozu? Wozu kriech' ich weiter? Warum? Warum lass' ich mich nicht fallen? In den unbekannten Abgrund, ihn zu ergründen? Den grundlosen Grund des Lebens zu finden. Und ich falle. Bin auf dem Grund. Und es ist kein Grund. Der Abgrund, der ohne Grund ein Abgrund ist, wie jeder Grund hier auf Erden ohne Grund ist, grundlos nimmt er mich nicht in sich auf.

Die Finger meiner linken Hand bewegten sich auf der Platte des Tisches. Gingen an sein Ende. Stiegen von dort in die Luft, waren rastlos in Bewegung und schrien rastlos: „Wir sind die fortschreitenden Finger. Wir sind die Fortgeschrittenen. Wir gehen zur Sonne. Wir kommen zur Zukunft. Wir werden immer weiter schreiten."

Die Finger meiner rechten Hand bewegten sich nicht. Schwer lagen sie auf der Platte des Tisches. Und keine Worte kamen von ihnen. Und keine Bewegung.

Und ich, ich sah zu. Daß die Finger der linken Hand sich bewegten, die der rechten aber nicht, beides war mir gleich, und beides gleich-gültig. Nutz- und zwecklos beides mir. Denn sie werden tot sein, und würden sie auch immer weiter leben, sich bewegen oder auch nicht, es wäre mir dieselbe Gleichgültigkeit für dieses.

Doch wünsche ich meinerseits: Das mir Gleichgültige, und das sich gleichbleibende Schauspiel, möge mich nicht mehr lange zum Zuschauer haben, denn meine Augen schmerzen; ich will sie schließen.

38

Während des Seins der Tage zweier Jahre sah ich auf meinem Weg ins Schulgefängnis stets ein Mädchen auf der Straße gehen, dem ich meine Liebe geben mußte. Denn die Ruhe ihres Antlitzes, wie die ihres ganzen Wesens, nahmen mir meine Ruhe und gaben mir die Unruhe, das Leid, die Liebe. Ich traf sie bei der Kirche des Ortes, in die sie verschwand, und ich neidete sie Gott, der mir sie nahm, denn sicherlich, sie gab sich ihm, und deshalb wird sie sich nicht mir geben. Der Körper des Mädchens war in ein blaues Kleid gehüllt, und ich nannte sie deshalb, da mir ihr Name unbekannt war, in meinen dichtenden Träumen Blaumädchen. Blaumädchen trug einen Hut, dessen Farbe, wie auch die einer weithin sichtbaren Feder, ebenfalls die blaue war. Und täglich auf meinem Gang zur Schulsklaverei freute mich der Schmerz, Blaumädchen wieder zu sehen. Mich schien sie nie anzusehen, und ich glaube deshalb, daß sie von mir nichts weiß. Nicht immer wagte ich sie anzusehen, denn manchmal hielt mich eine Scham, deren ich mich schämte, davon ab. Ich weiß nicht genau die Farbe ihres Haares. Ich weiß nur, daß ihr Haar vom Winde zerzaust war. Nachdem ich schon viele Monate Blaumädchen bei der Kirche gesehen hatte, wollte meine Neugier wissen, von wannen das Mädchen zur Kirche komme und wohin sie sich hernach begebe. Und so raffte mich einmal der Entschluß hin, dem Mädchen zu folgen. Und ihre Schritte führten uns zu einer Fabrik, von wo aus sie nach elf Stunden in ein Haus ging, das in einem anderen Viertel des Vorortes war. Blaumädchen ist also ein braves Bibelkind, betet und arbeitet. Als ich zu diesem Wissen kam, wurde ich aus dem Schulgefängnis in ein überseeisches Geschäftsgefängnis deportiert. Blaumädchen aber blieb, und nur in meinen Träumen konnte ich sie sehen, bis ich nach einem Jahre wieder an ihren Ort zurückkam und das Mädchen mir wieder in Wirklichkeit ward. Das heißt: sie wurde mir nicht, denn als ich eines Tages meine Scheu und Feigheit überwand und Blaumädchen höflich fragte, ob sie mir erlaube, sie und ihr Denken kennen lernen zu dürfen, da verwies sie es mir. Und ich schäme mich, daß hernach sie mich täglich sehen mußte, denn mein Weg in mein neues Gefängnis kreuzte den ihren, einen Umweg gibt es nicht, als den um das Leben, und diesen werde ich begehen, denn ich will mit meiner Person niemanden in seinen Wegen stören.

Es läutet. Wer will zu mir? Ich erwarte niemand. Ein Bettler wird es sein, der von mir Armen Dinge verlangen wird, die ich nicht geben kann. Vielleicht jemand, der fragt, wo oder ob hier Herr Meijar wohnt. Sonst wüßte ich niemand, der es sein könnte, oder etwas von mir möchte. Kein Briefträger bringt mir Botschaft, denn niemand ist, der mir sie senden könnte. Niemand kann zu mir kommen, niemand von mir etwas wünschen, das ich erfüllen könnte, und so werde ich nicht öffnen. Schreie. Ach so: Rauch dringt in mein offenes Fenster. Das Haus wird wohl brennen. Mag es brennen und ich mit ihm. Leute versuchen die Tür aufzubrechen. Merkwürdig: wie ich lebe, das ist den Leuten gleichgültig, wie ich aber sterbe, nicht. Um mein Leben kümmerte sich niemand, niemand trat bei mir ein, obwohl ich gern geöffnet hätte, und da nun der Tod zu mir kommen will, verhindern sie ihn am Eintritt. Warum? Der Tod ist doch der einzige Besuch, den ich erwarten kann. Da sind schon Leute. Sie haben mich „gerettet". Wozu? Damit ich noch einige Zeit warten soll, bis der Tod mich abholt und zu sich in sein Haus nimmt, ohne daß die Leute einen Grund sehen werden, gegen den Tod einzuschreiten, ihn zu verhindern, zu mir zu kommen. Ich werde dann nicht verbrannt sein, sondern nur verhungert.

Die Tinte ist zur Neige gegangen, ein schmutziger Satz ist am Boden des Tintenfasses übrig geblieben. Ich fühle: auch die Tinte in meinem Körper ist zur Neige gegangen, ein schmutziger Satz ist nur übrig geblieben. Und der Rest erstarrt. Und meine Finger erstarren. Und meine Augen erstarren. Und keine Hilfe kommt, niemand gießt Tinte in mein Faß, und die Leere im Faß schlägt ihm den Boden aus. Denn den Außendruck kann ich nicht mehr ertragen. Ich falle in mir zusammen, erdrückt von der Leere meines Lebens.

Er tötete sich nicht, weil er dazu zu tapfer und
gewiß auch zu feige war. Ihr Kind aber tötete er,
weil er es, weil er sie liebte. Das Kind war schön,
häßlich aber wäre sein Leben gewesen; seine nun
niemals werdende Zukunft wußte er aus dem Nichts
der materiellen Güter der Mutter zu lesen. Und
das Kind wäre schwere Last der Mutter gewesen,
wenn auch liebe, süße. So befreite er die Mutter
von der Last des Kindes und das Kind von der Last
des Lebens. Die Mutter wird ihm zürnen. Das Kind
aber nicht, das weiß er, denn er sah, wie ihm das
Kind dankbar zulächelte. Mehrere Stunden saß er
nun bei der Kindesleiche. Der Mutter versprach er
treue Hut, und sein Wort, er hat es gehalten, hat
das Kind vor dem Leben behütet. Bald nun müssen
sich Dinge ereignen, der Mutter Klagen und Wehe-
schreie wird er hören; die Leute, die sich das Unrecht hiezu nehmen, werden ihn greifen und gefangen nehmen, werden ihn töten oder auch nicht.
Er wird zu allem lächeln, weiß er doch sein Recht.
Nur die Mutter möchte er noch einmal küssen, denn
er wird mit ihr vielleicht nie mehr zusammen sein.
Die Leiche lächelte ihn an, er beugte sich zu ihr,
küßte sie und schlief neben ihr ein. Den Schlaf des
Gerechten.

Ich will diesem meinem Leben, das kein Leben ist, ein Ende machen. Selbstmörder will ich nicht werden. Obwohl ich mein Leben morde. Und die anderen, die mich töten, töten, das will ich auch nicht. Weltverbesserer, Antianarchist sein, das will ich auch nicht. Ich will nur mein Leben bessern. Ich will nicht länger arbeiten, um dadurch in der Lage zu sein, weiter arbeiten zu können. Mich widert die Eintönigkeit meiner Tage und Nächte an. Mein Tun und Nichttun ist immer das gleiche. Mein Schlaf, mein Essen, mein Nichtruhen immer dasselbe... Doch wenn mein Kopf voll sein wird, wird mein Verstand überlaufen. Und ich komme vielleicht dann in eine Körperbewahranstalt für Geistlose. Unselig bin ich Reicher an Geist und werde dann selig werden. Denn mein ist der Umnachteten Asyl. Warum entlaufe ich nicht in einem Anfall von Geistesumtagung meinem Gefängnis, ins Freie? Wann wird mich das Leben in den Tod lassen, da es mich nicht zu sich läßt? Wann? Wann werde ich meinen Tod erleben, der mein erstes und letztes Erlebnis sein wird? Wann? Kommt der Tod nicht zu mir, will ich ihm entgegenkommen... Ich ging in einen Waffenladen und verlangte einen Revolver mit Patronen, scharf geladen. Dann wünschte ich, ihn auf dem Schießstand einzuschießen. Der Händler setzte mir ein Ziel. Ich schoß versuchsweise nach der Scheibe. Und traf. Ich schoß nach dem Händler. Und traf.

Ich habe ihn getötet, um mein totes Leben zu töten.
Denn nun werde ich leben. Die Polizei wird nach
mir jagen. Ich freue mich. Mein Leben wird nicht
mehr öde sein. Abwechslung werde ich endlich
haben. Vor Gericht gestellt, werde ich anklagen.
In ein Gefängnis werde ich kommen. Oder in eine
Irrenaufbewahrungsanstalt. Und ich werde aus
meinem alten Leben draußen sein. Ich werde Ruhe
haben und in Ruhe denken können. Sollte es mir
im Gefängnis nicht behagen, so werde ich mir ein
anderes suchen. Denn ich weiß: solange ich im
Lebens-Gefängnis bin, kann ich nicht frei sein...
Sie klagen mich an, weil ich getötet habe. Ich klage
euch an. Ihr habt mein Leben getötet. Eure Weltord-
nung hat mich zum lebenslänglichen Sklavendasein
verurteilt. Und ich wollte mich befreien. Und es
ist mir geglückt. Denn glaubt nicht, daß mir eure
Gefängnisse Gefängnisse sind. Ich werde in ihnen
kein Arbeitstier sein. Ich werde frei sein. Ich werde
keine Arbeit verrichten müssen, die mir fern und
fremd ist. Ich werde keinen haben, der sich vor
mein Leben setzt. Keinen Vorgesetzten. Keinen
Herrn. Doch weiß ich, daß meine Freiheit im Gefängnis, obwohl sie größer sein wird als in der
bisherigen „Freiheit", nur eine bedingte ist. Denn
solange ich im Leben gefangen bin, kann ich nicht
freier Herr sein. Werde nicht mein eigener Herr
sein können. Andere werden mich immer daran verhindern... Wird mein Leben immer so grau und

trüb sein, so trüb wie meine Kindheit, wie meine ganze Jugend?... Meine Jugend hatte keine Jugend... Feuer und Flamme wäre ich, hätte ich eine Flamme... Doch alles um mich her ist erloschen. Ich auch. Alles ist kalte, graue Asche. Und ich bin gezwungen zu warten, bis der Tod sie auseinandertreibt... Bis Wind kommt und mich in alle Richtungen bläst...

Eine häßliche, mit vertrockneten Grasbüscheln —
die in großen Zwischenräumen stehen, vielmehr
halb auf der Erde liegen — bewachsene ebene Fläche
dehnt sich entlang eines schmutzigen, tiefen Teiches
aus. Beim Wasser sitzt ein krankes Kind. Grind
bedeckt seinen Kopf, Ausschlag sein Gesicht,
Rippen drohen den mit dürrer Haut überzogenen
Körper zu zerreißen. Aus verklebten Augen schielt
das Kind. Die Leiden des Kindes machen mich mit-
leiden. Die Häßlichkeit der Natur um uns her, die des
Kindes und meine, sie lassen mich alles hassen. Ich
wünsche, alles Garstige möge vertilgt werden. Alles
Leidende, das ohne Hoffnung auf Erlösung leidet,
alle, die nicht mehr vom kommenden Wunder
etwas erwarten, da sie wissen, daß keines kommen
wird, und die deshalb auch nicht mehr träumen
vom Wunder: alle die eine häßliche Wunde sind,
die keine Zeit und kein Leben heilt, sie alle sollen
getötet werden. Ihre Wunde soll durch den Tod
geheilt werden. Das dachte ich und stieß das Kind
mit dem Fuß ins Wasser. Rücklings fiel es in den
Teich, breitete seine Arme aus, schielte aus seinen
armen Augen auf mich, und versank stumm. Ich
starrte auf das Wasser, auf die Blasen, die zur
Oberfläche kamen, starrte und sah dann nichts.
Dann ließ ich mich fallen. Nicht in das Wasser,
nein, auf die aufgesprungene Erde mit dem verdorrten Gras. Meine Augen starrten zum Himmel.
Schwarze Wolken fuhren rasend über dunklen Ho-

rizont. Donner krachten. Ein Blitz zerriß zerzackend die Luft. Meine Augen starrten ungeblendet in das Wetterleuchten und Blitzen. Ich zog eine halbvolle Flasche aus der Tasche, ließ sie fallen, dann ein Messer, ließ es fallen, dann zog ich mich zum schmutzigen Wasser, und ließ mich fallen...

GEORG TRAKL
GEDICHTE

1913
KURT WOLFF VERLAG·LEIPZIG

Dies Buch wurde
gedruckt im Mai 1913 als siebenter und achter
Band der Bücherei „Der jüngste Tag" bei
Poeschel & Trepte in Leipzig

COPYRIGHT BY KURT WOLFF VERLAG, LEIPZIG 1913

DIE RABEN

Über den schwarzen Winkel hasten
Am Mittag die Raben mit hartem Schrei.
Ihr Schatten streift an der Hirschkuh vorbei
Und manchmal sieht man sie mürrisch rasten.

O wie sie die braune Stille stören,
In der ein Acker sich verzückt,
Wie ein Weib, das schwere Ahnung berückt,
Und manchmal kann man sie keifen hören

Um ein Aas, das sie irgendwo wittern,
Und plötzlich richten nach Nord sie den Flug
Und schwinden wie ein Leichenzug
In Lüften, die von Wollust zittern.

DIE JUNGE MAGD

Ludwig von Ficker zugeeignet

1.

Oft am Brunnen, wenn es dämmert,
Sieht man sie verzaubert stehen
Wasser schöpfen, wenn es dämmert.
Eimer auf und niedergehen.

In den Buchen Dohlen flattern
Und sie gleichet einem Schatten.
Ihre gelben Haare flattern
Und im Hofe schrein die Ratten.

Und umschmeichelt von Verfalle
Senkt sie die entzundenen Lider.
Dürres Gras neigt im Verfalle
Sich zu ihren Füßen nieder.

2.

Stille schafft sie in der Kammer
Und der Hof liegt längst verödet.
Im Hollunder vor der Kammer
Kläglich eine Amsel flötet.

Silbern schaut ihr Bild im Spiegel
Fremd sie an im Zwielichtscheine
Und verdämmert fahl im Spiegel
Und ihr graut vor seiner Reine.

Traumhaft singt ein Knecht im Dunkel
Und sie starrt von Schmerz geschüttelt.
Röte träufelt durch das Dunkel.
Jäh am Tor der Südwind rüttelt.

3.

Nächtens übern kahlen Anger
Gaukelt sie in Fieberträumen.
Mürrisch greint der Wind im Anger
Und der Mond lauscht aus den Bäumen.

Balde rings die Sterne bleichen
Und ermattet von Beschwerde
Wächsern ihre Wangen bleichen.
Fäulnis wittert aus der Erde.

Traurig rauscht das Rohr im Tümpel
Und sie friert in sich gekauert.
Fern ein Hahn kräht. Übern Tümpel
Hart und grau der Morgen schauert.

4.

In der Schmiede dröhnt der Hammer
Und sie huscht am Tor vorüber.
Glührot schwingt der Knecht den Hammer
Und sie schaut wie tot hinüber.

Wie im Traum trifft sie ein Lachen;
Und sie taumelt in die Schmiede,
Scheu geduckt vor seinem Lachen,
Wie der Hammer hart und rüde.

Hell versprühn im Raum die Funken
Und mit hilfloser Geberde
Hascht sie nach den wilden Funken
Und sie stürzt betäubt zur Erde.

5.

Schmächtig hingestreckt im Bette
Wacht sie auf voll süßem Bangen
Und sie sieht ihr schmutzig Bette
Ganz von goldnem Licht verhangen,

Die Reseden dort am Fenster
Und den bläulich hellen Himmel.
Manchmal trägt der Wind ans Fenster
Einer Glocke zag Gebimmel.

Schatten gleiten übers Kissen,
Langsam schlägt die Mittagsstunde
Und sie atmet schwer im Kissen
Und ihr Mund gleicht einer Wunde.

6.

Abends schweben blutige Linnen,
Wolken über stummen Wäldern,
Die gehüllt in schwarze Linnen.
Spatzen lärmen auf den Feldern.

Und sie liegt ganz weiß im Dunkel.
Unterm Dach verhaucht ein Girren.
Wie ein Aas in Busch und Dunkel
Fliegen ihren Mund umschwirren.

Traumhaft klingt im braunen Weiler
Nach ein Klang von Tanz und Geigen,
Schwebt ihr Antlitz durch den Weiler,
Weht ihr Haar in kahlen Zweigen.

ROMANZE ZUR NACHT

Einsamer unterm Sternenzelt
Geht durch die stille Mitternacht.
Der Knab aus Träumen wirr erwacht,
Sein Antlitz grau im Mond verfällt.

Die Närrin weint mit offnem Haar
Am Fenster, das vergittert starrt.
Im Teich vorbei auf süßer Fahrt
Ziehn Liebende sehr wunderbar.

Der Mörder lächelt bleich im Wein,
Die Kranken Todesgrausen packt.
Die Nonne betet wund und nackt
Vor des Heilands Kreuzespein.

Die Mutter leis' im Schlafe singt.
Sehr friedlich schaut zur Nacht das Kind
Mit Augen, die ganz wahrhaft sind.
Im Hurenhaus Gelächter klingt.

Beim Talglicht drunt' im Kellerloch
Der Tote malt mit weißer Hand
Ein grinsend Schweigen an die Wand.
Der Schläfer flüstert immer noch.

IM ROTEN LAUBWERK VOLL GUITARREN ...

Im roten Laubwerk voll Guitarren
Der Mädchen gelbe Haare wehen
Am Zaun, wo Sonnenblumen stehen.
Durch Wolken fährt ein goldner Karren.

In brauner Schatten Ruh verstummen
Die Alten, die sich blöd umschlingen.
Die Waisen süß zur Vesper singen.
In gelben Dünsten Fliegen summen.

Am Bache waschen noch die Frauen.
Die aufgehängten Linnen wallen.
Die Kleine, die mir lang gefallen,
Kommt wieder durch das Abendgrauen.

Vom lauen Himmel Spatzen stürzen
In grüne Löcher voll Verwesung.
Dem Hungrigen täuscht vor Genesung
Ein Duft von Brot und herben Würzen.

MUSIK IM MIRABELL

Ein Brunnen singt. Die Wolken stehn
Im klaren Blau, die weißen, zarten.
Bedächtig stille Menschen gehn
Am Abend durch den alten Garten.

Der Ahnen Marmor ist ergraut.
Ein Vogelzug streift in die Weiten.
Ein Faun mit toten Augen schaut
Nach Schatten, die ins Dunkel gleiten.

Das Laub fällt rot vom alten Baum
Und kreist herein durchs offne Fenster.
Ein Feuerschein glüht auf im Raum
Und malet trübe Angstgespenster.

Ein weißer Fremdling tritt ins Haus.
Ein Hund stürzt durch verfallene Gänge.
Die Magd löscht eine Lampe aus,
Das Ohr hört nachts Sonatenklänge.

MELANCHOLIE DES ABENDS

— Der Wald, der sich verstorben breitet —
Und Schatten sind um ihn, wie Hecken.
Das Wild kommt zitternd aus Verstecken,
Indes ein Bach ganz leise gleitet

Und Farnen folgt und alten Steinen
Und silbern glänzt aus Laubgewinden.
Man hört ihn bald in schwarzen Schlünden —
Vielleicht, daß auch schon Sterne scheinen.

Der dunkle Plan scheint ohne Massen,
Verstreute Dörfer, Sumpf und Weiher,
Und etwas täuscht dir vor ein Feuer.
Ein kalter Glanz huscht über Straßen.

Am Himmel ahnet man Bewegung,
Ein Heer von wilden Vögeln wandern
Nach jenen Ländern, schönen, andern.
Es steigt und sinkt des Rohres Regung.

WINTERDÄMMERUNG

An Max von Esterle

Schwarze Himmel von Metall.
Kreuz in roten Stürmen wehen
Abends hungertolle Krähen
Über Parken gram und fahl.

Im Gewölk erfriert ein Strahl;
Und vor Satans Flüchen drehen
Jene sich im Kreis und gehen
Nieder siebenfach an Zahl.

In Verfaultem süß und schal
Lautlos ihre Schnäbel mähen.
Häuser dräu'n aus stummen Nähen;
Helle im Theatersaal.

Kirchen, Brücken und Spital
Grauenvoll im Zwielicht stehen.
Blutbefleckte Linnen blähen
Segel sich auf dem Kanal

RONDEL

Verflossen ist das Gold der Tage,
Des Abends braun und blaue Farben:
Des Hirten sanfte Flöten starben
Des Abends blau und braune Farben
Verflossen ist das Gold der Tage.

FRAUENSEGEN

Schreitest unter deinen Frau'n
Und du lächelst oft beklommen:
Sind so bange Tage kommen.
Weiß verblüht der Mohn am Zaun.

Wie dein Leib so schön geschwellt
Golden reift der Wein am Hügel.
Ferne glänzt des Weihers Spiegel
Und die Sense klirrt im Feld.

In den Büschen rollt der Tau,
Rot die Blätter niederfließen.
Seine liebe Frau zu grüßen
Naht ein Mohr dir braun und rauh.

DIE SCHÖNE STADT

Alte Plätze sonnig schweigen.
Tief in Blau und Gold versponnen
Traumhaft hasten sanfte Nonnen
Unter schwüler Buchen Schweigen.

Aus den braun erhellten Kirchen
Schaun des Todes reine Bilder,
Großer Fürsten schöne Schilder.
Kronen schimmern in den Kirchen.

Rösser tauchen aus dem Brunnen.
Blütenkrallen drohn aus Bäumen.
Knaben spielen wirr von Träumen
Abends leise dort am Brunnen.

Mädchen stehen an den Toren,
Schauen scheu ins farbige Leben.
Ihre feuchten Lippen beben
Und sie warten an den Toren.

Zitternd flattern Glockenklänge,
Marschtakt hallt und Wacherufen.
Fremde lauschen auf den Stufen.
Hoch im Blau sind Orgelklänge.

Helle Instrumente singen.
Durch der Gärten Blätterrahmen
Schwirrt das Lachen schöner Damen.
Leise junge Mütter singen.

Heimlich haucht an blumigen Fenstern
Duft von Weihrauch, Teer und Flieder.
Silbern flimmern müde Lider
Durch die Blumen an den Fenstern.

IN EINEM VERLASSENEN ZIMMER

Fenster, bunte Blumenbeeten,
Eine Orgel spielt herein.
Schatten tanzen an Tapeten,
Wunderlich ein toller Reihn.

Lichterloh die Büsche wehen
Und ein Schwarm von Mücken schwingt
Fern im Acker Sensen mähen
Und ein altes Wasser singt.

Wessen Atem kommt mich kosen?
Schwalben irre Zeichen ziehn.
Leise fließt im Grenzenlosen
Dort das goldne Waldland hin.

Flammen flackern in den Beeten.
Wirr verzückt der tolle Reihn
An den gelblichen Tapeten.
Jemand schaut zur Tür herein.

Weihrauch duftet süß und Birne
Und es dämmern Glas und Truh.
Langsam beugt die heiße Stirne
Sich den weißen Sternen zu.

AN DEN KNABEN ELIS

Elis, wenn die Amsel im schwarzen Wald ruft,
Dieses ist dein Untergang.
Deine Lippen trinken die Kühle des blauen Felsenquells.

Laß, wenn deine Stirne leise blutet
Uralte Legenden
Und dunkle Deutung des Vogelflugs.

Du aber gehst mit weichen Schritten in die Nacht,
Die voll purpurner Trauben hängt
Und du regst die Arme schöner im Blau.

Ein Dornenbusch tönt,
Wo deine mondenen Augen sind.
O, wie lange bist, Elis, du verstorben.

Dein Leib ist eine Hyazinthe,
In die ein Mönch die wächsernen Finger taucht.
Eine schwarze Höhle ist unser Schweigen,

Daraus bisweilen ein sanftes Tier tritt
Und langsam die schweren Lider senkt.
Auf deine Schläfen tropft schwarzer Tau,

Das letzte Gold verfallener Sterne.

DER GEWITTERABEND

O die roten Abendstunden!
Flimmernd schwankt am offenen Fenster
Weinlaub wirr ins Blau gewunden,
Drinnen nisten Angstgespenster.

Staub tanzt im Gestank der Gossen.
Klirrend stößt der Wind in Scheiben.
Einen Zug von wilden Rossen
Blitze grelle Wolken treiben.

Laut zerspringt der Weiherspiegel.
Möven schrein am Fensterrahmen.
Feuerreiter sprengt vom Hügel
Und zerschellt im Tann zu Flammen.

Kranke kreischen im Spitale.
Bläulich schwirrt der Nacht Gefieder.
Glitzernd braust mit einem Male
Regen auf die Dächer nieder.

ABENDMUSE

Ans Blumenfenster wieder kehrt des Kirchturms Schatten
Und Goldnes. Die heiße Stirn verglüht in Ruh und Schweigen.
Ein Brunnen fällt im Dunkel von Kastanienzweigen —
Da fühlst du: es ist gut! in schmerzlichem Ermatten.

Der Markt ist leer von Sommerfrüchten und Gewinden.
Einträchtig stimmt der Tore schwärzliches Gepränge.
In einem Garten tönen sanften Spieles Klänge,
Wo Freunde nach dem Mahle sich zusammenfinden.

Des weißen Magiers Märchen lauscht die Seele gerne.
Rund saust das Korn, das Mäher nachmittags geschnitten.
Geduldig schweigt das harte Leben in den Hütten;
Der Kühe linden Schlaf bescheint die Stallaterne.

Von Lüften trunken sinken balde ein die Lider
Und öffnen leise sich zu fremden Sternenzeichen.
Endymion taucht aus dem Dunkel alter Eichen
Und beugt sich über trauervolle Wasser nieder.

TRAUM DES BÖSEN

Verhallend eines Gongs braungoldne Klänge —
Ein Liebender erwacht in schwarzen Zimmern
Die Wang' an Flammen, die im Fenster flimmern.
Am Strome blitzen Segel, Masten, Stränge.

Ein Mönch, ein schwangres Weib dort im Gedränge.
Guitarren klimpern, rote Kittel schimmern.
Kastanien schwül in goldnem Glanz verkümmern;
Schwarz ragt der Kirchen trauriges Gepränge.

Aus bleichen Masken schaut der Geist des Bösen.
Ein Platz verdämmert grauenvoll und düster;
Am Abend regt auf Inseln sich Geflüster.

Des Vogelfluges wirre Zeichen lesen
Aussätzige, die zur Nacht vielleicht verwesen.
Im Park erblicken zitternd sich Geschwister.

[195]

GEISTLICHES LIED

Zeichen, seltne Stickerein
Malt ein flatternd Blumenbeet.
Gottes blauer Odem weht
In den Gartensaal herein,
Heiter ein.
Ragt ein Kreuz im wilden Wein.

Hör' im Dorf sich viele freun,
Gärtner an der Mauer mäht,
Leise eine Orgel geht,
Mischet Klang und goldenen Schein,
Klang und Schein.
Liebe segnet Brot und Wein.

Mädchen kommen auch herein
Und der Hahn zum letzten kräht.
Sacht ein morsches Gitter geht
Und in Rosen Kranz und Reihn,
Rosenreihn
Ruht Maria weiß und fein.

Bettler dort am alten Stein
Scheint verstorben im Gebet,
Sanft ein Hirt vom Hügel geht
Und ein Engel singt im Hain,
Nah im Hain
Kinder in den Schlaf hinein.

IM HERBST

Die Sonnenblumen leuchten am Zaun,
Still sitzen Kranke im Sonnenschein.
Im Acker mühn sich singend die Frau'n,
Die Klosterglocken läuten darein.

Die Vögel sagen dir ferne Mär',
Die Klosterglocken läuten darein.
Vom Hof tönt sanft die Geige her.
Heut keltern sie den braunen Wein.

Da zeigt der Mensch sich froh und lind.
Heut keltern sie den braunen Wein.
Weit offen die Totenkammern sind
Und schön bemalt vom Sonnenschein.

ZU ABEND MEIN HERZ

Am Abend hört man den Schrei der Fledermäuse.
Zwei Rappen springen auf der Wiese.
Der rote Ahorn rauscht.
Dem Wanderer erscheint die kleine Schenke am Weg.
Herrlich schmecken junger Wein und Nüsse.
Herrlich: betrunken zu taumeln in dämmernden Wald.
Durch schwarzes Geäst tönen schmerzliche Glocken.
Auf das Gesicht tropft Tau.

DIE BAUERN

Vorm Fenster tönendes Grün und Rot.
Im schwarzverräucherten, niederen Saal
Sitzen die Knechte und Mägde beim Mahl;
Und sie schenken den Wein und sie brechen das Brot.

Im tiefen Schweigen der Mittagszeit
Fällt bisweilen ein karges Wort.
Die Äcker flimmern in einem fort
Und der Himmel bleiern und weit.

Fratzenhaft flackert im Herd die Glut
Und ein Schwarm von Fliegen summt.
Die Mägde lauschen blöd und verstummt
Und ihre Schläfen hämmert das Blut.

Und manchmal treffen sich Blicke voll Gier,
Wenn tierischer Dunst die Stube durchweht.
Eintönig spricht ein Knecht das Gebet
Und ein Hahn kräht unter der Tür.

Und wieder ins Feld. Ein Grauen packt
Sie oft im tosenden Ährengebraus
Und klirrend schwingen ein und aus
Die Sensen geisterhaft im Takt.

ALLERSEELEN

An Karl Hauer

Die Männlein, Weiblein, traurige Gesellen,
Sie streuen heute Blumen blau und rot
Auf ihre Grüfte, die sich zag erhellen.
Sie tun wie arme Puppen vor dem Tod.

O! wie sie hier voll Angst und Demut scheinen,
Wie Schatten hinter schwarzen Büschen stehn.
Im Herbstwind klagt der Ungebornen Weinen,
Auch sieht man Lichter in der Irre gehn.

Das Seufzen Liebender haucht in Gezweigen
Und dort verwest die Mutter mit dem Kind.
Unwirklich scheinet der Lebendigen Reigen
Und wunderlich zerstreut im Abendwind.

Ihr Leben ist so wirr, voll trüber Plagen.
Erbarm' dich Gott der Frauen Höll' und Qual,
Und dieser hoffnungslosen Todesklagen.
Einsame wandeln still im Sternensaal.

MELANCHOLIE

Bläuliche Schatten. O ihr dunklen Augen,
Die lang mich anschaun im Vorübergleiten.
Guitarrenklänge sanft den Herbst begleiten
Im Garten, aufgelöst in braunen Laugen.
Des Todes ernste Düsternis bereiten
Nymphische Hände, an roten Brüsten saugen
Verfallne Lippen und in schwarzen Laugen
Des Sonnenjünglings feuchte Locken gleiten.

SEELE DES LEBENS

Verfall, der weich das Laub umdüstert,
Es wohnt im Wald sein weites Schweigen.
Bald scheint ein Dorf sich geisterhaft zu neigen.
Der Schwester Mund in schwarzen Zweigen flüstert.

Der Einsame wird bald entgleiten,
Vielleicht ein Hirt auf dunklen Pfaden.
Ein Tier tritt leise aus den Baumarkaden,
Indes die Lider sich vor Gottheit weiten.

Der blaue Fluß rinnt schön hinunter,
Gewölke sich am Abend zeigen;
Die Seele auch in engelhaftem Schweigen.
Vergängliche Gebilde gehen unter.

VERKLÄRTER HERBST

Gewaltig endet so das Jahr
Mit goldnem Wein und Frucht der Gärten.
Rund schweigen Wälder wunderbar
Und sind des Einsamen Gefährten.

Da sagt der Landmann: Es ist gut.
Ihr Abendglocken lang und leise
Gebt noch zum Ende frohen Mut.
Ein Vogelzug grüßt auf der Reise.

Es ist der Liebe milde Zeit.
Im Kahn den blauen Fluß hinunter
Wie schön sich Bild an Bildchen reiht —
Das geht in Ruh und Schweigen unter.

WINKEL AM WALD

An Karl Minnich

Braune Kastanien. Leise gleiten die alten Leute
In stilleren Abend; weich verwelken schöne Blätter.
Am Friedhof scherzt die Amsel mit dem toten Vetter,
Angelen gibt der blonde Lehrer das Geleite.

Des Todes reine Bilder schaun von Kirchenfenstern;
Doch wirkt ein blutiger Grund sehr trauervoll und düster.
Das Tor blieb heut verschlossen. Den Schlüssel hat
der Küster.
Im Garten spricht die Schwester freundlich mit Gespenstern.

In alten Kellern reift der Wein ins Goldne, Klare.
Süß duften Äpfel. Freude glänzt nicht allzu ferne.
Den langen Abend hören Kinder Märchen gerne;
Auch zeigt sich sanftem Wahnsinn oft das Goldne, Wahre.

Das Blau fließt voll Reseden; in Zimmern Kerzenhelle.
Bescheidenen ist ihre Stätte wohl bereitet.
Den Saum des Walds hinab ein einsam Schicksal gleitet;
Die Nacht erscheint, der Ruhe Engel, auf der Schwelle.

IM WINTER

Der Acker leuchtet weiß und kalt.
Der Himmel ist einsam und ungeheuer.
Dohlen kreisen über dem Weiher
Und Jäger steigen nieder vom Wald.

Ein Schweigen in schwarzen Wipfeln wohnt.
Ein Feuerschein huscht aus den Hütten.
Bisweilen schellt sehr fern ein Schlitten
Und langsam steigt der graue Mond.

Ein Wild verblutet sanft am Rain
Und Raben plätschern in blutigen Gossen.
Das Rohr bebt gelb und aufgeschossen.
Frost, Rauch, ein Schritt im leeren Hain.

IN EIN ALTES STAMMBUCH

Immer wieder kehrst du Melancholie,
O Sanftmut der einsamen Seele.
Zu Ende glüht ein goldener Tag.

Demutsvoll beugt sich dem Schmerz der Geduldige
Tönend von Wohllaut und weichem Wahnsinn.
Siehe! es dämmert schon.

Wieder kehrt die Nacht und klagt ein Sterbliches
Und es leidet ein anderes mit.

Schaudernd unter herbstlichen Sternen
Neigt sich jährlich tiefer das Haupt.

VERWANDLUNG

Entlang an Gärten, herbstlich, rotversengt:
Hier zeigt im Stillen sich ein tüchtig Leben.
Des Menschen Hände tragen braune Reben,
Indes der sanfte Schmerz im Blick sich senkt.

Am Abend: Schritte gehn durch schwarzes Land
Erscheinender in roter Buchen Schweigen.
Ein blaues Tier will sich vorm Tod verneigen
Und grauenvoll verfällt ein leer Gewand.

Geruhiges vor einer Schenke spielt,
Ein Antlitz ist berauscht ins Gras gesunken.
Hollunderfrüchte, Flöten weich und trunken,
Resedenduft, der Weibliches umspült.

KLEINES KONZERT

Ein Rot, das traumhaft dich erschüttert —
Durch deine Hände scheint die Sonne.
Du fühlst dein Herz verrückt vor Wonne
Sich still zu einer Tat bereiten.

In Mittag strömen gelbe Felder.
Kaum hörst du noch der Grillen Singen,
Der Mäher hartes Sensenschwingen.
Einfältig schweigen goldene Wälder.

Im grünen Tümpel glüht Verwesung.
Die Fische stehen still. Gotts Odem
Weckt sacht ein Saitenspiel im Brodem.
Aussätzigen winkt die Flut Genesung.

Geist Dädals schwebt in blauen Schatten,
Ein Duft von Milch in Haselzweigen.
Man hört noch lang den Lehrer geigen,
Im leeren Hof den Schrei der Ratten.

Im Krug an scheußlichen Tapeten
Blühn kühlere Violenfarben.
Im Hader dunkle Stimmen starben,
Narziß im Endakkord von Flöten.

MENSCHHEIT

Menschheit vor Feuerschlünden aufgestellt,
Ein Trommelwirbel, dunkler Krieger Stirnen,
Schritte durch Blutnebel; schwarzes Eisen schellt,
Verzweiflung, Nacht in traurigen Gehirnen:
Hier Evas Schatten, Jagd und rotes Geld.
Gewölk, das Licht durchbricht, das Abendmahl.
Es wohnt in Brot und Wein ein sanftes Schweigen
Und jene sind versammelt zwölf an Zahl.
Nachts schrein im Schlaf sie unter Ölbaumzweigen;
Sankt Thomas taucht die Hand ins Wundenmal.

DER SPAZIERGANG

1.

Musik summt im Gehölz am Nachmittag.
Im Korn sich ernste Vogelscheuchen drehn.
Hollunderbüsche sacht am Weg verwehn;
Ein Haus zerflimmert wunderlich und vag.

In Goldnem schwebt ein Duft von Thymian,
Auf einem Stein steht eine heitere Zahl.
Auf einer Wiese spielen Kinder Ball,
Dann hebt ein Baum vor dir zu kreisen an.

Du träumst: die Schwester kämmt ihr blondes Haar,
Auch schreibt ein ferner Freund dir einen Brief.
Ein Schober flieht durchs Grau vergilbt und schief
Und manchmal schwebst du leicht und wunderbar.

2.

Die Zeit verrinnt. O süßer Helios!
O Bild im Krötentümpel süß und klar;
Im Sand versinkt ein Eden wunderbar.
Goldammern wiegt ein Busch in seinem Schoß.

Ein Bruder stirbt dir in verwunschnem Land
Und stählern schaun dich deine Augen an.
In Goldnem dort ein Duft von Thymian.
Ein Knabe legt am Weiler einen Brand.

Die Liebenden in Faltern neu erglühn
Und schaukeln heiter hin um Stein und Zahl.
Aufflattern Krähen um ein ekles Mahl
Und deine Stirne tost durchs sanfte Grün.

Im Dornenstrauch verendet weich ein Wild.
Nachgleitet dir ein heller Kindertag,
Der graue Wind, der flatterhaft und vag
Verfallne Düfte durch die Dämmerung spült.

3.

Ein altes Wiegenlied macht dich sehr bang.
Am Wegrand fromm ein Weib ihr Kindlein stillt.
Traumwandelnd hörst du wie ihr Bronnen quillt.
Aus Apfelzweigen fällt ein Weiheklang.

Und Brot und Wein sind süß von harten Mühn.
Nach Früchten tastet silbern deine Hand.
Die tote Rahel geht durchs Ackerland.
Mit friedlicher Geberde winkt das Grün.

Gesegnet auch blüht armer Mägde Schoß,
Die träumend dort am alten Brunnen stehn.
Einsame froh auf stillen Pfaden gehn
Mit Gottes Kreaturen sündelos.

DE PROFUNDIS

Es ist ein Stoppelfeld, in das ein schwarzer Regen fällt.
Es ist ein brauner Baum, der einsam dasteht.
Es ist ein Zischelwind, der leere Hütten umkreist
Wie traurig dieser Abend.

Am Weiler vorbei
Sammelt die sanfte Waise noch spärliche Ähren ein.
Ihre Augen weiden rund und goldig in der Dämmerung
Und ihr Schoß harrt des himmlischen Bräutigams.

Bei der Heimkehr
Fanden die Hirten den süßen Leib
Verwest im Dornenbusch.

Ein Schatten bin ich ferne finsteren Dörfern.
Gottes Schweigen
Trank ich aus dem Brunnen des Hains.

Auf meine Stirne tritt kaltes Metall
Spinnen suchen mein Herz.
Es ist ein Licht, das in meinem Mund erlöscht.

Nachts fand ich mich auf einer Heide,
Starrend von Unrat und Staub der Sterne.
Im Haselgebüsch
Klangen wieder kristallne Engel.

TROMPETEN

Unter verschnittenen Weiden, wo braune Kinder
                                        spielen
Und Blätter treiben, tönen Trompeten. Ein Kirchhofs-
                                        schauer.
Fahnen von Scharlach stürzen durch des Ahorns Trauer,
Reiter entlang an Roggenfeldern, leeren Mühlen.

Oder Hirten singen nachts und Hirsche treten
In den Kreis ihrer Feuer, des Hains uralte Trauer,
Tanzende heben sich von einer schwarzen Mauer;
Fahnen von Scharlach, Lachen, Wahnsinn, Trompeten.

DÄMMERUNG

Im Hof, verhext von milchigem Dämmerschein,
Durch Herbstgebräuntes weiche Kranke gleiten.
Ihr wächsern-runder Blick sinnt goldner Zeiten,
Erfüllt von Träumerei und Ruh und Wein.

Ihr Siechentum schließt geisterhaft sich ein.
Die Sterne weiße Traurigkeit verbreiten.
Im Grau, erfüllt von Täuschung und Geläuten,
Sieh, wie die Schrecklichen sich wirr zerstreun.

Formlose Spottgestalten huschen, kauern
Und flattern sie auf schwarz-gekreuzten Pfaden.
O! trauervolle Schatten an den Mauern.

Die andern fliehn durch dunkelnde Arkaden;
Und nächtens stürzen sie aus roten Schauern
Des Sternenwinds, gleich rasenden Mänaden.

HEITERER FRÜHLING

1.

Am Bach, der durch das gelbe Brachfeld fließt,
Zieht noch das dürre Rohr vom vorigen Jahr.
Durchs Graue gleiten Klänge wunderbar,
Vorüberweht ein Hauch von warmem Mist.

An Weiden baumeln Kätzchen sacht im Wind,
Sein traurig Lied singt träumend ein Soldat.
Ein Wiesenstreifen saust verweht und matt,
Ein Kind steht in Konturen weich und lind.

Die Birken dort, der schwarze Dornenstrauch,
Auch fliehn im Rauch Gestalten aufgelöst.
Hell Grünes blüht und anderes verwest
Und Kröten schliefen durch den jungen Lauch.

2.

Dich lieb ich treu du derbe Wäscherin.
Noch trägt die Flut des Himmels goldene Last.
Ein Fischlein blitzt vorüber und verblaßt;
Ein wächsern Antlitz fließt durch Erlen hin.

In Gärten sinken Glocken lang und leis
Ein kleiner Vogel trällert wie verrückt.
Das sanfte Korn schwillt leise und verzückt
Und Bienen sammeln noch mit ernstem Fleiß.

Komm Liebe nun zum müden Arbeitsmann!
In seine Hütte fällt ein lauer Strahl.
Der Wald strömt durch den Abend herb und fahl
Und Knospen knistern heiter dann und wann.

3.

Wie scheint doch alles Werdende so krank!
Ein Fieberhauch um einen Weiler kreist;
Doch aus Gezweigen winkt ein sanfter Geist
Und öffnet das Gemüte weit und bang.

Ein blühender Erguß verrinnt sehr sacht
Und Ungebornes pflegt der eignen Ruh.
Die Liebenden blühn ihren Sternen zu
Und süßer fließt ihr Odem durch die Nacht.

So schmerzlich gut und wahrhaft ist, was lebt;
Und leise rührt dich an ein alter Stein:
Wahrlich! Ich werde immer bei euch sein.
O Mund! der durch die Silberweide bebt.

VORSTADT IM FÖHN

Am Abend liegt die Stätte öd und braun,
Die Luft von gräulichem Gestank durchzogen.
Das Donnern eines Zugs vom Brückenbogen —
Und Spatzen flattern über Busch und Zaun.

Geduckte Hütten, Pfade wirr verstreut,
In Gärten Durcheinander und Bewegung,
Bisweilen schwillt Geheul aus dumpfer Regung,
In einer Kinderschar fliegt rot ein Kleid.

Am Kehricht pfeift verliebt ein Rattenchor.
In Körben tragen Frauen Eingeweide,
Ein ekelhafter Zug voll Schmutz und Räude,
Kommen sie aus der Dämmerung hervor.

Und ein Kanal speit plötzlich feistes Blut
Vom Schlachthaus in den stillen Fluß hinunter.
Die Föhne färben karge Stauden bunter
Und langsam kriecht die Röte durch die Flut.

Ein Flüstern, das in trübem Schlaf ertrinkt.
Gebilde gaukeln auf aus Wassergräben,
Vielleicht Erinnerung an ein früheres Leben,
Die mit den warmen Winden steigt und sinkt.

Aus Wolken tauchen schimmernde Alleen,
Erfüllt von schönen Wägen, kühnen Reitern.
Dann sieht man auch ein Schiff auf Klippen scheitern
Und manchmal rosenfarbene Moscheen.

DIE RATTEN

In Hof scheint weiß der herbstliche Mond.
Vom Dachrand fallen phantastische Schatten.
Ein Schweigen in leeren Fenstern wohnt;
Da tauchen leise herauf die Ratten

Und huschen pfeifend hier und dort
Und ein gräulicher Dunsthauch wittert
Ihnen nach aus dem Abort,
Den geisterhaft der Mondschein durchzittert

Und sie keifen vor Gier wie toll
Und erfüllen Haus und Scheunen,
Die von Korn und Früchten voll.
Eisige Winde im Dunkel greinen.

TRÜBSINN

Weltunglück geistert durch den Nachmittag.
Baraken fliehn durch Gärtchen braun und wüst.
Lichtschnuppen gaukeln um verbrannten Mist,
Zwei Schläfer schwanken heimwärts, grau und vag.

Auf der verdorrten Wiese läuft ein Kind
Und spielt mit seinen Augen schwarz und glatt.
Das Gold tropft von den Büschen trüb und matt.
Ein alter Mann dreht traurig sich im Wind.

Am Abend wieder über meinem Haupt
Saturn lenkt stumm ein elendes Geschick.
Ein Baum, ein Hund tritt hinter sich zurück
Und schwarz schwankt Gottes Himmel und entlaubt.

Ein Fischlein gleitet schnell hinab den Bach;
Und leise rührt des toten Freundes Hand
Und glättet liebend Stirne und Gewand.
Ein Licht ruft Schatten in den Zimmern wach.

IN DEN NACHMITTAG GEFLÜSTERT

Sonne, herbstlich dünn und zag,
Und das Obst fällt von den Bäumen
Stille wohnt in blauen Räumen.
Einen langen Nachmittag.

Sterbeklänge von Metall;
Und ein weißes Tier bricht nieder.
Brauner Mädchen rauhe Lieder
Sind verweht im Blätterfall.

Stirne Gottes Farben träumt,
Spürt des Wahnsinns sanfte Flügel.
Schatten drehen sich am Hügel
Von Verwesung schwarz umsäumt.

Dämmerung voll Ruh und Wein;
Traurige Guitarren rinnen.
Und zur milden Lampe drinnen
Kehrst du wie im Traume ein.

PSALM
Karl Kraus zugeeignet

Es ist ein Licht, das der Wind ausgelöscht hat.
Es ist ein Heidekrug, den am Nachmittag ein Betrunkener verläßt.
Es ist ein Weinberg, verbrannt und schwarz mit Löchern voll Spinnen.
Es ist ein Raum, den sie mit Milch getüncht haben.
Der Wahnsinnige ist gestorben. Es ist eine Insel der Südsee,
Den Sonnengott zu empfangen. Man rührt die Trommeln.
Die Männer führen kriegerische Tänze auf.
Die Frauen wiegen die Hüften in Schlinggewächsen und Feuerblumen,
Wenn das Meer singt. O unser verlorenes Paradies.

* * *

Die Nymphen haben die goldenen Wälder verlassen.
Man begräbt den Fremden. Dann hebt ein Flimmerregen an.
Der Sohn des Pan erscheint in Gestalt eines Erdarbeiters,
Der den Mittag am glühenden Asphalt verschläft.
Es sind kleine Mädchen in einem Hof in Kleidchen voll herzzerreißender Armut!
Es sind Zimmer, erfüllt von Akkorden und Sonaten.
Es sind Schatten, die sich vor einem erblindeten Spiegel umarmen.
An den Fenstern des Spitals wärmen sich Genesende.
Ein weißer Dampfer am Kanal trägt blutige Seuchen herauf.

* * *

Die fremde Schwester erscheint wieder in jemands bösen Träumen.
Ruhend im Haselgebüsch spielt sie mit seinen Sternen.
Der Student, vielleicht ein Doppelgänger, schaut ihr lange vom Fenster nach.

Hinter ihm steht sein toter Bruder, oder er geht die alte Wendeltreppe herab.
Im Dunkel brauner Kastanien verblaßt die Gestalt des jungen Novizen.
Der Garten ist im Abend. Im Kreuzgang flattern die Fledermäuse umher.
Die Kinder des Hausmeisters hören zu spielen auf und suchen das Gold des Himmels.
Endakkorde eines Quartetts. Die kleine Blinde läuft zitternd durch die Allee,
Und später tastet ihr Schatten an kalten Mauern hin, umgeben von Märchen und heiligen Legenden.

* * *

Es ist ein leeres Boot, das am Abend den schwarzen Kanal heruntertreibt.
In der Düsternis des alten Asyls verfallen menschliche Ruinen.
Die toten Waisen liegen an der Gartenmauer.
Aus grauen Zimmern treten Engel mit kotgefleckten Flügeln.
Würmer tropfen von ihren vergilbten Lidern.
Der Platz vor der Kirche ist finster und schweigsam, wie in den Tagen der Kindheit.
Auf silbernen Sohlen gleiten frühere Leben vorbei
Und die Schatten der Verdammten steigen zu den seufzenden Wassern nieder.
In seinem Grab spielt der weiße Magier mit seinen Schlangen.

* * *

Schweigsam über der Schädelstätte öffnen sich Gottes goldene Augen.

ROSENKRANZLIEDER
AN DIE SCHWESTER
Wo du gehst wird Herbst und Abend,
Blaues Wild, das unter Bäumen tönt,
Einsamer Weiher am Abend.

Leise der Flug der Vögel tönt,
Die Schwermut über deinen Augenbogen.
Dein schmales Lächeln tönt.

Gott hat deine Lider verbogen.
Sterne suchen nachts, Karfreitagskind,
Deinen Stirnenbogen.

NÄHE DES TODES
O der Abend, der in die finsteren Dörfer der Kindheit geht.
Der Weiher unter den Weiden
Füllt sich mit den verpesteten Seufzern der Schwermut.

O der Wald, der leise die braunen Augen senkt,
Da aus des Einsamen knöchernen Händen
Der Purpur seiner verzückten Tage hinsinkt.

O die Nähe des Todes. Laß uns beten.
In dieser Nacht lösen auf lauen Kissen
Vergilbt von Weihrauch sich der Liebenden schmächtige Glieder.

AMEN

Verwestes gleitend durch die morsche Stube;
Schatten an gelben Tapeten; in dunklen Spiegeln wölbt
Sich unserer Hände elfenbeinerne Traurigkeit.

Braune Perlen rinnen durch die erstorbenen Finger.
In der Stille
Tun sich eines Engels blaue Mohnaugen auf.

Blau ist auch der Abend;
Die Stunde unseres Absterbens, Azraels Schatten,
Der ein braunes Gärtchen verdunkelt.

VERFALL

Am Abend, wenn die Glocken Frieden läuten,
Folg ich der Vögel wundervollen Flügen,
Die lang geschart, gleich frommen Pilgerzügen,
Entschwinden in den herbstlich klaren Weiten.

Hinwandelnd durch den dämmervollen Garten
Träum ich nach ihren helleren Geschicken
Und fühl der Stunden Weiser kaum mehr rücken.
So folg ich über Wolken ihren Fahrten.

Da macht ein Hauch mich von Verfall erzittern.
Die Amsel klagt in den entlaubten Zweigen.
Es schwankt der rote Wein an rostigen Gittern,

Indes wie blasser Kinder Todesreigen
Um dunkle Brunnenräder, die verwittern,
Im Wind sich fröstelnd blaue Astern neigen.

IN DER HEIMAT

Resedenduft durchs kranke Fenster irrt;
Ein alter Platz, Kastanien schwarz und wüst.
Das Dach durchbricht ein goldener Strahl und fließt
Auf die Geschwister traumhaft und verwirrt.

Im Spülicht treibt Verfallnes, leise girrt
Der Föhn im braunen Gärtchen; sehr still genießt
Ihr Gold die Sonnenblume und zerfließt.
Durch blaue Luft der Ruf der Wache klirrt.

Resedenduft. Die Mauern dämmern kahl.
Der Schwester Schlaf ist schwer. Der Nachtwind wühlt
In ihrem Haar, das mondner Glanz umspült.

Der Katze Schatten gleitet blau und schmal
Vom morschen Dach, das nahes Unheil säumt,
Die Kerzenflamme, die sich purpurn bäumt.

EIN HERBSTABEND

An Karl Röck

Das braune Dorf. Ein Dunkles zeigt im Schreiten
Sich oft an Mauern, die im Herbste stehn,
Gestalten: Mann wie Weib, Verstorbene gehn
In kühlen Stuben jener Bett bereiten.

Hier spielen Knaben. Schwere Schatten breiten
Sich über braune Jauche. Mägde gehn
Durch feuchte Bläue und bisweilen sehn
Aus Augen sie, erfüllt von Nachtgeläuten.

Für Einsames ist eine Schenke da;
Das säumt geduldig unter dunklen Bogen,
Von goldenem Tabaksgewölk umzogen.

Doch immer ist das Eigne schwarz und nah.
Der Trunkne sinnt im Schatten alter Bogen
Den wilden Vögeln nach, die ferngezogen.

MENSCHLICHES ELEND

Die Uhr, die vor der Sonne fünfe schlägt —
Einsame Menschen packt ein dunkles Grausen,
Im Abendgarten kahle Bäume sausen.
Des Toten Antlitz sich am Fenster regt.

Vielleicht, daß diese Stunde stille steht.
Vor trüben Augen blaue Bilder gaukeln
Im Takt der Schiffe, die am Flusse schaukeln.
Am Kai ein Schwesternzug vorüberweht.

Im Hasel spielen Mädchen blaß und blind,
Wie Liebende, die sich im Schlaf umschlingen.
Vielleicht, daß um ein Aas dort Fliegen singen,
Vielleicht auch weint im Mutterschoß ein Kind.

Aus Händen sinken Astern blau und rot,
Des Jünglings Mund entgleitet fremd und weise;
Und Lider flattern angstverwirrt und leise;
Durch Fieberschwärze weht ein Duft von Brot.

Es scheint, man hört auch gräßliches Geschrei;
Gebeine durch verfallne Mauern schimmern.
Ein böses Herz lacht laut in schönen Zimmern;
An einem Träumer läuft ein Hund vorbei.

Ein leerer Sarg im Dunkel sich verliert.
Dem Mörder will ein Raum sich bleich erhellen,
Indes Laternen nachts im Sturm zerschellen.
Des Edlen weiße Schläfe Lorbeer ziert.

IM DORF

1.

Aus braunen Mauern tritt ein Dorf, ein Feld.
Ein Hirt verwest auf einem alten Stein.
Der Saum des Walds schließt blaue Tiere ein,
Das sanfte Laub, das in die Stille fällt.

Der Bauern braune Stirnen. Lange tönt
Die Abendglocke; schön ist frommer Brauch,
Des Heilands schwarzes Haupt im Dornenstrauch,
Die kühle Stube, die der Tod versöhnt.

Wie bleich die Mütter sind. Die Bläue sinkt
Auf Glas und Truh, die stolz ihr Sinn bewahrt;
Auch neigt ein weißes Haupt sich hochbejahrt
Aufs Enkelkind, das Milch und Sterne trinkt.

2.

Der Arme, der im Geiste einsam starb,
Steigt wächsern über einen alten Pfad.
Die Apfelbäume sinken kahl und stad
Ins Farbige ihrer Frucht, die schwarz verdarb.

Noch immer wölbt das Dach aus dürrem Stroh
Sich übern Schlaf der Kühe. Die blinde Magd
Erscheint im Hof; ein blaues Wasser klagt;
Ein Pferdeschädel starrt vom morschen Tor.

Der Idiot spricht dunklen Sinns ein Wort
Der Liebe, das im schwarzen Busch verhallt,
Wo jene steht in schmaler Traumgestalt.
Der Abend tönt in feuchter Bläue fort.

3.

Ans Fenster schlagen Äste föhnentlaubt.
Im Schoß der Bäurin wächst ein wildes Weh.
Durch ihre Arme rieselt schwarzer Schnee;
Goldäugige Eulen flattern um ihr Haupt.

Die Mauern starren kahl und grauverdreckt
Ins kühle Dunkel. Im Fieberbette friert
Der schwangere Leib, den frech der Mond bestiert.
Vor ihrer Kammer ist ein Hund verreckt.

Drei Männer treten finster durch das Tor
Mit Sensen, die im Feld zerbrochen sind.
Durchs Fenster klirrt der rote Abendwind;
Ein schwarzer Engel tritt daraus hervor.

ABENDLIED

Am Abend, wenn wir auf dunklen Pfaden gehn,
Erscheinen unsere bleichen Gestalten vor uns.

Wenn uns dürstet,
Trinken wir die weißen Wasser des Teichs,
Die Süße unserer traurigen Kindheit.

Erstorbene ruhen wir unterm Hollundergebüsch,
Schaun den grauen Möven zu.

Frühlingsgewölke steigen über die finstere Stadt,
Die der Mönche edlere Zeiten schweigt.

Da ich deine schmalen Hände nahm
Schlugst du leise die runden Augen auf,
Dieses ist lange her.

Doch wenn dunkler Wohllaut die Seele heimsucht,
Erscheinst du Weiße in des Freundes herbstlicher
                                        Landschaft.

DREI BLICKE IN EINEN OPAL

An Erhard Buschbeck

1.

Blick in Opal: ein Dorf umkränzt von dürrem Wein,
Der Stille grauer Wolken, gelber Felsenhügel
Und abendlicher Quellen Kühle: Zwillingsspiegel
Umrahmt von Schatten und von schleimigem Gestein.

Des Herbstes Weg und Kreuze gehn in Abend ein,
Singende Pilger und die blutbefleckten Linnen.
Des Einsamen Gestalt kehrt also sich nach innen
Und geht, ein bleicher Engel, durch den leeren Hain.

Aus Schwarzem bläst der Föhn. Mit Satyrn im Verein
Sind schlanke Weiblein; Mönche der Wollust bleiche
                                        Priester,
Ihr Wahnsinn schmückt mit Lilien sich schön und düster
Und hebt die Hände auf zu Gottes goldenem Schrein.

2.

Der ihn befeuchtet, rosig hängt ein Tropfen Tau
Im Rosmarin: hinfließt ein Hauch von Grabgerüchen,
Spitälern, wirr erfüllt von Fieberschrein und Flüchen.
Gebein steigt aus dem Erbbegräbnis morsch und grau.

In blauem Schleim und Schleiern tanzt des Greisen Frau,
Das schmutzstarrende Haar erfüllt von schwarzen Tränen,
Die Knaben träumen wirr in dürren Weidensträhnen
Und ihre Stirnen sind von Aussatz kahl und rauh.

Durchs Bogenfenster sinkt ein Abend lind und lau.
Ein Heiliger tritt aus seinen schwarzen Wundenmalen.
Die Purpurschnecken kriechen aus zerbrochenen Schalen
Und speien Blut in Dorngewinde starr und grau.

3.

Die Blinden streuen in eiternde Wunden Weiherauch.
Rotgoldene Gewänder; Fackeln; Psalmensingen;
Und Mädchen, die wie Gift den Leib des Herrn um-
schlingen.
Gestalten schreiten wächsernstarr durch Glut und Rauch.

Aussätziger mitternächtigen Tanz führt an ein Gauch
Dürrknöchern. Garten wunderlicher Abenteuer;
Verzerrtes; Blumenfratzen, Lachen; Ungeheuer
Und rollendes Gestirn im schwarzen Dornenstrauch.

O Armut, Bettelsuppe, Brot und süßer Lauch;
Des Lebens Träumerei in Hütten vor den Wäldern.
Grau härtet sich der Himmel über gelben Feldern.
Und eine Abendglocke singt nach altem Brauch.

NACHTLIED

Des Unbewegten Odem. Ein Tiergesicht
Erstarrt vor Bläue, ihrer Heiligkeit.
Gewaltig ist das Schweigen im Stein;

Die Maske eines nächtlichen Vogels. Sanfter Dreiklang
Verklingt in einem. Elai! dein Antlitz
Beugt sich sprachlos über bläuliche Wasser.

O! ihr stillen Spiegel der Wahrheit.
An des Einsamen elfenbeinerner Schläfe
Erscheint der Abglanz gefallener Engel.

HELIAN

In den einsamen Stunden des Geistes
Ist es schön, in der Sonne zu gehn
An den gelben Mauern des Sommers hin.
Leise klingen die Schritte im Gras; doch immer schläft
Der Sohn des Pan im grauen Marmor.

Abends auf der Terrasse betranken wir uns mit braunem
                                                        Wein.
Rötlich glüht der Pfirsich im Laub;
Sanfte Sonate, frohes Lachen.

Schön ist die Stille der Nacht.
Auf dunklem Plan
Begegnen wir uns mit Hirten und weißen Sternen.

Wenn es Herbst geworden ist
Zeigt sich nüchterne Klarheit im Hain.
Besänftigte wandeln wir an roten Mauern hin
Und die runden Augen folgen dem Flug der Vögel.
Am Abend sinkt das weiße Wasser in Graburnen.

In kahlen Gezweigen feiert der Himmel.
In reinen Händen trägt der Landmann Brot und Wein
Und friedlich reifen die Früchte in sonniger Kammer.

O wie ernst ist das Antlitz der teueren Toten.
Doch die Seele erfreut gerechtes Anschaun.

Gewaltig ist das Schweigen des verwüsteten Gartens
Da der junge Novize die Stirne mit braunem Laub
           bekränzt,
Sein Odem eisiges Gold trinkt.

Die Hände rühren das Alter bläulicher Wasser
Oder in kalter Nacht die weißen Wangen der Schwestern.

Leise und harmonisch ist ein Gang an freundlichen
           Zimmern hin,
Wo Einsamkeit ist und das Rauschen des Ahorns,
Wo vielleicht noch die Drossel singt.

Schön ist der Mensch und erscheinend im Dunkel,
Wenn er staunend Arme und Beine bewegt,
Und in purpurnen Höhlen stille die Augen rollen.

Zur Vesper verliert sich der Fremdling in schwarzer
           Novemberzerstörung,
Unter morschem Geäst, an Mauern voll Aussatz hin,
Wo vordem der heilige Bruder gegangen,
Versunken in das sanfte Saitenspiel seines Wahnsinns,

O wie einsam endet der Abendwind.
Ersterbend neigt sich das Haupt im Dunkel des Öl-
           baums.

Erschütternd ist der Untergang des Geschlechts.
In dieser Stunde füllen sich die Augen des Schauenden
Mit dem Gold seiner Sterne.

Am Abend versinkt ein Glockenspiel, das nicht mehr tönt,
Verfallen die schwarzen Mauern am Platz,
Ruft der tote Soldat zum Gebet.

Ein bleicher Engel
Tritt der Sohn ins leere Haus seiner Väter.

Die Schwestern sind ferne zu weißen Greisen gegangen
Nachts fand sie der Schläfer unter den Säulen im Hausflur,
Zurückgekehrt von traurigen Pilgerschaften.

O wie starrt von Kot und Würmern ihr Haar,
Da er darein mit silbernen Füßen steht,
Und jene verstorben aus kahlen Zimmern treten.

O ihr Psalmen in feurigen Mitternachtsregen,
Da die Knechte mit Nesseln die sanften Augen schlugen,
Die kindlichen Früchte des Hollunders
Sich staunend neigen über ein leeres Grab.

Leise rollen vergilbte Monde
Über die Fieberlinnen des Jünglings,
Eh dem Schweigen des Winters folgt.

Ein erhabenes Schicksal sinnt den Kidron hinab,
Wo die Zeder, ein weiches Geschöpf,
Sich unter den blauen Brauen des Vaters entfaltet,
Über die Weide nachts ein Schäfer seine Herde führt.
Oder es sind Schreie im Schlaf,
Wenn ein eherner Engel im Hain den Menschen antritt,
Das Fleisch des Heiligen auf glühendem Rost hinschmilzt.

Um die Lehmhütten rankt purpurner Wein,
Tönende Bündel vergilbten Korns,
Das Summen der Bienen, der Flug des Kranichs.
Am Abend begegnen sich Auferstandene auf Felsenpfaden.

In schwarzen Wassern spiegeln sich Aussätzige;
Oder sie öffnen die kotbefleckten Gewänder
Weinend dem balsamischen Wind, der vom rosigen Hügel weht.

Schlanke Mägde tasten durch die Gassen der Nacht,
Ob sie den liebenden Hirten fänden.
Sonnabends tönt in den Hütten sanfter Gesang.

Lasset das Lied auch des Knaben gedenken,
Seines Wahnsinns, und weißer Brauen und seines Hingangs
Des Verwesten, der bläulich die Augen aufschlägt.
O wie traurig ist dieses Wiedersehn.

Die Stufen des Wahnsinns in schwarzen Zimmern,
Die Schatten der Alten unter der offenen Tür,
Da Helians Seele sich im rosigen Spiegel beschaut
Und Schnee und Aussatz von seiner Stirne sinken

An den Wänden sind die Sterne erloschen
Und die weißen Gestalten des Lichts.

Dem Teppich entsteigt Gebein der Gräber,
Das Schweigen verfallener Kreuze am Hügel,
Des Weihrauchs Süße im purpurnen Nachtwind.

O ihr zerbrochenen Augen in schwarzen Mündern,
Da der Enkel in sanfter Umnachtung
Einsam dem dunkleren Ende nachsinnt,
Der stille Gott die blauen Lider über ihn senkt.

FRANCIS JAMMES
DIE GEBETE DER DEMUT

ÜBERTRAGEN

VON

ERNST STADLER

1913

KURT WOLFF VERLAG · LEIPZIG

Dies Buch wurde
gedruckt im Auguſt 1913 als neunter
Band der Bücherei „Der jüngſte Tag" bei
Poeſchel & Trepte in Leipzig

AUTORISIERTE ÜBERTRAGUNG
COPYRIGHT BY KURT WOLFF VERLAG, LEIPZIG 1913

GEBET
ZUM GESTÄNDNIS DER UNWISSENHEIT

Hernieder, steige hernieder in die Einfalt, die Gott
  will!
Ich habe den Wespen zugesehen, die im Sand ihr
  Nest gebaut.
Tu so wie sie, gebrechlich krankes Herz: sei still,
Schaffe dein Tagwerk, das Gott deinen Händen
  anvertraut.
Ich war voll Hoffart, die mein Leben falsch gemacht.
Anders als alle andern meinte ich zu sein:
Jetzt weiß ich, o mein Gott, daß nie ich anderes
  vollbracht
Als jene Worte niederschreiben, die die Menschen
  sich erfanden,
Seitdem zuerst im Paradies Adam und Eva auf-
  gestanden
Unter den Früchten, die im Lichte unermeßlich
  blühten.
Und anders bin ich nicht als wie der ärmste Stein.
Sieh hin, das Gras steht ruhig, und der Apfelbaum
  senkt schwer
Bebürdet sich zur Erde, zitternd und in liebendem
  Verlangen —
O nimm von meiner Seele, da so vieles Leiden über
  mich ergangen,
Die falsche Schöpferhoffart, die noch immer in ihr
  liegt.
Nichts weiß ich ja. Nichts bin ich. Und nichts will
  ich mehr
Als bloß zuweilen sehen, wie ein Nest im Wind sich
  wiegt

5

Auf einer rötlichen Pappel oder einen Bettler über
　　　helle Straßen hinken,
Mühselig, an den Füßen Risse, die im Staube blutig
　　　blinken.
Mein Gott, nimm von mir diese Hoffart, die mein
　　　Leben giftig macht.
Gib, daß ich jenen Widdern ähnlich sei auf ihrer
　　　Weide,
Die immer gleich, aus Herbstes Schwermut, demuts-
　　　voll gebückt,
Zur Frühlingsfeier wandeln, die mit Grün den Anger
　　　schmückt,
Gib, daß im Schreiben meine Hoffart sich bescheide:
Daß endlich, endlich ich bekenne, daß mein Herz
　　　den Widerhall
Nur tönt der ganzen Welt, und daß mein sanfter
　　　Vater mir
Geduldig nur die Kinderregeln beigebracht.
Der Ruhm ist eitel, Herr, und Geist und Schaffen
　　　leerer Schall —
Du einzig hast sie ganz und gibst sie an die Men-
　　　schen fort,
Die aber schwatzen immer bloß dasselbe Wort
Gleich einem Bienenschwarme, der durch sommer-
　　　dunkle Zweige zieht.
Gib, daß, wenn heute früh ich mich vom Pult erhebe,
Ich jenen gleiche, die an diesem schönen Sonntag
　　　zu dir gehn
Und in der armen weißen Kirche, vor dich hingekniet,
Demütig lauter ihre Einfalt und Unwissenheit gestehn.

GEBET, MIT DEN ESELN
INS HIMMELREICH EINZUGEHN

Wenn einſt zu dir, mein Gott, der Ruf zu gehn
mich heißt,
Dann gib, daß feiertäglich rings das Land im Sommerſtaube gleißt.
Ich will nur ſo, wie ich getan hinieden,
Einen Weg mir wählen und für mich in Frieden
Ins Himmelreich hinwandeln, wo am hellen Tag
die Sterne ſtehn.
Ich greife meinen Stock und auf der großen Straße
will ich fürbaß gehn
Und zu den Eſeln, meinen Freunden, ſprech ich dies:
„Hier, das iſt Francis Jammes: der geht ins Paradies,
Ins Land des lieben Gottes, wo es keine Hölle gibt,
Kommt mit mir, ſanfte Freunde, die ihr ſo die Himmelsbläue liebt,
Arme geliebte Tiere, die mit einem kurzen Schlagen
Des Ohrs die Fliegen und die Prügel und die Bienen
von ſich jagen."

Dann will inmitten dieſer Tiere ich mich vor dir
zeigen,
Die ich ſo liebe, weil den Kopf ſo ſänftiglich ſie neigen
Und ihre kleinen Füße aneinanderſtemmen, wenn
ſie ſtille ſtehn,
Recht voller Sanftmut, daß es rührend iſt, ſie anzuſehn.
So tret ich vor dich hin in dieſer tauſend Ohren Zug,
Gefolgt von ſolchen, denen einſt der Korb um ihre
Lenden ſchlug,
Und denen, die im Joch der Gauklerkarren gingen,

Und vor geputzten Wagen, die voll Flittergold und
   Federn hingen,
Und solchen, über deren Leib verbeulte Kannen
   schwankten,
Und trächtigen Eselinnen schwer wie Schläuche, die
   zerbrochnen Schrittes wankten,
Und denen, über deren Bein man kleine Hosen
   streift,
Die Fliegen abzuwehren, deren Schwarm vom Blute
   trunken sie umschweift
Und ihrem Leib die blauen, sickernd offnen Male
   läßt —

Laß mich, mein Gott, mit diesen Eseln zu dir schreiten,
Gib, daß einträchtiglich die Engel uns geleiten
Zu den umbuschten Bächen, wo im Winde zitternd
   Kirschen hangen,
So glatt und hell wie Haut auf jungen Mädchen-
   wangen,
Und gib, daß ich in jenem Seelenreiche,
Zu deinen Wassern hingebeugt, den Eseln gleiche,
Die alle sanfte, arme Demut ihres Gangs auf Erden
Im lautern Quell der ewigen Liebe spiegeln werden.

GEBET, UM GOTT
EINFÄLTIGE WORTE ANZUBIETEN

Gleich jenem Bilderschnitzer, den ich heute Morgen
   sah, besorgt und still
Im klaren Lichte sich auf seine Arbeit bücken,
Heilige schnitzend für die Kanzel seines Dorfes: also
   will
In meine Seele ich die frommen Bilder drücken.
Er rief zu seiner armen Schnitzbank mich heran,
Sein hölzern Werk zu sehn, und lange stand ich so
   davor
Und sah den Löwenkopf zu Füßen von Sankt Markus
   und den Aar
Zu Füßen von Johannes und Sankt Lukas in den
   Händen
Ein offnes Buch, darin die heiligen Regeln ständen.
Des Bildners Linke hatte übern Meißel sich gestreckt,
Die Rechte, aufgehoben, hielt noch zaudernd einen
   Hammer ausgestreckt.
Draußen auf Schieferdächern tanzte Mittagsluft in
   blauen Lichtern,
Von welkenden Basilien stieg ein frommer Weih-
   rauchduft empor
Zu all den plumpen Heiligen mit den eckigen Ge-
   sichtern.

Mein Gott, so schöne heilige Arbeit haben meine
   Hände nicht bestellt.
Du wolltest nicht, o Gott, daß ich zu dieser Welt
In armer Stube käme, nah dem Fenster, wo zur
   Nacht
Die Kerze tanzend vor den grünen Scheiben wacht.

Und wo vom frühen Morgen an die hellen Hobel gehn.
Mein Gott, wie gerne hätt ich' meine Heiligenbilder
           dir gebracht.
Und all die zarten Kinder, die am Heimweg von
           der Schule fie gefehn,
Ständen vor meinen weifen Königen entzückt,
Die Gold und Weihrauch fpendeten und Elfenbein.
Und neben den drei Königen aus Morgenland
Schnitt ich ins Holz fo wie aus Weihrauch eine Wolke
           ein,
Und hätte rings mein Bild mit Lilienkelchen aus-
           gefchmückt,
Demütig fchön wie Trinkgefäße, die ich in der
           Armen Stuben fand.

Mein Gott, da immer noch mein Herz fich quält
           und fragt,
Ob es in rechter Demut fich dir nahe,
Nimm diefe fchlicht einfältigen Worte von mir an
Statt eines Kanzelftuhls, darin die reine Magd
Von früh bis fpät Fürfprach mir hätt' getan.

GEBET, DASS EIN KIND NICHT STERBE

Mein Gott, erhalte feinen Eltern diefes zarte Kind,
Wie du wohl auch ein Kraut erhältft im böfen Wind.
Was macht es dir denn aus — da doch die Mutter
    weint und fleht —,
Wenn es fogleich noch nicht zu dir hinübergeht
Als wie nach einem Spruch, der nicht zu ändern
    war?
Schenkft du ihm jetzt das Leben, wird es nächftes
    Jahr
Dir Rofen ftreun am fonnigen Fronleichnamstag!
Doch bift du ja allgütig. Und du bift es nicht,
Der Todesbläue ausgießt auf ein rofiges Geficht,
Es wäre denn, du wollteft Heimatlofen eine Wohn-
    ftatt geben,
Wo bei den Müttern immerfort die Söhne leben.
Doch warum hier? Ach, da die Stunde fchlägt,
Gedenke, Herr, vor diefem Kind, das fich zum Ster-
    ben legt,
Daß um die Mutter immer dir zu weilen ward
    gegeben.

MEIN NIEDRER FREUND...

Mein niedrer Freund, mein treuer Hund, nun litteſt
du den Tod,
Vor dem du oft ſo wie vor einer böſen Weſpe
dich verſteckt,
Die dich bis untern Tiſch, wo du dich bargſt, bedroht.
Dein Kopf, in dieſer kurzen Trauerſtunde, hat ſich
zu mir aufgereckt.

Alltäglicher Gefährte, Weſen benedeiter Art,
Du, den der Hunger ſtillt, ſobald dein Herr ihn teilt,
Der mit Tobias und mit Raphael hinausgeeilt,
Da ſie zuſammen ſich aufmachten auf die Pilger-
fahrt.

Getreuer Knecht: du ſollſt mir hohes Beiſpiel ſein.
Du, der an mir ſo wie an ſeinem Gott ein Hei-
liger hing.
All deine dunkle Klugheit, die wir nie begriffen, ging
Lebendig nun in einen fröhlich unſchuldsvollen Him-
mel ein.

Soll mir dereinſt, mein Gott, die Gnade werden,
Dich anzuſchaun von Angeſicht zu Angeſicht am
jüngſten Tag,
Gib, daß ein armer Hund ins Angeſicht dem ſchauen
mag,
Der immer ſchon ſein Gott ihm war auf Erden.

AMSTERDAM

Die Häuser, spitzgegiebelt, scheinen sich zu neigen,
Als wollten sie fallen. Masten vieler Schiffe, die dem
        Grau des Himmels sich vermischen,
Lehnen vornüber wie Gestrüpp von dürren Zweigen
Inmitten von grünem Laub, von Rot und rostigem
        Braun,
Von Kohlen, Widderfellen und gesalznen Fischen.

Robinson Crusoe hat einst durch Amsterdam den
        Weg genommen
(So glaub ich wenigstens), da er von seiner grünen
Schattigen Insel, wo die frischen Kokosnüsse blühten,
        heimgekommen.
Wie schlug das Herz ihm, da er plötzlich vor sich nah
Die mächtigen Türen mit den schweren Bronze-
        klöppeln sah! . . .

Schaute er voll Neugier in die Halbgeschosse, wo
        in Reihen
Die Schreiber sitzen, in ihr Rechnungsbuch versenkt?
Kam ihn die Sehnsucht an, zu weinen, da er an
        den Papageien
Dachte, den er so liebte, und den schweren Son-
        nenschirm,
Der auf der traurigen und gnadenreichen Insel oft
        ihm Schutz geschenkt?

Ach, deine Wege, Herr, so rief er aus, sind wun-
        derbar!
Da all die Kisten mit den Tulpenmustern auf den
        Gassen

Sich vor ihm ftauten. Doch fein Herz vom Glück
            derWiederkehrbefchwert,
Dachte der Ziege, die im Weinberg feiner Infel er
            allein zurückgelaffen,
Und die vielleicht nun fchon geftorben war.

Dies alles fiel mir ein vor den ungeheuren Frachten
            im Hafen,
Und ich fah im Geift die alten Juden, die an fchwere
            Eifenwagen
Mit knochigen Fingern rühren, über denen grüne
            Ringe glänzen.
O fieh! Amfterdam will unter weißen Wimpern von
            Schnee entfchlafen
In den Geruch von Nebel und von bitterer Kohle
            eingefchlagen.

Die gewölbten weißen Buden, wo zur Nacht die
            Lampe glimmt,
Und aus denen man den Ruf und das Pfeifen der
            fchweren Frauen vernimmt,
Hingen geftern im Abend wie Früchte, wie große
            Kürbisfchalen.
Man fah Plakate blau und rot und grün im Licht
            aufftrahlen.
Von gezuckertem Bier ein fcharf prickelnder Duft
Lag mir auf der Zunge und war mir ins Geficht
            geftiegen.

Und in den Judenvierteln, die rings voller Abfälle liegen,
Stand der Geruch von kalten rohen Fifchen.
Auf dem klitfchigen Pflafter lagen Orangenfchalen
            umhergezerrt.

Ein aufgedunsener Kopf hielt weite Augen aufge-
 sperrt,
Ein Arm, der Reden hielt, schwang Zwiebeln in
 der Luft.

Rebekka, du verkauftest an den schmalen Tischen
Schwitzendes Zuckerzeug, armselig hergerichtet...

Der Himmel strömte wie ein unsichtbares Meer
Wolken von Wellen in die starrenden Kanäle.
Stille lag auf der Handelsstadt und stieg, ein un-
 sichtbarer Rauch,
Feierlich von den starken hohen Dächern her
Und Indien trat beim Anblick dieser Häuserreihn
 vor meine Seele.

Oh, und ich träumte, daß ich so ein Handelsherr
 einst war,
Von denen, die aus Amsterdam in jenen Tagen
Gen China segelten und vor ihrem Gehn
Die Hut des Hauses einem treuen Diener aufge-
 tragen.
Ganz so wie Robinson hätt ich vor dem Notar
Die Vollmachtschrift umständlich mit der Unter-
 schrift versehn.

Meine strenge Rechtlichkeit hätt' meinen Reichtum
 aufgebaut.
Mein Handel hätte geblüht so wie im Mondenschein
Ein Lichtstrahl, der am Schnabel meines runden
 Schiffes säße.
Die großen Herren von Bombay gingen bei mir
 aus und ein

15

Und hätten mit heißem Blick auf mein kräftig schönes
Weib geschaut.

Ein Mohr mit goldnen Ringen, vom Mogul entsandt,
Käme zu handeln, lächelnd unter seinem Sonnen-
schirm!
Bei seinen wilden Geschichten hätte meiner schlan-
ken Ältesten Herz gebebt,
Und zum Abschied hätte er ihr ein Gewand
Geschenkt, rubinenfarben, von Sklavenhänden ge-
webt.

Die Bilder meiner Lieben hätt' ich dann nachher
Bei einem armen geschickten Maler bestellt:
Mein Weib, mit hellen rosigen Wangen, schön und
schwer,
Die Söhne, deren starke Jugend alle Welt
Entzückte und der Töchter Anmut, mannigfalt und
rein.

Und also wär' ich heute, statt ich selbst zu sein,
Ein andrer und auf meinen Reisen im Vorübergehn
Hätt ich mir wohl das altehrwürdige Haus besehn,
Und meine Seele hätte träumend gebebt
Vor den schlichten Worten: Hier hat Francis Jammes
gelebt.

ICH WAR IN HAMBURG

„Ich war vier Monde in Hamburg, dann im Haag.
Ich nahm das Schiff nach London. Es lag
Am 10. Jänner 1705 im Hafen. In zehen Jahren
Und neun Monaten war ich nicht daheim. Zu
einer größern Reise auszufahren,
Rüst ich mich nun .. mit meinen zweiundsiebenzig
Jahren,
Nach einem Leben reich gesegnet mit Abenteuern
und Gefahren.
Ich ward genug umhergeschüttelt und verschlagen,
Zu lernen, wie süß es ist, sein Leben in der Stille
auszutragen."

So steht's geschrieben auf dem letzten Blatt
Von Robinson Crusoes Geschichte. Ein Duft wie
von Muskatsträuchern hat
Von seinem wunderbar geblümten Rock sich los-
gemacht.
Das ferne Gewitter, das wie eine alte Schiffskanone
kracht,
Läßt Albions Veste erzittern. Und auf dem Bild,
darauf mein Auge blickt,
Sieht man den alten Seehelden, wie er über der Bibel
sinnt und Dankgebete zum Himmel schickt.
Mitten auf dem Tische das Fernrohr steht,
Mit dem er einst die Spur der nackten Füße erspäht
An die Wand gelehnt friedlich beieinander weilen
Der Sonnenschirm und die Mütze aus Ziegenfell und
der Bogen mit den Pfeilen
Und die Axt zum Entern und das Seemannsschwert.
Hier das Medaillon von Freitag. Und nahe dabei,
Gegen die Karte der verlassenen Insel gekehrt,
Ein Strohkäfig mit einem sehr grünen Papagei.

Wie du, Robinſon, hab ich Sturm und Gewitter
　　　　　　　ertragen,
Sah, wie du, über meinem Kopf das Meer zum
　　　　　　　Himmel aufſchlagen
In bleigrauen Wellenbergen. So wühlte
Der Orkan meiner Liebe, der das Deck überſpülte,
Und warf mich auf die Knie und höhnte. Cruſoe,
　　　　　　　Cruſoe, das Meer
Und die Liebe ſind Geſchwiſter von altersher
Und beide glühen aus dörrenden Sonnen Brand
Auf unſer Herz und höhlen es aus gleich einer Muſchel
　　　　　　　am Strand.
Und die Taue knirſchen und ſingen wie die Fraun,
Und in unſerm Blut iſt dieſe ſchwarze See, die ſchwillt
Und uns mit dem bittern Rauſchen ihrer Waſſer
　　　　　　　füllt.

Alter engliſcher Freund! Du warſt der klügere, traun!
Von uns beiden. Denn wo auch dein Fahrzeug Schiff-
　　　　　　　bruch litt,
Immer hatteſt du ſauber geſchnürt dein Bündel mit:
In Juan Fernandez und am Cap
Der guten Hoffnung. Klug und ſorglich. O, ich hab'
Sie lieb, dieſe nüchterne und praktiſche Poeſie,
Und ich liebe, Cruſoe, deine Witwe, die,
Während du in der Ferne weilteſt, dein Hab und
　　　　　　　Gut verwahrt.

Nun darfſt du, da ſie all die Jahre für dich geſpart,
Friedlich die Tage, die dir noch bleiben,
In dem lieben grauen Hauſe wohnen, das meine Verſe
　　　　　　　zu Anfang beſchreiben.
Nichts haſt du auf deiner Inſel vergeſſen, alles iſt
　　　　　　　wie immer zur Stell':

Der Sonnenschirm und die Mütze aus Ziegenfell.
Was ich heimgebracht habe? — so wirst du fragen, —
Von der wüsten Insel, von der mich das Schicksal
    zurückgetragen?
Nichts, keine Ankerboje, keinen Käfig für die Hühner,
    nicht ein einzig kleines Ding.
Still! Laß dir erzählen, wie es geschah, daß mich
    die Brandung fing.

Es war im sanften April, wo der Frühling wie ein
    Meer
Sich den Vögeln auftut, verwegnen Ceylonschwim-
    mern,
Die nach Perlen tauchen, die aus weißblauen Luft-
    abgründen schimmern:
Rotkehlchen, Amseln, Lerchen und Nachtigallen —
Man hörte, von den Gärten der kleinen Häuser her,
Wie das Herz des Flieders aufbrach über den roten
    Pfirsichkorallen.

Oh, ich habe nicht an jene andern Korallen gedacht,
Die einst die goldne Perusa und ihren Stolz zu Falle
    gebracht.

Die Liebe und der Himmel und die Erde lagen, so
    schien es, im Traum beisammen.
Selig wie eine Nacht der Nächte sank die Nacht.
Aber bald begann das Duften der Obstblüte brün-
    stiger aufzuflammen.
Da hab ich, Robinson, alle Gefahren vergessen
Des vergangenen Lebens und habe vermessen
Und unbedacht des Spruchs der Alten, die in ihren
    Rahmen träumen,

Nur begierig, ein neues Geschwader in den Wellen
aufschäumen
Zu sehen, den Kompaß meines liebetollen Herzens
hinausgedreht
Nach einer Insel, die schwer und ernst wie der Tag
in den Wassern steht.

Die Insel war verzaubert und war nichts als ein
Weib.

Die Stimme ihrer Vögel machte mich ihr zu eigen.
Andere haben mich betört mit Feuer und Vulkan.
Oh, ich liebte, Crusoe, die Berge, die von Yucatan
Unterm Meer fortlaufen, bis sie in den Antillen wie-
der zum Licht aufsteigen.
Mein Geschlecht hat unter jenen Mädchen gelebt,
die mit ihren Händen
Die Flammen im Busen bedecken und lange Ab-
schiedsküsse senden.
Aber hier hat mich nicht das Feuer, hier hat mich
der Schnee versehrt,
Oh, ein Schnee, den kein hungriger Blitz jemals ver-
zehrt,
Schnee, dessen klare Augen die unbewegte Macht
Des Feuers spiegeln, das ein Hirt im Winter mitten
zwischen dem Eis entfacht.
O Crusoe, dies ist die Insel der wildesten Schrecken,
Denn mit ihrer Kälte weiß sie die Flammen in dei-
nem Busen zu wecken.

Wie es geschah, daß ich dennoch heil die Flucht
genommen?
O Freund, Virgil allein verstünde hier zu entkommen.

Denn der ganze große Ozean hält nicht so fest
Wie die eine sanfte Welle, die mich umschlang und
nicht von sich läßt.
Jetzt denk ich wie du, mein Crusoe,
Daß es gut ist, in seinem Zimmer zu träumen!
Mein Kaffeekessel summt mir wie ein englischer Ro-
man im Ohr.
Ich habe Liebesbriefe, die singen mir ihre Sehn-
sucht vor —
So hat dir, Crusoe, der große Ozean gesungen,
In dessen Reich deine herrliche Seele gedrungen.
Werd ich eines Tages wieder hinausziehn? Wer
will es sagen?
Und dennoch sehn ich mich so, noch einmal die
Arme zu schlagen
Um jene weiße Boje Weib und auf erregten Meeren
Inmitten hoher Wellen lachend wiederzukehren.
Alle Vögel dieses Märzmondes laden mich zur Liebe
ein.
Heut' Morgen, beim Erwachen, da sie die neuen Wei-
sen probten, drang ihre Stimme zu mir herein.
Ein Sperling sprach mir lange zu. Was soll ich tun?
O kleine Vögel ihr, Rotkehlchen meiner Seele, euerm
Sang
Kann ich nicht folgen ... oder, ach! mir ist zu
folgen bang.
Die Sträucher sind zu grün. Ich würde eure Lust
beengen ...
Erst müssen Schatten sich über die Wälder hängen.

DIE KIRCHE,
MIT BLÄTTERN GESCHMÜCKT

Der Dichter ist in seiner Seele Wald allein.
Sein Herz ist matt vom langen Weg und schwer
    von Harme.
Er wartet, ach vergebens! unter der Lianen Spie-
    gelschein
Und blauen Balsamblumen auf den guten Samariter,
    der sich sein erbarme.

Er fleht zu Gott. Der schweigt. Da hält sein Jammer
    sich nicht mehr.
Schmerz lastet auf ihm wie Gewitterschlag so schwer.
„Gib Antwort, Herr, was hat dein Wille über mich
    erkannt?
Aus deiner Freude selbst bin ich verbannt.
Wie ausgedörrt leb' ich in meinem großen Leid.
O kehre wieder! Gib mir doch die Munterkeit
Des Vogels, der sich singend dort im Herzen dieses
    Sandbeerbaumes regt —
Was will dein Zürnen mir, daß es mich so in Stücke
    schlägt?"

„Ich pflüge deine Seele. Sei geduldig, Kind!
Du leidest, weil mein Herz mit dir gerecht zu sein
    mich heißt.
Laß mich in deiner Seele wohnen, immer ... dann
    noch, wenn der Wind
Die letzten Rosen von den Sträuchern reißt.
Geh nicht von mir. O sieh, ich brauche dich und
    deine Qual.

O mein geliebter Sohn. Ich brauch' die Tränen die in
               deinen Augen stehn.
Ich brauche einen Vogel, mir zu singen überm Kreu-
               zespfahl.
Rotkehlchen meiner Seele, willst du von mir gehn?"

„Mein Gott, auf deiner Stirne, die den Kranz von
               Dornen trägt,
Will ich dir singen durch dein langes Todesgraun.
Doch wenn die Schreckenskrone dann in Blüten
               schlägt,
Verstatte du, mein Gott, dem Vogel, dort sein
               Nest zu baun."

DIE TAUBE...

Die Taube, die den Zweig des Ölbaums hält,
Das ist die Jungfrau, die den Frieden bringt der
  Welt.
Das Osterlamm, das man zur Schwelle trägt,
Wird einst zum Lamme, das ans Kreuz man schlägt.
Nur Stück um Stück wird das Geheimnis offenbar.
Der brennende Busch ertönte, ehe Pfingsten war.
Vor Noahs Arche schwamm die Kirche auf der
  Wasserflut,
Und Noah schwamm darauf, eh Moses drüber hat
  geruht;
Moses war überm Wasser, ehedenn Sankt Peter war:
Von Stund zu Stunde reiner macht das Licht sich
  offenbar.

MAURICE BARRÈS
DER MORD AN DER JUNGFRAU

1913
KURT WOLFF VERLAG · LEIPZIG

Dies Buch wurde
gedruckt im August 1913 als zehnter
Band der Bücherei »Der jüngste Tag« bei
Poeschel & Trepte in Leipzig

Berechtigte Übersetzung von H. Lautensack
COPYRIGHT BY KURT WOLFF VERLAG, LEIPZIG 1913

IMMERZU traurig, Amaryllis! sollten dich die jungen Herrn im Stich gelassen haben, deine Blüten welk, deine Wohlgerüche ausgehaucht sein? Ließ Atys, das göttliche Kind, von dir mit seinen eitlen Liebkosungen? Amaryllis, wünsch dir was, einen Gott oder ein Kleinod, wünsch dir alles, außer Liebe, die kann ich hinfort nicht mehr; — obendrein, was vermöchte nicht ein Lächeln von einer, die Aphrodite zärtlich liebt?«

So sprach Lucius gelinde mit Amaryllis, der sehr jungen Kurtisane mit den Goldaugen und dem goldenen Haar; und ihr Barkschiff gleitet dazu auf dem blauen Kanal hin, und die Seerosen rauschen.

Von den schlafenden Bäumen wacht unbewegt das Spiegelbild auf der Oberfläche des tiefen Wassers. Das Ufer wartet prunkend auf mit seinen wollüstigen Landhäusern, seinen Pomeranzen= hainen und seiner großen Stille. Zwischen dem grünen Gezweig leuchtet zuweilen der gelb ge= wordene Marmor einer Gottfigur auf, und das unveränderliche Verhalten dieser manchen Götter scheint wie eine Geringschätzung der veränder= lichen, schillernden Reden der leichtblütigen Orien= talin und ihres skeptischen Freunds. Weit, weit und in der Wärme blaßrosenfarben verfließend ist es nur die Linie der Berge, der Hort der Einsiedle= rischen und der wilden Tiere, die ein wenig diesen

7

Himmelstraum verstört. Und nun ist man schon dem Gestade sehr nah, an dem die Stadt wollüstig hingelagert ist, von den Lippen der Wellen und der Winde geschmeichelt, die Stadt, die die Arme über das Meer ausstreckt und das ganze All herbeizurufen scheint, herbei ans Duft ausströmende und fieberhaft durchwühlte Bett, der Agonie einer Welt zu Hilfe und zu der Geburt neuer Jahrhunderte.

Mit einer müden, überdrüßigen Grazie ruht sich Amaryllis auf weißen Seidenpolstern aus. Der schwere Mantel aus Blattsilber — als ob er verwundend eindränge auf den nachgebenden Mädchenleib. Die runden blaugeäderten Arme liegen wie eine Krone um das Gesicht der Jungfrau, das die Jünglinge aufpeitscht. Und so geht das leise Lied ihrer Stimme:

»Lach immer, Lucius, lach zu. Wenn ein Sterblicher meine Langeweile zerstreuen kann, bist du's, von dem ich's hoffe. Du hast geliebt, Lucius, man erzählt, daß du geweint hast vor Betten, die dich verschmähten oder die zu kalt waren. Heut, überdrüssig, lachst du über die Frau. Begreif' doch, daß mich dies ewige Geseufze der Männer zur Verzweiflung bringt. Ich bin jung und schön und langweile mich, ja, Lucius. Die Zärtlichkeiten dieses Atys, die Mysterien der Isis und wie groß Serapis sei, be=

friedigen meine Sehnsüchte nicht, was will mir Aphrodite? Ich bin es, die die Liebe erregt, ich weiß um ihre Leiden, und daß sie einen tot machen, denn Liebesgirren wird zur Gewohnheit. Ich bin eine Syrierin, die Tochter einer Freigelassenen, die eine Seherin war; du bist ein Römer, fast ein Hellene, du weißt dich lustig zu machen, Lucius, aber trösten wär ein Süßeres, Köstlicheres.«

Der Römer lehnte an einem Schaft des purpurnen und schwarzen Baldachins und spielte mit den Goldquasten seiner gelbseidenen Tunika. Die Eleganz seiner Bewegungen erzählte, daß er ein Lebemann war, gewöhnt, es zu sein, und müde, es zu sein. Er meidet gern die ernsten Worte, die bald geschmacklos klingen.

»Du, Amaryllis. Laß mich, bitte, ein wenig erstaunt sein, daß so ein kleines Herz soviel leiden mag, und was sich hinter so einer schmalen Stirn Merkwürdiges aufhält. Du hast junge reiche Liebhaber, hast Philosophen, ja, hast sogar Affen, die dich allzusamm' aufheitern können. Und da sehnst du Götter herbei und Dinge, die nicht einmal Namen haben!«

Die bläuliche Seide ihres Obergewandes ließ den jungen Weibleib, in Brokat starrend, durchscheinen. Die schlanken Finger spielten mit der gelblichen Kristallkapsel, darin ihre Mutter dereinst Beschwörungsgebete verschloß. Nichts war hörbar als das Wasser unter der Barke, und von Zeit zu Zeit schoß ein Fisch auf, daß sein Leib ein silberner Blitz war. Aber das zermarterte Herz des Kindes war traurig.

»In welches Theater, zu welcher Wundertäterin oder in was für einen Tempel geht unsere Amaryllis heute? Ich möchte sie doch gerne führen, wohin sie es treibt, ehe ich selber ins Serapeum gehe.«

»Du bist von der Athene eingeladen?« fragte die Junge und erhob sich, und ihre Stimme klang aufgeweckter. »Athene! Sie weiß die Dinge, so sagt man, und die Götter beschützen sie. Einmal, mitten unter Blumen und jungen verliebten Leuten war ich, da hab' ich sie gesehen, auf einem Turme vom Serapeum, sie war verzückt und ganz in Weiß. Meine Freunde jauchzten ihr zu, aber ich war gar nicht eifersüchtig, weil sie doch eine keusche Gottheit ist. Und dann kamen von jenen Menschen dazu, die ein Kreuz anbeten und alle Gewißheit besitzen, und pfiffen sie aus. Über ihr erblaßte der Mond, hoch über aller Roheit. Aber jene andern wurden in Licht von der aufgehenden Sonne getaucht, wie in Blut, in Siegerblut, und ich muß denken, das sei eine Vorbedeutung. Sag, wie macht die sich denn die Seelen dienstbar? Ist sie schöner als ich, sag'? Vielleicht könnte sie mich heilen.«

10

»Immerfort träumst du doch, Amaryllis. Deine Träume verderben dir die Freude am Leben. Lächle lieber, du meine liebe Lydierin, und zu deinem Munde werden die einen kommen und an deinem Kuß zerbrechen, die andern kommen und ihre letzten Täuschungen los werden. Raub' du die Stunde aus, die gegenwärtig ist, leb' an den Liebesbränden der Jüngsten und an den Freundschaftsfeuern derer, die wollustmüde geworden sind — und laß die Jungfrau vom Serapeum sich von Vergangenem nähren!«

Und er beugte sich und hielt die Hand der Amaryllis in seinen Händen. Aber Amaryllis fing an zu weinen:

»Bei unseren Lüsten, die dir noch gegenwärtig sind, bei deiner Liebe, die du zu meinen kleinen Grübchen empfandest, bei dem Haß, mit dem du die Christen hassest, die mich nicht mögen, bei meinem Weinen, das mich wieder häßlich machen wird, Lucius — Lucius, bring mich zu der Athene!«

Der junge Mann hielt sie mit seinen Armen auf und kniete vor ihr:

»Du bist dazu ausersehen,« sagte er, »daß du einen gesunden und schönen Leib trägst. Wer möchte den öffnen und die Gedanken in ihn einlassen, die doch alles entstellen!«

Indes, da sie nicht aufhörte zu jammern, und

der froheste Tag durch Tränen einer Frau zu einem betrüblichen werden mag:

»Nun, gut, Amaryllis. Lächle und gib mir die Hand, daß wir zur Athene gehen und daß ich dich weise, wie eine junge Schülerin.«

Da hob das Kind den Kopf auf. Es erstrahlte das feine Gesicht, und ganz schnell richteten die Hände im Haar. Die Ruderstangen hielten an, und die Barke stieß leicht ans Ufer, wo eine Menge Volks promenierte.

»Ins Serapeum!« sagte sie groß.

In einer Sänfte und im Schatten der Säulengänge kamen sie langsam vorwärts, unter den Parfüms all der möglichen Stämme dieses durch allerlei seltsamste Prostitutionen des Weibes und junger Männer gesteigerten Orients. An einer Straßenecke, plötzlich, stürzte ihnen dann ein Pöbel mit Heulen entgegen, lauter wilde Gestalten und von etwas sehr begeistert. Christen warens, die so daherstürzten und die Juden erschlagen wollten. Die Kurtisane erzittert, duckt ihr feines Gesicht an die Draperien, und unter dem rieselnden Goldhaar will es ein wenig lächeln und sucht die Augen des Lucius. Da schrie einer aus der Flut, die sich daherwälzte, einer, der alles mit seinem Wuchs überragte und der sie alle aufreizte, schrie:

»Das Weib der Gastmähler wird mit Weinen

in den Tempel laufen! Der Gott ist gekommen, mit seinem Kuß von den Küssen des Menschen zu erlösen!«

Und dann verschwand das alles, ein paar gekrümmte Straßen hin, Metzeleien entgegen.

Mit der dreifachen Krone seiner zerfallenden Galerien und den hundert halbversunkenen Stufen seiner Treppe unterwarf sich das Serapeum sichtbarlich all den Glanz, all die Unzucht und all die Schwärmerei der Stadt. Auf seinen Mauern, die aus den Fugen gleiten wollten, nisteten wilde Kapernsträuche und blühten. Aber es war — wie das Grab Hellas. Angefüllt mit den Bildern alten Ruhms und mit einer Bibliothek von mehr als siebenmalhunderttausend Bänden. Diese kostbaren Reliquien dankten ihr Leben dem frommen Eifer einer erhabenen Jungfrau, jener Athene .... gleich wie unser Heut=Empfinden, das sich verfolgt sieht, zum elfenbeinernen Turm flüchtet ....

Athene waltete über die Satzungen und über die Lehren wie über ein Erbe und war allwöchentlich der Mittelpunkt des Kreises der Hellenen. Und hielt in den Herzen, die aus der Zeit und aus der Heimat verbannt waren, wach, daß Denken eine Würde sei und Erinnerung eine Tat. Und sie wurde sogar geliebt von denen, die sie nicht begreifen konnten.

13

In dem großen Saal, der mit Mosaik ausgelegt war und strahlte, und der mit soviel Menschendenken und =geist prunkte, erschien Athene wie eine Herr= scherin, von Römern, von Griechen und von vielen schweren Greisen umringt, ja auch von einigen Mon= dänen, die Gefallen fanden bei schönen Diskursen und anmutigen Sprüchen. Und Athenens Augen und Athenens Gesten hatten Harmonie und Frieden.

Lucius folgte ihr, wie Amaryllis, unruhvoll und reizvoll zugleich, eintrat.

»Schön bist du, Amaryllis. Und doch steht es dir an, daß du eine von den Unserigen seiest. Du sollst erfahren, was Griechenland war, was seine Portiken unter dem blauen Himmel und was seine immergrünen Olivenhaine waren, daß alles Götter= atem lind bewegte, Heiterkeit die Leiber und die gesunden Seelen badete; und dein schnelles Blut wird leicht den Zusammenklang von Wunsch und Sein hören lernen. Plotinus, dem die Götter ihr Herz eröffneten, pflegte zu sagen: Wo die Liebe ging, da stellt sich der Verstand ein. Amaryllis, du, die in der Kypris Wohnung hatte, nimm deinen Platz unter uns wie eine Schwester, die es verdient, daß wir auf sie hören.«

»Du Athene«, sagte ein Jüngling, »du magst die Liebe willkommen heißen?«

Aber sie hielts nicht der Müh' für wert, auf solch

flehentlichen Vorwurf zu hören, und bedeutete lieber, daß sie aufgehört habe zu sprechen.

Stand einer auf, ein Redner, und brachte gar betrübliche Nachricht vor, wie jene Christensekte mit ihrer aufdringlichen Lehre sich ausbreite, sprach von dem Schaden jener weichlichen Religion, und wie die ehrwürdigsten Traditionen dabei zu Fall kommen mußten. Und er beschwor das unheilkündende Bild jener Ebene herauf, darin ein Kaiser und ein Philosoph inmitten einer großen und bestürzten Menge den Tod erlitt. Julianus! deinen Ruhm sang er, du Fahler, Gemeuchelter, du Opfer der neuen Lehre! du warst aus diesem Alexandrien hervorgegangen und trugst das Kleid des Weisen unter dem Purpur des Triumphators und trugst ein letztes Lächeln, wenn alle Männer so wie Weiber klagten — und was auch zu den Stufen deines Thrones flehte und drohte, dir waren die hohen Worte und die stolzen Gedanken eigen, die nimmer knien und dienen . . . .

Und da schrie alles Beifall zu solcher Glorie jenes gekrönten Bruders. Und als der Alte, an der Größe des Gegenstandes seiner Rede wachsend, in altehrwürdigen und glorreichen Sätzen die grüßte, die angesichts der Barbaren den Tod leiden um den Frieden der Welt, und die noch Edleren, die für die Macht des Geistes und um die Denk- und

Grabmale zu kämpfen wissen, da sprangen alle auf, die Frauen wie die Männer, die Jünglinge mit dem siedenden Blut und die mit des Alters Friere, sprangen alle auf und lobpriesen den Redner und den Namen Julianus, und waren ganz eines Mundes darin, daß jetzt der Tag der berühmten Rede des Perikles neu gekommen sei.

Aber der Redner war alt und wußte sich selber keine Grenze. So entstanden gesonderte Unterhaltungen.

»Laßt uns auf die Götter und auf die Poesie vertrauen«, sagte ein Poet. »Wir werden über das gemeine Volk siegen wie unsere Väter dereinst über alle Barbaren siegten. Ein paar ihrer Anführer zählen doch zu den Unserigen!«

»Vergessen wir nicht,« unterbrach ihn da ein Römer und einstiger Befehlshaber einer Legion, »daß diese Anführer nichts tun können. Wir lieben und verstehen zuviel Dinge, die Menge haßt uns wie sie das Serapeum haßt und alles das sie nicht begreift, und wenn wir uns nicht als Barbaren aufspielen, werden uns diese Barbaren zermalmen.«

Ein Gemurmel entstand, und Frauen verhüllten ihre Gesichter. Unterdessen sprach Amaryllis zu den Jünglingen, sehr singend und sehr leise:

»Wir sind Hellenen – aus Stolz. Aber wohin zielt unser Herz?... Von Phrygien, von Phönizien kamen sie uns her: Adonis, den die Frauen mit Küssen aufwecken, Isis, die Herrscherin, und die ewig gütige Große Artemis von Ephesus. Und vom Orient her kommen nun die Amulette, und die Namen ihrer Götter, die viel älter sind, erfreuen überdem die wahre Gottheit.«

Ein anderer sagte Idyllen her; und eine süße Heiterkeit badete sein Antlitz.

Schatten glitten jetzt in den Saal. Durch die offenen Türen zu den Terrassen drang ein wenig Kühlung ein. Auf dem Mosaik rückten die Jünglinge ihre Fußschemel aus Ebenholz näher zu den Polstern der Frauen. Die dunklen Linien der Truhen verschwammen mit Seide und Brokat; die Fresken löschten halb aus und sahen noch gläubig versunkener in diesem Helldunkel; der Saal schien höher und die marmornen Götter noch göttlicher.

Die Jungfrau, die ragend stand, blickte auf diese kleine Welt, die einzige unter den gegenwärtigen, von der sie wußte und die sie begriff und in der sie lebte. Und wenn sie manchmal eitle Phrasen und Seichtheit aus dieser Umgebung zuließ oder wenn sie tief hineinsann in den Schoß des Seins, verriet ihre edle Erscheinung nichts von allem . . . .

In diesem Augenblick quoll ein Geschrei von da unten auf und drang taumelnd ein in die Versammlung und fuhr über sie her, daß sie sich un=

ruhig aufrichtete. Schmutziges Volk tobte am Fuße des Serapeums. Die Verwegensten hatten die ersten Stufen zum Tempel erstiegen. Da waren sie in widerlichen Lumpen, den Kopf hintübergeworfen, die Kehle und die Brust gebläht von Verwünschungen. Und der Name der Athene stieg hundertfach auf aus dem Haufen wie eine Blase aus einem giftigen Morast.

Die Jungfrau mußte sich nicht halten, sie lehnte sich nur leicht gegen den abbröckelnden Marmor des Geländers. Und wie sie über die gleichförmige Ebene der Dächer hinsah, waren ihr die dunklen Einschnitte der ans Serapeum angrenzenden Straßen wie die Abläufe des Schmutzes der Stadt und dieses unsauberen Pöbels.

Ein Alter nahm respektvoll die Hand des jungen Weibes und sagte:

»Weder anhören noch fürchten sollst du sie.«

Sie aber führte ihn sacht beiseit.

Da fragte Amaryllis: »Ist es möglich, daß die Tempel derer da unten von Frauen voll sind? Welch unendlicher Reiz mag von dem schönen Jüngling ausströmen, dem sie dienen!« Und sie fühlte sich hingezogen zu jenem Unbekannten, und sie fühlte sich ungleich mehr Schwester zu jenen verwegenen und furchtbaren Männern als zu diesen stolzen Römern, diesen ewig Spöttischen und Überklugen.

Und da hörte sie halb die ironische Rede des Lucius:

»Schauen wir nicht auf sie! Sie übersehen ist noch ein Vergnügen. Aber sie verachten dürfen wir nicht. Verachten will rohes Angespanntsein und würde uns diesen unnatürlichen Fanatikern gleichmachen.«

In diesem Augenblick wankte unter der Wucht der Menge eine der Anubis=Säulen, die den Platz schmückten, und stürzte hin — und ein Triumph= geschrei flatterte hoch, höher als die Staubmassen.

Athene wandte sich langsam um. Eine Hoheit ging aus von ihr, die die Wut eines Pöbels für nichts achtete, und sie stimmte eine heroische Hym= ne der Väter an und ihr Gesang über dem Sieg= geschrei des Pöbels war wie ein königlicher Schwan auf bewegten Wogen.

Und da sie innehielt, die Kehle gebläht, keichend fast und unter dem Kuß des Gestirns, das fern= hin in Gold und Purpur sich neigte, sehr ver= wandelt, erbebten die Jünglinge vor Liebe zu ihrer Schönheit. Ein majestätisches Schweigen trat hinter ihren Worten ein. Sie stimmte die schlaffen Saiten der Seelen hoch. Lucius, der am irdischen Abbild irgendeines Unsterblichen lehnte genoß eine tiefe und köstliche Wehmut.

Die Sonne sank an diesem Tag in einem großen Mal von Purpur und Blut, wie ein Sieger und wie ein Märtyrer. Sie war ins Meer untergetaucht, das ganz blau herleuchtete, aber mit ihrem Widerschein setzte sie noch die Himmel in Brand.... Und Athene sah auf die Gärten, die brach lagen, und auf die zerstörten Laboratorien, und Bitteres und Ahnung zog in ihr Herz. Die Hand hob sie auf und mit einer leisen und eilen Stimme, während fern die Glocken von Mithra und die der Christen ihre Gläubigen zusammenriefen, die heulende Menge sich verlief und in der Kühle hier nur noch der Abend sang, redete sie also:

»Ich schwöre, auf immer das schöne Wort und den hohen Gedanken zu lieben und lieber das Leben zu lassen als meine Freiheit.«

Und ganz beruhigt und göttlich fast:

»Schwört alle, ihr Brüder!«

»Auf wen, Athene, willst du, daß wir schwören?«

»Auf mich, denn ich bin Hellas.«

Und sie alle hoben die Hände.

Aber nun, da die Feier zu Ende war, beeilte ein jedes sich, die Tunika zu ordnen und den Mantel neu in Falten zu werfen, um zu den Gärten hinauszugehn.

Amaryllis verhielt sich abseits und weinte. Dahin waren ihre Kräfte durch diesen Tag, an dem sie diese hohe Reine erlebte.

An der Jungfrau aber verriet nichts die Sehn-

sucht nach Einsamkeit, die solch große Versamm=
lungen bei ihr hinterließen. Sie sah lange über ihre
Freunde hin, und als sie die Verstörtheit der lieb=
lichen Lydierin gewahr ward, umarmte sie sie vor
allen. Beifall rief man. Und die artistischen Söhne
Griechenlands verglichen die göttliche Jungfrau in
der Umklammerung der schmiegsamen Orientalin
mit jenen Säulen auf Paros, um die sich die rausch=
schweren Weinranken schlingen.....

Und Lucius dachte bei sich: Wehe! Du hier,
Athene, wolltest du uns nicht in die Sphäre reinsten
Geistes erhöhen und uns alle die Illusionen rauben
und verbieten, die unsere Tränen und die unsere
Träume sind? Und sorgst du nicht, Athene, fürchtest
du nicht, daß jener Einfältige uns noch viel mehr
an sich reißt, Er, der die Werte unserer Weisen
zutiefst zum Volk herabtrug und der, in seinem
Tode wie in seinem Leben, die süßesten Qualen
der höchsten Liebe auferstehen läßt ....

Die Wühlereien geschahen fort und fort. Die
Feinde der Athene wurden immer verwegener, da
sie ja unbestraft blieben, und der Pöbel nahm da=
raus dieses für sich, daß er die haßte, die Tag für
Tag beschimpft wurde.

Den folgenden Versammlungstag brachte der
Römer die Orientalin zur Jungfrau und spöttelte dazu:
»Ich stellte sie dir als eine Dienerin des Adonis

vor .... heute muß man sie eine Christin schelten.«

Mit ihrer ganzen Weltfremdheit und Seelen=
größe antwortete Athene:

»Was tut das viel, Lucius? Nicht träg seinen
Lebenstag verträumen, sondern nach dem Unbe=
kannten verlangen, das ist der reine schmerzhafte
Adel des Geistes. Du bist von ihm, Amaryllis,
oder können wir dir, die du von einer freigelassenen
Orientalin geboren wardst, das Mißgeschick zum
Vorwurf machen, daß dir die heitere und endliche
Form unbekannt blieb, die unsere Vorfahren, die
Denker von Hellas, allem Verängstenden des
Lebens zu verleihen wußten?«

Ein wenig Hochmut war in dieser Nachsicht;
aber das blieb auch ihr ganzer Vorwurf dieser
Christlichen gegenüber.

Übrigens hatten sich die Freunde, die es am
öffentlichsten waren, angesichts der ernsten Gefahr
bei Athene entschuldigen lassen. Nur noch ein
Greis traf sich heut' mit Amaryllis und Lucius bei
der Jungfrau. Ein Dichter war's — wie Dichter
sind. Der beteuerte, das Volk, das wohl etwas in
die Irre geführt sei, würde sich vorerst noch aller
Ausschreitungen enthalten. So daß Lucius und
Athene Amaryllis verhindern mußten, daß sie dem
Alten die Augen öffnete.

Nun hielt Athene nicht länger mehr zurück:

22

»Ich rechnete auf euch, Freunde«, sagte sie zu den authorchenden dreien, »denn immer schien's mir, daß die Dichter und jene die der Lust fröhnen, die einen, weil sie über die Herzen der großen Heldinnen herrschen, die andern, weil ihnen die Herzen der Jünglinge und der schönen Frauen gehören, daß diese ihr eigenes Herz nicht an das eitle Nichtige des Tages hingeben und es so in schweren Stunden unversehrt in ihrer Brust anfinden. Und dann wissen sich die Poeten wie die Wollüstigen würdiger als alle andern im Anblick des Todes zu betragen: die einen, weil sie nie von ihm reden, und die andern, die Dichterseelen, weil sie ihn in reichen Bildern besingen, mit aller Gewalt der Sprache, die für die heiligen Dinge aufgespart ist.

»Der Tod ist die höchste Seligkeit. Jenes Unbekannte, das unserer Forschungen allein würdig ist. Das Land der Träume und der Traurigkeiten. Das einzige und wahrhaftige Glück. Die paar Perlen Angstschweiß und die wenigen Sekunden, in denen unsere Züge sich entstellen, die beiden Dinge, die ihm vorangehen, wollen es, daß man einen Schleier über ihn ausbreite, aber alsbald sind wir unverbrüchlich im Ewigen und alles Weh des Fleisches ist von uns abgetan; und ohne Bangen und ohne Wunsch versinken wir tief in Eins und alles....«

In Rhythmen ging ihre Rede und zuweilen schwoll

sie an wie ein Lied an die Götter. Umbrandet vom Gebrüll des Pöbels ragte die Jungfrau, ein Ewiges, schön und jung, und breitete die Apotheose des Todes aus wie ein kostbares Leichentuch.

Und da sie fand, daß der Greis mit tränennassen Augen in den leeren Saal sah und zu so hohen Worten die Verlassenheit und Öde nur um so bitterer verspürte, unterbrach sie sich:

»Poet du! sieh dich vor und misch keine schlimmen Gedanken in dein Bedauern darüber, daß so viele abwesend sind. Es war nicht, sag' ich dir, daß es ihnen an Mut gefehlt hätte, als sie sich weigerten, dem Pöbel zu trotzen....«

Zu diesen Worten entstand da unten ein Getöse, wie ein Ansturm, und Schreckensschreie gellten: fern ballte sich eine Wolke Staubes, vom Heranmarsch einer Menschenherde: Die aus der Wüste nahen!... So war endlich das Wildeste an Menschen gegen eine Frau entfesselt.

Lucius und die andern wollten Athene verbergen.

Aber Athene sprach: »Diese da haben nur mich« und wies auf die Bibliotheken und die Gedenkbilder der Väter. »Und ich verlasse diese Ausgestoßenen nicht!« Amaryllis fiel auf die Knie und küßte der jungfräulichen Heldin die Hände.

»Nie, nie verlasse ich sie!« wiederholte Athene.

Und das Opfer machte sie groß zu dieser Stunde

und umgab sie mit einer Schönheit, wie sie noch keines Lebenden Auge geschaut.

Und sie sprach: »Verlaßt mich, Brüder. Euch ist der Ausgang zu den Gärten noch offen.«

Und da sie erriet, daß jene sich weigern würden, willigten die Lippen, die jetzt der Tod versiegeln sollte, in eine Lüge:

»Nur die christlichen Anführer können diese Fanatiker aufhalten. Die wissen uns schuldlos und gut.... eilt und benachrichtigt sie zuvor noch.... Wenn aber dennoch kommen sollte, was ihr kommen seht, bewahr du dich Lucius vor aller Bitterkeit. Bring meinen Brüdern mein letztes von mir, und daß sie stets der Väter eingedenk sein sollen. Und du, Amaryllis, die du so schön bist, tröste die Jünglinge. Wenn es sich fände, daß einer aus ihnen nach mir geschmachtet hätte und meine Kälte hätte ihn betrübt, so bitt' ich ihn, daß er mir's vergebe... und sag' ihm, die Liebe sei nichts verächtliches im Hause Jupiter, doch mir hätt' geschienen, daß es einer Letzten aus einem Geschlechte gut sei, Jungfrau zu bleiben und dem Ewigen nachzuhangen; meine Brust war nicht breit wie die Brust der Heldinnen, aber mein Herz zitterte für ganz Hellas....«

Amaryllis, die seit lange schon weinte, brach in Schluchzen aus und zerriß ihre Kleider und schrie.

Und da fiel auch den Greis und Lucius das Weinen an.

Athene sprach noch einmal sanft:

»Ich bitt' euch, lieben Freunde.«

Und Amaryllis erbebte am ganzen Leib.

Dann war eine erdrückende Stille draußen. Du fühltest: eine ganze Stadt wartete auf etwas und ein ungeheueres Verbrechen lauerte im Hinterhalt.

Und die Jungfrau sprach zum Greis, der jetzt nur noch bei ihr war:

»Vater, laß mich.«

Aber der schluchzte:

»Ich hab' dich gekannt, als du klein warst.... Ich bin sehr alt, und du allein unter den Lebenden hast mich lieb....«

Plötzlich schwiegen sie.

Was marschierte da unten auf, so dröhnend auf den Fließen?

»Die Legionen!« rief der Alte.

Eine ungeheure Freude packte die beiden und zugleich bekümmerte sie etwas wie der Verlust einer Märtyrerkrone.... Die Barbaren, die im Sold des Kaiserreichs, warens, die mit den ehernen Helmen, die mit den klingenden Schwertern bei jedem Schritt.... Aber wie denn! Wie stellen sie sich auf? Schmach! Die Stadt, nur die Stadt be=
schützen sie! Und Serapis, den opfern sie den Fa=

natischen, die da anstürmen, den Grausamen unter ihren Tierfellen und mit ihren Piken!

Athene wiederholte:

»Laß mich Vater! Wie soll ich Weib vor einem Manne sterben!«

Der aber weinte nicht länger und rief gereckten Hauptes:

»Linus wurde von wütigen Hunden zerrissen, aber Orpheus sang und bezauberte die wilden Tiere. Den geringsten ihrer frommen Schüler verlangt nach einem Gleichen!« Da hielt ihn das junge Mädchen nicht mehr zurück. So sollen denn Verse singen vor dem Tode der Enkel in Platos und Homers!

Von der Terrasse aus sah sie, wie der milde Greis dem Pöbel entgegenschritt. Jetzt tat der Alte den Mund auf – und jetzt spaltete ein Stein die Stirn, dahinter der Genius thronte und sang. Und die Unbefleckte wandte den Blick ab von alldem und dem Volk, das in Tierheit watete, und tat die Augen hinauf zum Himmel, zu Gott Helios, der das unendliche Blau umschließt, darin nach dem Gang der Sternbilder die Seelen der Edelsten wandeln....

Und schwere Balken rennen gegen das würmige Holz der Türen an und Stimmen heulen Mord und Mord.

So wie eine Priesterin feierlich=heiter an einem

hohen Fest nach alten Riten die heiligen Vorschriften erfüllt, so wandte sich Athene gegen die Ferne und das heilige Land Hellas.

»Lebwohl du meine Mutter und du meine Mutter unserer Väter! Fromme zerstörte Feste Athen, eh du willst, daß ich dies Leben hingebe, grüße ich dich mit meinem letzten Hauch!

»Du Süße meiner Jugend, du warst mir ruhmvoller Hort gegen das Gemeine, das Mittelmaß und alles Leid und du nur lehrtest mich die Seligkeit des Lächelns!

»All dein Hohes sprachst du zu mir, all deinen Frieden sangst du mir, ... und nun du willst, daß ich dies Leben ausliefere, lehr' mich, Mutter, das alte Geheimnis, lehr' mich den simplen Tod.«

Und zu den Statuen Homers und Platos:

»Einstmals, da ich bei euch geträumt, erfuhr ich in meinem Herzen dies: schöner als eine schöne Tat, schöner noch sei ein schöner Gedanke. Und soll nun dennoch sterben. Schön ist der Leib, aber es tut besser, daß er leide denn der Geist. Hätt' ich von euch gelassen, wie hätte das ewig meine Seele betrübt! Und mein Tod jetzt kann euere Heiterkeit nicht verdunkeln; denn nur den Vorhof eueres Tempels soll mein verschüttetes Blut färben....«

Und sie neigte sich nach den inneren Höfen, darin Tauben von Korn zu Korn sprangen; sah auf die Pflanzen, auf die Tiere und auf das Leben, das ihr nie etwas war, und diese letzte Sekunde schien ihr ein Köstliches.

Und sie tat einen Schleier über ihr Antlitz und erschien vor den Augen des Volks auf der hohen Treppe.

Die Menge flutete vor ihr zurück, denn ihr Schreiten war einer Göttin Schreiten, und keiner sah ihre Lippen von Blut leer. Und aber ihre Kräfte verließen sie vor ihrem Mut, und ohnmächtig stürzte sie auf die Steine.

Und wie die Kinnladen eines reißenden Tiers schloß sich der Pöbel neu .... die Gliedmaßen der Jungfrau zermalmt .... und unter ihren Helmen und unter ihren Adlern grinsten die Barbaren zu dem Blutraub und Mord und besudelten die Majestät des Kaiserreich und das Bahrtuch der Antike.

Auf den Abend, während Alexandrien, die Verräterin der alten Jahrhunderte, sich in Fieberschrecken wälzte und schrie, wie mit dem Tode Ringende schrein oder Gebärende, lasen Amaryllis und Lucius die heiligen Gebeine der Jungfrau des Serapis auf.

So ließ unter den Fäusten Fanatischer und angesichts der Barbaren die letzte der Hellenen ihr Leben für ihren Glauben, und nur eine Dirne und ein Wüstling waren es, die ihre letzten Minuten ehrten.... Doch was verschlägt das dir, du un=

vergänglich Reine! weit über jenen blinden Pöbel siegte und viele kommende peinliche Jahrhunderte überdauerte dein heiliges Sterben, und die Enkelkinder jener, die zu deinem Märtyrertum grinsten, knien vor dir — schamrot über ihre Väter — und beten zu dir um Vergebung.... und das Dunkle und Wirre, das jene von einst gegen deine Heiterkeit aufreizte, drängt die Edelsten von heut', zum elfenbeinernen Turm zu flüchten und dein Leben und deine Lehre anzuschaun.

PAUL BOLDT
JUNGE PFERDE!
JUNGE PFERDE!

1914
KURT WOLFF VERLAG · LEIPZIG

Dies Buch
wurde gedruckt im Januar 1914
als elfter Band der Bücherei „Der jüngste
Tag" bei Poeschel & Trepte in
Leipzig

Copyright 1914 by Kurt Wolff Verlag, Leipzig

FRÜHJAHR

Die ganze Nacht durch kamen Wanderungen
Wie auf der Flucht, in sohlenloses Schreiten
Vermummt. Am Morgen bargen es die Weiten:
Nur Sturm schwimmt durch die dunkelen Waldungen.

Als wäre allem Licht ein Tor gesprungen,
Will es sich in die Aderbäume breiten,
Darin die Pulse spülen, Säfte gleiten
Wie Frühjahrströme durch die Niederungen.

Mein gutes Glück, märzlich dahergetänzelt.
Mädchen, gut, daß du Weib bist! Diese Stunde
Verlangt das. Küsse mich! O unsere Munde

Haben noch niemals um ihr Glück scharwenzelt.
Du — du — dein Haar riecht wie der frühe Wind
Nach weißer Sonne — Sonne — Sonne — Wind.

NÄCHTE ÜBER FINNLAND

Die Nadelwälder dunkeln fort im Osten,
Und aus den Seen taucht das Nachtgespenst
Den gelben Kopf, von Feuerrauch gekränzt,
Den Sterngeruch der neuen Nacht zu kosten.

Zu weißen Pilzen filzen Fichtenpfosten,
Und Ast an Ast in zartem Lichte glänzt,
— befrorne Linien — Filigran umgrenzt,
Zieht die Kontur aus reinen, reifen Frosten.

Bis auf das alte, runde, schwarze Eis
Des Grundes sind die Flüsse zugefroren.
In Schuttmoränen glänzt der glatte Gneis

Und in den leuchtenden, polierten Mooren.
Die Krähen schreien ewig: Tag — und Tat —
Nebel und Kälte fällt wie Sack und Saat.

WEICHSEL

Ein Thema: Weichsel; blutsüßes Erinnern!
Der Strom bei Kulm verwildert in dem Bett.
Ein Mädchen, läuft mein Segel aufs Parkett
Aus Wellen, glänzend, unabsehbar, zinnern.

In Obertertia. Julitage flammen,
Bis du den Leib in helle Wellen scharrst.
Die Otter floh; mein weißes Lachen barst
Zwischen den Weiden, wo die Strudel schwammen.

Russische Flöße in den Abend ragend.
Die fremden Weiber, die am Feuer sitzen,
Bewirten mich: Schnaps und gestohlener Speck.

Wir ankern und die Alten bleiben weg.
Die Völlerei. Aus grausamen Antlitzen
Blitzt unser Blick, ins Weiberlachen schlagend.

5

NÄCHTIGE SEEFAHRT

Die Winde sind von einem Möwen-Dutzend
Geschwänzt und schlagen durch die Luft, dumpf,
                                       pfeifend.
Und hart herrollend, seltsam vorwärtsgreifend,
Zerbraust das Meer, der Riffe Rücken putzend.

Es klatscht das Segel, patscht das Ruderblatt.
Die gleichen Wogen streifen, weichen vorn
Und fallen hinten, wo der Möwen Zorn
Sie schmäht, matt, hingemäht, ins glatte Schwad.

Dann steift der Wind. Er gibt die Brise doppelt
Und schmeißt die hellen Wasserhaufen steiler,
Wie ein Pikeur die Meute noch gekoppelt

Voll Gier losläßt; allein der starke Keiler
Stockt, steht, stößt einmal in die Runde
Entblößter Zahnreihn und zerfetzt die Hunde.

FRIEDRICHSTRASSENDIRNEN

Sie liegen immer in den Nebengassen,
Wie Fischerschuten gleich und gleich getakelt,
Vom Blick befühlt und kennerisch bemakelt,
Indes sie sich wie Schwäne schwimmen lassen.

Im Strom der Menge, auf des Fisches Route.
Ein Glatzkopf äugt, ein Rotaug' spürt Tortur,
Da schießt ein Grünling vor, hängt an der Schnur
Und schnellt an Deck einer bemalten Schute,

Gespannt von Wollust wie ein Projektil!
Die reißen sie aus ihm wie Eingeweide,
Gleich groben Küchenfrauen ohne viel

Von Sentiment. Dann rüsten sie schon wieder
Den neuen Fang. Sie schnallen sich in Seide
Und steigen ernst mit ihrem Lächeln nieder.

MITTAGS

Jetzt ruht der Tag am Himmel wie ein Krake,
Des blasses Maul die Wälder überschwemmt.
Laubbäume zittern in dem Sonnenhemd,
Als ob der Park von hellen Flammen blake.

Die schwere Mühle rudert strahlumwellt
In glattem Takt, daß sie den Abend hebe;
Noch hält der leuchtende Kristall die Schwebe,
Der Azur aus dem leichten Lichte fällt.

Orangewolken mit zitterndem Bauch,
Die nachts den Flächenblitz gebären sollen.
Libellen flügeln, Falter, und verschollen
Summen die Bienen in dem Bohnenstrauch.

In deinen Adern glüht des Heliotrops
Arom, gekühlt von süßerem Jasmin,
Und durch die Nerven klingen Phantasien,
Bizarre Phantasien Félicien Rops'.

Im Walde schlägt der Keiler durstgequält
Die hellen Zähne in das Holz der Kiefer.
Die tote Schonung raucht wie heißer Schiefer,
In dem der Nacht erstickter Atem schwält.

NACHT FÜR NACHT

Wie helle Raupen kriechen die Chausseen
Aus Wäldern über Berge in die Tale.
Gestrandet liegen Wolken, groß wie Wale,
Still in der Abendröte blanken Seen.

Der Tag versiegt. Bis ihn die Frühen speisen,
Quillt schwarze Nacht aus allen Himmelsbronnen.
Die Sterne scheinen, kleine, ferne Sonnen.
Der Teich im Hofe glänzt wie dunkles Eisen.

Der Mond steht, wie ein Junge in der Pfütze,
Hell über jedem Garten. Und wie Gaze
Schimmert der Wald, des Berges blaue Mütze.

Aus einer Kleinstadt ragt des Kirchturms Vase
Verschnörkelt aus der Giebeldächer Nippes. —
Schlaf hält die Menschen fest, steif, wie in Gips.

RINDER

Verblichnes Grün der Weide deckt
Das Weiß und Schwarz der Herde.
Silhouetten, da und dort gesteckt,
Die Köpfe auf der Erde.

Die Wiese atmete nicht mehr,
Knirrte der Rinder Schlund;
Das Julilicht spritzte umher,
Die Wolken zogen, und

Unten geht ein fleischern Meer
Im grünen Klee spazieren.
Vom Hund umbellt. Zurück. Carrière,
Humpeln von alten Tieren.

Im Grase lagert sich das Blöken.
Dumm scharrt des Stieres Huf.
Die Kälber jagen an den Pflöcken —
Melkmägde schallen voller Ruf.

NORDWIND IM SOMMER

Vom Meere duftend fliegt der Wind ins Land.
Die dunklen Parke flattern in der Brise.
Kleehügel blühen vor dem Duft der Wiese;
Der Himmel steht, sich selber unbekannt,

Ein weißer Fischer in den Roggenmeeren,
Wo Taubenflug aufspritzt, ein Wasserstrahl,
Wo Wolkenschatten rinnen in das Tal,
Fliegende Fische sind — die Roggenähren.

Der Weißklee schmeißt den Junitag zur Seite,
Und manchmal fliegen Reiher um den stummen,
Fischlosen See, auf dem die Bienen summen,
Und nehmen zögernd ihren Flug ins Weite.

Ich galoppiere vor dem Sonnenschein,
Auf weißem Pferde flatternd, Wind geworden,
Und Sonnenfetzen um den Hals, nach Norden.
Ich werde mittags an dem Meere sein.

DER TURMSTEIGER

Er fühlte plötzlich, daß es nach ihm griff,
— Die Erde war es und der Himmel oben,
An dem die Dohlen hingen und die Winde hoben —
Und fühlte, wie es ihn nun auch umpfiff.

Ihn schauderte. Er sah das Meer, er sah ein Schiff,
Das gelbe Wellen schaukelten und schoben
Und sah die Wellen, Wellen — Wellen woben
An seinem unvollendeten Begriff.

Ein Wasserspeier sprang ihn an und bellte.
Er zitterte und faßte die Fiale,
Die knarrend brach; — versteinert aber schnellte

Ein Teufel Witze auf die Kathedrale; —
Er hörte hin — ein höllisches Finale:
Er stürzte, fiel! Sein Schrei trieb hoch und gellte.

DIE SINTFLUT

Die Wolken wachsen aus den Horizonten
Und trinken Himmel mit den Regenhälsen.
Die Menschen bissen auf den höchsten Felsen
In weiße Stirnen, die nicht denken konnten,

Daß Läuse aus dem Meer, die See, krochen.
Im Abendsturm ertranken lange Pappeln. —
Sie hörten auf der Nacht die Sterne trappeln,
Die in dem All den warmen Erdrauch rochen.

Dann schwamm die Sonne in dem glatten Wasser.
Das Wasser fiel. Die See faulten ab.
Die Erde trug der Meere hellen Schurz.

Die Sterne standen, von Begierde blasser,
Mit dünnem Atem an des Ostens Kap.
Ein Stern sprang nach der Erde, sprang zu kurz.

CAPRICCIO

Entlaubte Parke liegen treu wie Doggen
Hinter den Herrenhäusern, um zu wachen.
Schneestürme weiden, eine Herde Bachen.
Oft sind die Rehe auf dem jungen Roggen.

Und eine Wolke droht den Mond zu schänden.
Die Nacht hockt auf dem Park, der stärker rauscht.
Zwei alte Tannen winken, aufgebauscht,
Geheimnisvoll mit den harzigen Händen.

Die Toten sitzen in den nassen Nischen.
Auf einem Kirchenschlüssel bläst der eine,
Und alle lauschen, überkreuzte Beine,
Die Knochenhände eingeklemmt dazwischen.

Am großen, kalten Winterhimmel drohn
Vier Wolken, welche Pferdeschädeln gleichen.
Der Winde Brut pfeift in den hellen Eichen,
Daraus der gelbe Geier Mond geflohn.

Der Tod im Garten tritt jetzt aus dem Schatten
Der Tannen. Rasch. Das Schneelicht spritzt und
                                                glänzt.
Der Schrecken flattert breit um das Gespenst,
Das seinen Weg nimmt quer durch die Rabatten.

Zum Schloß. — Dort ruft man: „Prosit Neujahr!
                                                  Prost!"
Zu zwölfen sind sie, der Apostel Schar,
Und mit Champagner taufen sie das Jahr,
Umstellt vom Sturm, der auf den Dächern tost.

Armleuchter flacken. Dampf von heißem Punsch.
Der Hitze Salven krachen vom Kamin.
Geruch der Weiber — Trimethylamin,
Die Bäuche schwitzen in der großen Brunst.

Jetzt stehn sie auf. Das Stühlerücken schurrt.
Der Tod im Flur ist nicht gewohnt die Speisen.
Er hebt den Kopf gegen das kalte Eisen
Der Schlüsseltülle, schnuppert gierig, knurrt.

Kommt jemand? Still. Er hupft unter die Treppe.
An einem Fräulein zerrt ein Kavalier.
Der Tod schleicht hinterher, ein fletschend Tier
Aus Mond; das trägt der Dame Schleppe.

Sie kommen an die Gruft —: „Hier sind wir sicher!"
— „Ich fürchte mich, oh, sind die Bäume groß!"
Der Tod schupst sie — kein Schrei, sie quieken
                                         bloß —
Und läuft hinweg mit heftigem Gekicher. — —

Es dämmert endlich. Mit Blutaugen stiert
Der Morgen hin. Im Saal zappelt ein Märchen.
Der Tod wühlt in den fetten, welken Pärchen,
Frißt sie wie Trüffeln, die ein Schwein aufspürt.

IMPRESSION DU SOIR.

Des Abends schwarze Wolkenvögel flogen
Im Osten auf vom Fluß der Horizonte.
Gärten vertropft in Nacht, die, als es sonnte,
Wie See grünten und den Wind einsogen.

Einsame Pappeln pressen ihre Schreie
Angst vor den Stürmen in die blonde Stille.
Schon saugen schwarze Munde Atem. — Schrille
Fabrikenpfiffe. Menschen ziehn ins Freie.

Ein rotes Mohnfeld mit den schwarzen Köpfen,
Ragen die Schlote, einsam, krank und kahl.
Die Wolkenvögel, Eiter an den Kröpfen,

Wie Pelikane flattern sie zum Mahl.
Und als die Horizonte Dunkel schöpfen,
Wirft sich der Blitz heraus, der blanke Aal.

BERLIN

Die Stimmen der Autos wie Jägersignale
Die Täler der Straße bewaldend ziehn.
Schüsse von Licht. Mit einem Male
Brennen die Himmel auf Berlin.

Die Spree, ein Antlitz wie der Tag,
Das glänzend meerwärts späht nach Rettern,
Behält der wilden Stadt Geschmack,
Auf der die Züge krächzend klettern.

Die blaue Nacht fließt in der Forst.
Sie fühlt, geblendet, daß du lebst.
Schnellzüge steigen aus dem Horst!
Der weiße Abend, den du webst,

Fühlt, blüht, verblättert in das All.
Ein Menschenhände-Fangen treibst du
Um den verklungnen Erdenball
Wie hartes Licht; und also bleibst du.

Wer weiß, in welche Welten dein
Erstarktes Sternenauge schien,
Stahlmasterblühte Stadt aus Stein,
Der Erde weiße Blume, Berlin.

DER SCHNELLZUG

Es sprang am Walde auf in panischem Schrecke,
Die gelben Augen in die Nacht geschlagen. —
Die Weiche lärmt vom Hammerschlag der Wagen
Voll blanken Lärms, indes sie fern schon jagen

Im blinden Walde lauert an der Strecke
Die Kurve wach. Es schwanken die Verdecke.
Wie Schneesturm rennt der D-Zug durch die Ecke,
Und tänzelnd wiegen sich die schweren Wagen.

Der Nebel liegt, ein Lava, auf den Städten
Und färbt den Herbsttag grün. Auf weiter Reise
Wandert der Zug entlang den Kupferdrähten.

Der Führer fühlt den Schlag der Triebradkreise
Hinter dem Sternenkopfe des Kometen,
Der zischend hinfällt über das Geleise.

HERBSTGEFÜHL

Der große, abendrote Sonnenball
Rutscht in den Sumpf, des Stromes schwarzen Eiter,
Den Nebel leckt. Schon fließt die Schwäre breiter,
Und trübe Wasser schwimmen in das Tal.

Ins finstre Laub der Eichen sinken Vögel,
Aasvögel mit den Scharlachflügeldecken,
Die ihre Fänge durch die Kronen strecken,
Und Schreien, Geierpfiff, fällt von der Höhe.

Ach, alle Wolken brocken Dämmerung!
Man kann den Schrei des kranken Sees hören
Unter der Vögel Schlag und gelbem Sprung.

Wie Schuß, wie Hussah in den schwarzen Föhren
Ist alle Farbe! Von dem Fiebertrunk
Glänzen die Augen, die dem Tod gehören.

PROSERPINA

Einsamer Pluto trage ich im Blute
Proserpina, nackend, mit blonden Haaren.
Unauslöschbar. Ich will mich mit ihr paaren,
Die ich in allem hellen Weib vermute.

Ich bin von ihren Armen lichtgefleckt
Im Rücken! Ihre Knie sind nervös,
Die Schenkel weiß, fleischsträhnig, ein Erlös
Des weißen Tages, der die Erde deckt.

In ihrem Haar bleibt etwas vom Verwehten
Des warmen Bluts. Ich liebe den Geruch!
Und nur die Zähne haben zuviel Fades

Wie Schulmädchen, sooft sie in den Bruch,
Den Brunnen ihres Frauenmundes treten,
Der meine Brünste tränkt — Herden des Hades.

DER DENKER

Nachmittag wird, und Wetter steigen schwarz
Herauf. Des Blitzes Ferse leuchtet im
Gewölk. Auf das Gebirge beißt voll Grimm
Der Donner, und Regen speien aus den Quarz.

Den Fuß den Felsgesteinen eingestemmt,
Die Augen abgewandt, als horche er,
So kommt er durch die Schründe, weglos, quer.
Zum weißen Urherrn in der Blitze Hemd.

Der Abgrund saugt Milliarden Zentner Himmel
In sich hinein. Der Weiße oben bleckt,
Zu dem er steigt. Durch Gletscher grün von Schimmel,

Des Riesen Bart, der von den Föhnen leckt.
Und schon reißt weit der Horizont entzwei, —
Blank, eben, schwangleich rauscht ins All ein Schrei.

NOVEMBERABEND

Es weht. Das Abendgold ist eine Fahne,
Die von den Winden schon erbeutet wird.
Ein etwas Herbst in der Platane,
Ein gelles Chrom verweht, verwirrt.

In Wolken gleich verkohlten Stämmen
Riecht man die tote Sonne noch;
Dann das Einatmen, Drängen, Dämmen —
Einsamkeiten kommen hoch.

VORMORGENS

Schneeflocken klettern an den Fensterscheiben,
Auf meinem Schreibtisch schläft der Lampenschein,
Und hingestreute Bogen, weiß und rein,
Ich wollte wohl etwas von Versen schreiben.

Der Tag ist nah. Die Jalousien schurr'n,
Die letzten Sterne torkeln von den Posten.
Der Tag ist nah, den unbesternten Osten
Bevölkern Morgenwinde schon purpurn.

Und mich bewachsen Abende, beschatten
Die Jahre! O ich dunkle ein.
Das Gas singt in den Gassen Litanein,
Daß meine Augen so sehr früh ermatten.

DIE DIRNE

Die Zähne standen unbeteiligt, kühl
Gleich Fischen an den heißen Sommertagen.
Sie hatte sie in sein Gesicht geschlagen
Und trank es — trank — entschlossen dies Gefühl

In sich zu halten, denn sie ward ein wenig
Wie früher Mädchen und erlitt Verführung;
Er aber spürte bloß Berührung,
Den Mund wie einen Muskel, mager, sehnig.

Und sollte glauben an ihr Offenbaren,
Und sah, wie sie dann dastand — spiegelnackt —
Das Falsche, das Frisierte an den Haaren;

Und unwillig auf ihren schlechten Akt
Schlug er das Licht aus, legte sich zu ihr,
Mischend im Blut Entsetzen mit der Gier.

DIE LIEBESFRAU

— Nackt. Ich bin es nicht gewohnt.
Du wirst so groß und so weiß
Geliebte. Glitzernd wie Mond,
Wie der Mond im Mai.

Du bist zweibrüstig,
Behaart und muskelblank.
So hüftenrüstig
Und tänzerinnenschwank.

Gib dich her! Draußen fallen
Die Regen. Die Fenster sind leer,
Verbergen uns . . . — allen, allen! —
Wieviel wiegt dein Haar. Es ist sehr schwer.

— Wo sind deine Küsse? Meine Kehle ist gegallt
Küsse du mich mit deinen Lippen!
— Frierst du? — — — Du bist so kalt
Und tot in deinen hellen Rippen.

— — — — — — — — — — — — — — —

DAS GESPENST

Wie weiß der Sommer ist! Wie Menschenlachen,
Das alle Tage in der Stadt verschwenden.
Häuserspaliere wachsen hoch zu Wänden
Und Wolkenfelsen, die mich kleiner machen.

In tausend Straßen liege ich begraben.
Ich folge dir stets ohne mich zu wenden.
O hielte ich dein Antlitz in den Händen,
Das meine kranke Augen vor sich haben.

Ich küßte es. Es küßte mich im Bette —:
— Versprich, daß du mich morgen nicht mehr kennst!
— Bist du nachts fleischern und ein Taggespenst?

— Du locktest es ins Netz deiner Sonette.
— Junger Polyp, dein Mund ist eine Klette.
— Er wird dich beißen, wenn du ihn so nennst.
— — — — — — — — — — — — —

BERLINER ABEND

Spukhaftes Wandeln ohne Existenz!
Der Asphalt dunkelt und das Gas schmeißt sein
Licht auf ihn. Aus Asphalt und Licht wird Elfenbein.
Die Straßen horchen so. Riechen nach Lenz.

Autos, eine Herde von Blitzen, schrein
Und suchen einander in den Straßen.
Lichter wie Fahnen, helle Menschenmassen:
Die Stadtbahnzüge ziehen ein.

Und sehr weit blitzt Berlin. Schon hat der Ost,
Der weiße Wind, in den Zähnen den Frost,
Sein funkelnd Maul über die Stadt gedreht,
Darauf die Nacht, ein stummer Vogel, steht.

HERBSTPARK

Die gelbe Krankheit herrscht. Wie Säufern fällt
Das Laub Ahornen aus den roten Schädeln,
Und Birken glühn gleich flinken Gassenmädeln
Im Arm der Winde auf dem schwarzen Feld.

Und wie die Hände einer Frau, die sinnt
Ihrem Gemahl nach und der starken Lust,
Ward weiße Sonne kühl! Du aber mußt
Der Nächte denken, die im Juni sind.

In diesen sternenbunten, sagt man, fror es.
Der Park ist so verstört. Aus beiden Teichen
Zittert die Stimme des gefleckten Rohres,

Wenn Wellen so vom seichten Sande schleichen.
Und Regen droht. In Kutten, stummen Chores,
Gehn Wolken um die großen, grünen Eichen.

LINDEN

Mit Wald gepudert und Laternenschein,
Schreiten die Linden und ein paar Platanen
— Unter den Bäumen sind sie Kurtisanen —
Den Mädchenstrom Kurfürstendamm hinein.

Ihr Wäldermädchen mit den Laubfrisuren —
Man muß wohl Wind sein, um euch zu umarmen.
Hübsche Dryaden, träumt ihr von den Farmen
Am Strom und Wiesen zwischen Weizenfluren?

Den Pfeil von Glühlicht in dem grünen Haar,
Aha! Ihr seid schon elegant geworden,
Jüdinnen, — die ich liebte, ein Barbar,

Im Blut Unwetter und den wilden Norden.
Es schien der Mond, verlor sich ohne Rest,
Jetzt liegt er da, ein Ei, im Wolkennest.

JUNGE PFERDE

Wer die blühenden Wiesen kennt
Und die hingetragene Herde,
Die, das Maul am Winde, rennt:
Junge Pferde! Junge Pferde!

Über Gräben, Gräserstoppel
Und entlang den Rotdornhecken
Weht der Trab der scheuen Koppel,
Füchse, Braune, Schimmel, Schecken!

Junge Sommermorgen zogen
Weiß davon, sie wieherten.
Wolke warf den Blitz, sie flogen
Voll von Angst hin, galoppierten.

Selten graue Nüstern wittern,
Und dann nähern sie und nicken,
Ihre Augensterne zittern
In den engen Menschenblicken.

ERWACHSENE MÄDCHEN

Wer weiß seit Fragonard noch, was es heiße,
Zwei stracke Beine haben in dem Kleide;
Roben gefüllt von Fleisch, als ob die Seide
In jeder Falte mit dem Körper kreiße.

Aus dem Korsage fahren eure Hüften
Wie Bügeleisen in den Stoff der Röcke,
Darauf wie Bienen auf die Bienenstöcke
Unsere Blicke kriechen aus den Lüften.

Ihr jugendlichen Sonnen! Fleischern Licht!
Wir haben den Ehrgeiz der Allegorien
Und hübschen Dinge im Gedicht.

Ich will mit eurer Bettwärme Blumen ziehn!
Und einen kleinen Mond aus dem Urin,
Der sternenhell aus eurem Blute bricht!

DIE SCHLAFENDE ERNA

Auf einer Ottomane aus Mohär
Liegt sie in Seidenröcken, eine Truhe
Voll Nacktheit, und ich denke voll Unruhe
An dein Geheimstes — schönes Sekretär.

Die Frauen tuen Wundervolles in die Seide.
Am Knie beginnt es. Ich will es auspellen,
Wenn Küsse summen nach hautsüßen Stellen
Im Bett, daß wir nicht schlafen können beide.

Du großes Mädchen, die noch kleinen Brüste
Schmücken dich mir. Auf den geheimen Schmuck
Hast du die linke weiße Hand gelegt;

Ich dachte: Soll die eine, die sie trägt —
Die schwarze Blume welken von dem Druck?
Und nahm die Hand weg, die ich leise küßte.

SINNLICHKEIT

Unter dem Monde liegt des Parks Skelett.
Der Wind schweigt weit. Doch wenn wir Schritte tun,
Beschwatzt der Schnee an deinen Stöckelschuhn
Der winterlichen Sterne Menuett.

Und wir entkleiden uns, seufzend vor Lust,
Und leuchten auf; du stehst mit hübschen Hüften
Und hellen Knien im Schnee, dem sehr verblüfften,
Wie eine schöne Bäuerin robust.

Wir wittern und die Tiere imitierend
Fliehn wir in den Alleen mit frischen Schrein.
Um deine Flanken steigt der Schnee moussierend.

Mein Blut ist fröhlicher als Feuerschein!
So rennen wir exzentrisches Ballett
Zum Pavillon hin durch die Tür ins Bett.

MEINE JÜDIN

Du junge Jüdin, braune Judith, köstliche
Frucht der Erkenntnis, weißer Blütenfall:
Aus Kleidern steigst du nackt, ein All ins All,
Mit deinen Brüsten, Mythenfrau, du östliche.

Steige vom Sockel, Venus, aus zerballter
Wäsche, Jungweib! Wie Morgensonne blitzt
Dein Bauch — und in der Schenkel Schatten sitzt
Wie Blüten saugend, fest, ein schwarzer Falter.

Und Schwarzes fällt aus den gelösten Schleifen
In den konkaven Nacken, wie Geruch.
Und die zu großen, graden Zähne blecken,

Als ob sie schon in Männerküssen stäken.
Der Blick hängt glänzend über dem Versuch,
Die Lippen über das Gebiß zu streifen.

LIEBESMORGEN

Aus dem roten, roten Pfühl
Kriecht die Sonne auf die Dielen,
Und wir blinzeln nur und schielen
Nach uns, voller Lichtgefühl.

Wie die Rosa-Pelikane,
Einen hellen Fisch umkrallend,
Rissen unsere Lippen lallend
Kuß um Kuß vom weißen Zahne.

Und nun, eingerauscht ins weiche
Nachgefühl der starken Küsse,
Liegen wir wie junge Flüsse
Eng umsonnt in einem Teiche.

Und wir lächeln gleich Verzückten;
Lachen gibt der Garten wieder,
Wo die jungen Mädchen Flieder,
Volle Fäuste Flieder pflückten.

MEIN FEBRUARHERZ

Als trügen Frauen in den Straußenfedern
Das junge Licht wie eine weiße Fahne,
Gehörten alle Häuser reichen Rhedern
Und wären Schiffe, schwimmt um die Altane

Die blaue Luft! Oh, jetzt in einem Kahne
Auf Wassern fahren, süßen Morgennebeln
Entgegensteuern, gleich dem leisen Schwane
Die Wellen teilend mit den schwarzen Hebeln!

Geh in die Leipzigerstraße! Geh ins Freie!
Schön ist die Wollust! Gott ein guter Junge.
Die Dirnen sommern brünstiger als Haie!

Ich habe Geld! Ich bin so schön im Schwunge.
Sonette aus Sonne kitzeln mir die Zunge!
In meiner Kehle sammeln sich die Schreie!

ABENDAVENUE

Die Straße ist von Klängen überstrahlt,
Bewachsen von Phantasmen des Geruches,
Und Hüften in den Hülsen blauen Tuches,
Das aller Schritt zu Reiz zermalmt und mahlt.

Die Dirnen kommen, knarrend, Wollustfuder,
Und Bürgermädchen, die mit Reizen knausern;
Jungfräulein die, und andern, die schon mausern,
Gleitet ein Scharlachlächeln in den Puder.

Teufel! Wir werden wie die Pelikane
— Wenn diese Mädchen uns mit Blicken füttern,
Gierig nach den Konturen und Profilen,

Die alle kommen, einzeln, momentane,
Und aus den fetten Rücken, aus den Müttern,
Bisweilen leise nach uns Jungen schielen.

TIERGARTEN

Birken und Linden legen am Kanal
Unausgeruhtes sanft in seinen Spiegel.
Ins Nachtgewölbe rutscht der Mond, ein Igel,
Der Sterne jagt und frißt den Himmel kahl.

Mädchen sind da, und wir sind sehr vergnügt.
Ich schmeiße nach dem dicken Mond mit Steinen;
Die Betty küßt mich, und er soll nicht scheinen,
Weil Bella schweigt und naserümpfend rügt.

Die Sommerstädte liegen um den Park.
Es wird sehr hübsch! Der Süden wandert ein!
Die Sonne wächst! Wie nackte Männer stark

Schreiten die Tage, Frühjahr in den Hüften.
Die schwarzen Linden kommen überein,
Morgen zu grünen in den süßen Lüften!

MÄDCHENNACHT

Der Mond ist warm, die Nacht ein Alkohol,
Der rasch erglühend mein Gehirn betrat,
Und deine Nacktheit weht wie der Passat
Trocknend ins Mark.

Du hast ein weißes Fleischkleid angezogen.
Mich hungert so — ich küsse deine Lippen.
Ich reiße dir die Brüste von den Rippen,
Wenn du nicht geil bist!

— Küsse sind Funken, elektrisches Lechzen
Kupferner Lippen, und die Körper knacken!
Mit einem Sprunge sitzt mein Kuß im Nacken
Und frißt dein Bäumen und dein erstes Ächzen.

Und als ich dir die weißen Knie und,
Dein Herz verlangend, allen Körper küßte,
Geriet mein Schröpfkopf unter deine Brüste;
Da drängte sich das Herz an meinen Mund.

GUTEN TAG — HELLE EVA!

Ich wollte mit dir jungem Weibe leben
Gern wie der Sturm auf einem hellen Meer,
Daß deine Hände sich wie Möwen heben,
Wie Strudel leuchten deine Brüste sehr.

Dein Fleisch ist Schnee, und schneereich bist du wie
Russische Winter. Mondrot leuchtet, blond,
Dein Haarkorb an des Nackens Horizont —
Du nackend Weib, du weiße Therapie!

Lange behielt ich deine Witterung
Und jagte hitzig hinter Dirnenrudeln,
Lustkrank, von Qual beweht. Doch du bliebst jung.

Auf deinen Rippen kreisen weiße Strudel;
Du bist ein Weib geworden — puh — fruchtbar,
Du blanker Bauch voll Blut und krautigem Haar.

FRIEDRICHSTRASSENKROKI
3 UHR 20 NACHTS

Die Friedrichstraße trägt auf Stein
Die blassen Gewässer des Lichtes.
Die Dirnen umstehn mit Hirschgeweihn
Die Circe meines Gesichtes.

Ich schaue: — Der Träume Phosphor rinnt
In zwei, vier Menschenaugen neu.
— Wie eine Katze springt, gefleckt, der Wind
Zwischen des Asphalts Lichterstreu

Und trägt den fetten, weißen Rauch
Im Maul den jungen Winden ins Nest.
Er faßt die Dirnen an den Bauch
Und klemmt die dünnen Röcke fest.

— Da sind Gesichter, lachen nett,
Daß alle Zähne blecken müssen;
Die Louis zeigen ihr Skelett,
Louise läßt mich ihres küssen.

ANDERE JÜDIN

I

Im Norden sind die Ebenen, da steigen
Die Ströme zitternd in das Meer,
Das sie verhüllt. Der Wind weht Wogen her.
Das Wasser schweigt, und die Sternbilder schweigen.

Du stiegst hinab mit deinem weißen, leisen
Lachen sprudelnd und deiner Brüste Schaum.
Antworte doch! Bist du noch in dem Raum,
Wo meiner Augen Vögel schreien, kreisen?

II

Der Wind ist in den Eichen,
Die sich nach Westen legen
Und diesen kleinen, bleichen
Himmel zusammenfegen;

Ich atme schlecht! Ich zucke
So an der Luft! Untätig.
Mir ist vom steten Drucke
Nicht mehr viel Ich vorrätig.

IN DER WELT

Ich lasse mein Gesicht auf Sterne fallen,
Die wie getroffen auseinander hinken.
Die Wälder wandern mondwärts, schwarze Quallen,
Ins Blaumeer, daraus meine Blicke winken.

Mein Ich ist fort. Es macht die Sternenreise.
Das ist nicht Ich, wovon die Kleider scheinen.
Die Tage sterben weg, die weißen Greise.
Ichlose Nerven sind voll Furcht und weinen.

ADIEU MÄDCHENLACHEN!

Sie nehmen Abschied, werden nicht vergessen
Die Wege, die sie jetzt gehn — Du und Ich,
Zwei Lächeln nur, mit denen sich
Apokalyptische Gesichte messen.

O fälschte doch mein sicheres Gesicht!
Die Furcht läuft in die Zukunft und sieht mutig,
Da liegst du, abgeküßt und schenkelblutig:
— Mein Hirn bellt auf — brautnackt im Ampellicht.

Die Schmerzen beißen in das Hirn hinein.
Was martert, mordet nicht mein wilder Freisinn!
O meine Mutter, weißhändige Greisin,
Nimm mich zurück ins Nichtgeborensein!

NACH DER NACHT

Laternen, die den Regenabend führen,
Haben die Stadt, die glänzende, verraten.
Eiweißer Eiter tropft im Lichteratem
Der Friedrichstraße, wo sich Dirnen rühren.

Die Augen kriechen aus den Faltenlidern
Und spritzen einen Blick, der dich begießt.
Sie lachen sich das Kleid vom Bauch; du siehst
Die Brüste — Krötenbäuche in den Miedern.

Du flohst, und Vögel sangen für dich junitags.
Der Morgen senkte sich in dein Gesicht.
Es schlugen Uhren an, weckten das Licht.
Doggengebell des Turmuhrstundenschlags.

Du öffnest deinen Mund, der ist lichtzahnig.
O Wanderungen im Gestein der Stadt!
O Röcheln, Schreie, seelenquälend Rad! —
Es sprudelt aus der Morgenröte sahnig.

Du schweigst. Hinter den dunklen Augen ruht
Das Hirn vom Krampf der tötenden Arsene.
Du lächelst, blickst — und da betritt die Szene
Die Sonne, jugendlich, im Wolkenhut.

DAS WIEDERSEHEN

Wie warnend leuchten schwarze Fensterscheiben.
Mystische Telefone knacken, knacken —:
Dastehst Du nahe mit beweinten Backen,
Plastik aus Rauch.
Ich drehe angstvoll mein Gesicht zum Nacken
Und steige zitternd aus aus euren Häusern.

Sind das die Häuser? Ist die Nacht aus Stein?
Ich mache langsam Schritte in Berlin.
Kein Mensch. Herabgestürzte Jalousien.
Ich habe keinen Wunsch, einer zu sein.

MANN UND MENSCHFRAU

Der Park beleckt, ein grüner Katarakt,
Das weiße Haus, in dem wir nach uns greifen.
Du hast Angstaugen. Um die Fenster streifen
Ahorne braun und indianernackt.

Sturm hat die Nacht, die Negerin, gepackt.
— Du wirst doch diese Herzart nicht begreifen.
Laß aus dir trinken, und ich werde reifen.
Verdorrte Augen überschwemmt dein Akt.

Du kriegst ein Kind. Ich werde einsam sterben
In braunen Muskeln und vom Tag gedörrter.
Jetzt könnten deine Arme mich entfärben.

Orient und Eden machst du gegenwärtig.
Wir wandeln nackt durch baumige Hirnörter.
Engel — dein weißer Bauch ist dunkelbärtig.

Ottokar Březina
Hymnen

1913

Kurt Wolff Verlag · Leipzig

Dies Buch wurde ge=
druckt im Oktober 1913 als zwölfter
Band der Bücherei „Der jüngste Tag" bei
Poeschel & Trepte in Leipzig

Berechtigte Übertragung von Otto Pick

Copyright 1913 by Kurt Wolff Verlag, Leipzig

Die Glücklichen

Gefährliches Schweigen fiel in unsere Einöden und in die
　　　　Tiefen der Wälder,
wo die höchsten Wipfel der Bäume von den Wundern des
　　　　Lichtes flüsterten,
ein langer Aufschrei erbebte — und es neigte sich Durst
　　　　zu der Quelle des Blutes.

Zwischen uns und den Sternen ziehen die Wolken der
　　　　Erde.
Mit tausend feurigen Augen in unsere Nächte blicken spöttisch
　　　　die Städte
und in den klingenden Gärten, wohin die Sterne tropften
　　　　wie Tau, entstieg den Düften Begier.
Jahrhunderte künftiger und vergangener Schuld begegnen
　　　　sich im Wahnsinn der Menge
und die Hände, die, müde vom Recken zur Höhe und in
　　　　Gebeten, sich senkten,
schwärmen von glühenden Berührungen und nicht gehorcht
　　　　uns unser reineres Träumen.
Fahl wurden die lieben Gesichter in unserer Seele, die Worte
　　　　erstickten in schmerzlichem Lachen,
unsere ätzende Atmosphäre machte die Blüte der Farben
　　　　und Dinge zu Schatten.
Dampf raucht aus den Wassern, auf denen wir
　　　　fahren, versteinert sind unsere Ruder in
　　　　ihnen,

die schmerzlich gekrampften Hände halten sie kaum, so
    reglos hängt ihre Schwere in den Wellen,
und schwindelnd faßt uns die Suggestion der Tiefen.

So sprach zu euerer Seele das Dunkel, doch stumm eurem
    Schmerze
und eueren Blicken, die die Tiefe verloren, bleibet die Erde:
weit irrt, vor euch Schwachen, ihr Traum in Jahrtausenden,
    duftend und bebend in den Strahlen des Höchsten.

O Glückliche, die ihr aus diesen Augenblicken frei und rein
    euch erhobet,
öffnend die Augen, die vom Sturmwind des Feindes ge=
    schloßnen.
Den Starken ähnlich, als sie am Tage des Todes auszogen,
    Gebet auf den Lippen:
Flügelschlag höherer Wesen gab ihren Schritten den Rhyth=
    mus,
und ihr magisches Lächeln, der Sonne befahl es:
Stehe still über unserem Tag und gehe nicht unter,
bis die Ernte der Saat reift und wir auf der Walstatt
    anstimmen ein Danklied!
Und die Sonne stand still über ihrem Tag und ging durch
    Jahrhunderte nicht unter,
denn der Tag der Sieger, der Tausenden Licht gibt, leuchtet
    auf ewig.

O Glückliche, die ihr aus diesen Augenblicken frei und rein
    euch erhobet

und durch euer Gebet mit einem Flügelschlag die duften=
          den Träume der Erde erreichtet:
aus den unsichtbaren Gärten, bepflanzt mit tausenden
          Toten, die eueres Werkes dort harren,
einatmet ihr tief die stärkenden Düfte.

Gebet für die Feinde

Deine Macht schuf, daß unsere Röte in die Wangen unserer
Feinde hinüberfloß,
als unser Antlitz vor Bangen erblaßte,
und das Licht in den Blicken der Feinde machtest
du klar wie Sterne durch unsere Bewölkt=
heit.
Ihre freudigen Schreie entstiegen unserem Schweigen
und den Hauch unserer Grabblumen aus ihren Knospen
einatmeten sie als lieblichen Duft.
Aber unser Gespenst schlich sich ein in ihr Träumen, knüpfte
sich fest in ihrer Tanzlieder Kette,
und unsere stillsten Einsamkeiten waren der Ort unserer
Begegnung.

Deines Geheimnisses schwerer Schatten seit ewig trennt
ihre Seelen und uns.
Das mystische Licht, das du den Blicken entzündet, es brach
sich anders in ihrer Brust
und der Sommer, in dem ihre Ernte reifte, als Feldbrand
durchzog er unsere Fluren.
Aus ihren Stimmen brausen uns Winde, die hundert=
jährigen Sturm uns brachten,
das Leid vergessenen Weinens und auf den Ruinen ver=
zweifeltes Schweigen.
Ihr Lächeln ist voller Gefahr und Erinnerung an die un=
bekannten Siege der Toten

und ihrer Stirne Düster ist der Schatten rätselhafter Tode
vor Jahrhunderten.
In ihren und unsern Gedanken kämpft der stumme Wirbel
der Stimmen aus der Tiefe der Seelen,
Echo der Gedanken der Väter, Vermächtnis der Trauer und
Schuld erkalteter Blute:
deines Geheimnisses schwerer Schatten liegt zwischen ihren
Seelen und uns.

Allgegenwärtiger! Du in Jahrhunderten unverwandeltes
Lächeln!
Umarmung, umfassend die Unendlichkeit! Singendes Pochen
tausender Herzen!
Flammen, entsprühend vor Lust verlöschenden Blicken!

Du, dessen Liebe wie brennender Schwefel fällt in die Gärten
der irdischen Liebe!
Wir beten ein Gebet für die Feinde, die im Dämmern des
Lebens uns nahen,
für sie, die außer uns gehn, unbekannt in der Ferne der
Erde, des Todes,
und für jene, die an künftigen Morgen erwarten den Morgen
unsres Geschlechts!

Deines Geheimnisses schwerer Schatten liegt zwischen ihren
Seelen und uns.
Wege zu dir sind unsere Siege und unsichtbare Siege sind
in unserer Überwindung.

9

Dem Zischen der Schwerter mischt sich das Rauschen der
Ähren geheimnisvollen Reifens. Echo der Hiebe
erklingt in der Ferne.
Im geschliffenen Stahl unserer Schwerter und der Schwerter
der Feinde entzündest du eine Sonne aller
Morgen,
und den Samen von blutenden Händen lässest du aufblühen
als Lilien.
Zahllose Flammen seit ewig verzehren das Dunkel. Auch die
Sonne und der geheimnisvolle Durst aller
Welten,
doch immer erneut wälzt sich's her aus kosmischen Höhen.
Und doch wird am Ende Licht sein.
Und unsere schmerzlichen Schreie, einst werden sie tönen
wie Bienen,
nahend den Stöcken mit der Süße des Honigs, den sie
errafften auf den Fluren der Zeiten.
Wir kämpfen deinen geheimnisvollen Feldzug.
Du bestimmtest die Führer der Truppen und machtest ihre
Höhe die Jahrtausende überblicken,
die Strahlen ihrer Blicke brachen nicht im Übergang von
Mitte zu Mitte
und das Flüstern ihrer Befehle ward zum Donner im
Echo der Tiefen.
Du gabst Kraft unserm Angriff, als die Landschaften des
Lichtes von unseren Schritten erdröhnten,
und Kraft den Armen der Feinde, als wir die Siege des
Tages

bei nächtlichen Fackeln entwarfen! —

Unsere Tage erstehen in Nebeln und bange und bange und bange!

Unser Ermatten sät Rosen auf die Felder der Feinde! Und es führt unser Weg zu den Grenzen der Zeit!

O Ewiger!

Im Azur künftiger Jahrhunderte raucht zu dir als ein Bittopfer der Schmerz aller Siege

und das Falten aller Hände, die von Tränen benetzt sind, nach mystischer Verzeihung ruft es!

Mache unsere Hiebe süß und die Zahl der Lebenden größer, nicht kleiner!

Und daß in der Stille unseres Schmerzes in der Seele die mystischen Quellen des Lichtes uns rauschen,

denn der Schmerz und das Licht sind der Vibration deines Geheimnisses einzige Formen!

Mögen im Mittag unseres Kampfes uns klingen die ätherischen Küsse der im Tode versöhnten Seelen,

und die von der ewigen Schuld entzündeten Wangen kühle der Tau eines neuen Schattens,

in dem auch wir die Seelen unserer Feinde dereinst im Grimme der Liebe durchdringen,

die wir leugneten weinend und im rosigen Regen der Küsse der Toten,

denen du befahlst, zu welken auf den Lippen des Kämpfers!

Die Stadt

Ich sah eine Stadt im Flor fremden Lichts. Und die Sonne
hing bleich und des Glanzes beraubt über ihr,
nichts mehr als ein Stern inmitten von Sternen.

Tausend Türme wuchsen zu den Wolken und eines vor langem zerstörten
Turmes Schatten erhob sich. Zahllose Massen wälzten sich torwärts und hervor aus den Toren,
Musik zu unbekannten Festen ertönte, es kamen Züge von Büßern,
Soldaten kehrten vom Kampfplatz, Gefangene schritten in Ketten,
und den Gräbern entstiegene Schatten irrten inmitten der Menge,
und in die Stimme der Lebenden mischte sich ihre Stimme und herrschte:
Sie vereinigten Hände von Fremden und ihr Lachen fiel in der Liebenden Küsse,
wo sie durch Umarmungen schritten, sanken die geöffneten Arme,
und aus ihren im Vorwurf der Schuld unheimlich klaffenden Augen
brach eine geheimnisvolle Sonne und floß jenes Leuchten,
das die Stadt und tausend Lebende in sein melancholisches Zittern tauchte.

Und ich irrte allein durch die Menge, der Schlag meines
        Herzens
erstarb im Pochen zahlloser toter und lebendiger Herzen
und die magische Welle aller unserem Tage erloschenen
        Blicke
bestrahlte die Seele mir. Und dort traf ich dich:
deinem Odem entwehte der Duft meiner tiefsten Einsam=
        keiten,
der Heimaterde, der ätherischen Blüten im dunkelnden Laub=
        gang,
erblüht in des Nachthimmels silbernem Regen,
und deine Stimme bebte von Stimmen, die ich im irrenden
        Winde erlauscht
bei meines einsamen Feuers Gepraffel.

Ich bin wie ein Baum in Blüte...

Ich bin wie ein Baum in Blüte, tönend von Bienen, Insekten: Lachen und Ruh;
Blut: Aufgang der Sonne, Tag badet verjüngt im feurigen Schein;
in den Korridoren des Lichts habe ich Düfte gebreitet für meiner Liebhaber Schuh'
und in den Schoß der Frauen warf ich das Geheimnis der Nächte hinein.

Doch eifersüchtig, wenn ich nachts, matt von der Lenze Umarmung, im Schlummer denk',
will ich nicht, daß du meine ätherischen Schwestern begehrst, die dich locken zum Tanz:
in Jahrtausenden häuft' ich Schätze, ein Königsgeschenk,
und jenen, die nichts zu fordern verstehen, geb' ich es ganz.

Für sie ist die Grausamkeit meiner Liebe,
Ermattens Grabesnacht,
meiner Blicke Tiefe, so seltsam
wie Sternenbilder entfacht,
Kelch meiner Sekunden, wo der Ewigkeit Licht
wie Blut sich ergießt,
und der Küsse Taumel
böse und süß.

Bin nicht wie die Schwestern: ewige Nacht
breitet sich rot hinter meinen Träumen aus,

mit der Hochzeitsfackel ob der Liebenden Haupt
anzünd' ich das Haus:
Mit feuriger Sichel schnitt ich die Blüten, gesät von mir,
mit Flammen verjag' ich, den ich lockte, der Vögel Zug;
doch die Seelen, harrend seit Jahrhunderten, kommen aus
   geheimnisvoller Nacht heran,
in tötlicher Stille auf rauschender Bahn,
ätherischer Falter funkelnder Flug,
die Fackeln umkreisend, entzündet von mir
um der Erde feurigen Bug.

Sklavin des Ewigen, Fürstin des Wahns, ich kenne der
   Masse tieferen Klang,
erster Sonne Pracht, Wolke des Tages, der sinkt;
ein Tränenstrom netzt meine herrlichen Wangen, entfließend
   der Wimper, die in Wollust sank,
in meinem Weinen spiegelt sich das Kreisen der Sterne,
   Musik der Nacht in ihm sich aufschwingt:
denn Fluch der geheimen Schuld und die Zeit schluchzt in
   meinem Lachen bang
und in meinem, vom Lachen des Lichtes tränenden Weinen
Hoffnung der Wiederkehr klingt.

Motiv aus Beethoven

Das war kein leiser Hauch aus ewigfernen Jahren,
vor meiner Seele Fenstern stieg zu mir
Klang deiner Töne: Komm, im wunderbaren
Goldregen unserer Sterne baden wir.

Duft in den Gärten schläft und Himmelsblau in Teichen,
künftiges Morgenrot schloß sich in Blüten und
die Lieder schlafen warm in Nestern; fern entweichen
siehst du den Farbenschaum, grau sinkend auf den
            Grund.

Dunstschleier wird sich wie ein Vorhang breiten,
silbern mit Licht verwebt, wie aus Asbest,
während in schwarzen Waldeseinsamkeiten
das Leid sich matt zu Boden gleiten läßt.

Das Dunkel der Gewölbe will die Sternenlüster über=
            bauschen,
kosmischer Samenstaub, und still wie ein Gewicht
sinkt Dunkel auf den Raum, wo fern die Ruder rauschen
entglittner Zeit. O sage, fühlst du nicht,

wie sich der Atem engt, betäubt von Nacht und Düften?
Und vieler Träume Flug sich in der Runde hebt
und lachender Jasmin und Rosenhauch in Lüften
in seiner Schwingen Wehn aus seiner Hülle bebt?

Wie dir Erinnerung auflodert in der Seele,
verhaltener Kräfte Quell dir an die Schläfen schlägt,
der Küsse Heftigkeit verbrennt dir Mund und Kehle,
und roten Glanzes sich dein Blut in Adern regt?

Daß die Pupille dir ein innerer Brand entzündet,
den Schatten, deiner Schritte Kette, nahm und brach,
und daß meine Hypnose in der Seele Kammern bindet
dein Leid an des Gedankens Lager, wo es nie erwacht.

Und fühlst du, wie Sein Hauch dem Tau der Sternenwiesen
milchstraßenwärts hinwehend sich vereint,
und Sehnsucht nach dem Tod, wie wundersüßes Fließen,
und sieghaft Lust und der Begierden schwarzer Wein,

und zweier nackten Arme gieriges Beginnen,
auf Alabasterbrüsten, weich zur Ruh,
in dein erregt berauschtes Wesen rinnen,
als schlössen sich die matten Sinne zu?

Kristall der Lampe füllt' ich mit dem Öle meiner Töne,
ich wölbte deine Gruft aus strahlendem Gestein.
O komm und auf der Zauberblumen Kissen lehne
in Falten matten Dufts dein müdes Haupt hinein.

Hörst meine Glocken du? Komm: ehe dir im kühlen
Erwachen sich das Leid aus deiner Seele schwingt,
sollst auf den Lippen du mein süßes Grablied fühlen,
und spüren wie sein Kuß dein Leben aus dir trinkt.

Und bis dir lohen wird der ewigen Tage Schimmer
(Regen von Feuerrosen), wird dir sein,
als wärst bei offenem Fenster du im Zimmer
und Morgenlieder still wehten zu dir herein.

Die Natur

Es tönten melodisch die verborgenen Quellen und mein
	Tag sang sein Lied zu dieser Musik
an den melancholischen Gestaden.
Die Trauer einstigen Lebens, aus dem ich hervorging, ent=
	stieg allen Düften
und dem Flüstern der Bäume und dem schweren Geläut der
	Insekten über den Wassern,
und ganze Jahrhunderte lagen zwischen ihnen und meiner
	blumenpflückenden Hand,
zwischen meinen Augen und der Welt voll Geheimnis,
die mit tausend fragenden Blicken stumm meine Seele durch=
	forschte.

Gewölk verdunkelte die westliche Sonne. Und meine Seele
	befragte die Winde:
Sind dieses nahende oder fliehende Wolken?
Verstummten die Winde, zu gehorsamen Spiegeln glätteten
	sich die Wasser,
und die Sterne, wie Brände in den kalten Wogen strahlen=
	der Meere verlöschend,
erbrausten und rauschten über mir, unsichtbar:
Es schwindet das Licht nur beim Nahen größeren Lichtes,
eines noch größeren, größeren Lichtes.

Wo schon vernahm ich?...

Du erschlossest die Fenster der Nacht, o Erschließender! Da weht' es herein voll Geheimnis
und riß die Flügel meines stärksten Gedankens mir aus dem Bereich meiner Blicke.
Im Taumel, als würde das ewige Kreisen der Erde in den Wolken der Welten
in der Seele bewußt mir, kam Gefühl des anderen Daseins in mich.

Von Erde zu Erde, von Sonne zu Sonne fiel Stille herab mit schwereren Schlägen
und neue Stille als Echo entstieg meinen Tiefen, andere Stille als die Stille der Erde:
Sie brauste vom Atemzug Tausender, von hundertjährigen Küssen, vom schwindligen Schweigen längst nicht mehr pochender Herzen,
vom Flug aller toten und künftigen Flügel, von den ewigen Symphonien der Strahlen,
vom melancholischen Läuten der Regen, die, fruchtbar, in hundertjähriges Reifen sich stürzen,
vom Aufschrei in Träumen, die das Morgenlicht fürchten, und von der Düfte mystischem Flüstern.
Sie bebte vom Sturme einstiger Meere in der künftigen Blitze Riesenorchester,
die letzten Kadenzen verklungener Lieder verschmolz sie dem Anfang unbeendeter Lieder.

Stumme Fragen von nimmermehr fragenden Lippen!
In den Ekstasen des Todes voll Durst in die Ferne geheftete Blicke!
Dumpfe Stille geheimer Suggestion von Leidenschaften, die schmerzlich reifen zu künftigem Aufblühn,
die Völker führend durch die Mittnacht der Zeiten, in dem blutigen Abglanz der nördlichen Lichter:
Worte gekuppelt aus dem Flackern der Lichter, die fahl in den irdischen Gedanken verlöschen,
und innere Stimmen, die in den Tiefen der Seelen, ungehört, den Jubel der Seelen aller Welten und eines neuen Lenzes Lächeln erwidern!
Rausch aller künftigen Träume, die mit flammenden Regenbogen
als neue Sonnen am Himmel deines unsterblichen Hauches erblühen!
Ewiger Wirbel der stummen Blitze, in dem deines heiligen Willens Gebote
fliegen vom Geheimnis der unsichtbaren Welt hinüber ins Reich der ersterbenden Farben.

O Ewiger! Jetzt, da machtlos, von Liebe geschwächt die Hände mir sanken,
erschaut' ich mein Leben, von unbekanntem Lichte verwandelt:
das blasse Flimmern der Farben, von meiner Fenster eisigen Blumen aufspritzend,

zerschmolz, von deinem feurigen Hauche verwaschen und in
>der Pracht deiner Gärten tobt' ich mit Blicken.
Und doch, o mein Vater! wo schon vernahm ich die Stimme
>deiner Stille, die mich so bekannt dünkt?
Wo schon gewahrt' ich die Pracht deiner Länder, daß ich ihrer
>Düfte Geschmack wohl erkenne?
Und den Glanz deines Blicks, der meine Seele in Schlummer
>versenkte und sie erweckte zu diesem Träumen?
Auf meinen Lippen brennt die Süße deiner Trauben und
>die Küsse verbrüderter Seelen.
Die Feier deiner Glocken fällt in meine Träume und läßt
>mich träumen von der Musik
und die Morgenzeichen deiner Boten, mir im Traume be-
>gegnen sie der Ahnung des Todes.
Dein süßes Erinnern blieb mir in der Seele, wie duftiges
>Dunkel nach löschendem Lichte,
durchströmt meine Blutwärme, als hielte geliebt eine Hand,
>nächtens im Schlummer, gefaßt meine Hände
und ließe im langen innigen Drucke mich träumen von Liebe.
Deines mystischen Mondes Mitternacht reizt meinen Sang,
>im Traume sich durch Gefahren zu tummeln,
und wie aus nächtlich leuchtenden Steinen atmet mir Schön-
>heit aus deiner täglichen Lichter Geheimnis,
und vor Liebe verstummt spricht meine Seele mit ihrer
>Stimme von einstmals.

———————

Die ewige Nacht entschlief in den reifenden Feldern. Von
>oben erglänzten vertraut mir die Sterne.

Vom Morgen anhuben zu flüstern die Düfte, die Stimme
 der Stille tönte bekannt,
von der Sonne träumten die Apfelbäume, von der reinen
 Begegnung der Seelen die Knospen der Rosen,
meine Seele, glücklich und bang, von der Heimat.

Erde?

Es breitet Welt um Welt sich aus,
ein Stern am andern, bricht Mitternacht herein,
und einer darunter umkreist eine weiße Sonne,
und seinen Flug hüllt Musik geheimnisvoller Freude ein,
und die Seelen jener, die am meisten litten,
in ihn gehen sie ein.

Hundert Brüder sagten: Wir kennen sein Geheimnis,
in ihm stehn Tote vom Traum auf, Lebende schwinden im
        Traume dahin;
die Liebenden sagten: Die Blicke erblinden vor übermäch=
        tigem Glanze
und wie Duft fremder Blumen tötet die Zeit jeden darin;
und sie, die durch die Jahrtausende sahen,
fragen: Erde? mit heiterem Sinn.

Mit dem Tode reden die Schläfer...

Siehe, die Stunde, in der die Schwerkranken noch schlimmer
 sich fühlen
und die Liebe Allwissenheit erlangt.
Über alle Meere und Festländer fliegen tausend Stimmen
 herüber,
mit welchen, wie mit Psalmen eines einzigen Chores, die
 Brüder den Brüdern entgegnen.

— Der Westen verglühte, mit dem Tode reden die Schläfer
 und unsere Städte
sind still schon. Die Erde: ein verlorener Strand im Meer
 der Unendlichkeit,
darüber der kalte Azur, Baldachin einer offenen Basaltgrotte,
die ausgebrannt ist. Es klagt in ihr nur die Stimme deiner
 Meere
und ihre schäumenden Wellen schlagen her durch die tra-
 gische Stille
und funkeln höhnisch durchs Dunkel im Glanze herrlichen
 Goldes,
geschwemmt von den Inseln zahlloser entfernter Welten,
unerreichbarer. Und wir deine Gefangenen hier!
Im Sturm, der sich wälzt und unter gefallenen Sonnen
 hoch aufspritzt,
das Rauschen des Schilfs über blutigen Nestern...
Niemand totärmer als wir hat je sich der Zeiten Geheimnis
 genähert:

denn auch der Schmerz reift in Jahrhunderten zur Voll=
kommenheit
und sein Obst, voll mystischer Kerne, wird bitter durch
vielerlei Sonnen.
Nichts, was sie ihren Kindern verhieß, hat uns die Erde
gegeben:
zu sehr hat ein Unsichtbarer die Wage unserer Schicksale
belastet
und die Last unserer Tränen schuf nicht das Gleich=
gewicht.
Inmitten des Reichtums des Lebens, zum Stillen der
Dürste
war das strahlende Weiß unserer Beute wie Wolken=
phantome,
die täuschend des Wassers Spiegeltiefen durchziehen.
Und es verfingen die Netze, gesponnen zur Jagd im Un=
endlichen, am Grund sich
im Aufgeschwemmten von tausenden Jahren.

Unsere süßesten Tage glichen dem drückenden Traum der
Glücklichen anderer Welten,
aus dem sie blaß und mit Zittern erwachen
und Jahre hindurch sich seiner erinnern ...

Jahrtausende lang harrten wir in deines Geheimnisses
Dunkel,
von der Anmut des ewigen Rhythmus in den Schlummer
der Ungebornen gewiegt:

wie kam's, daß das Licht dieser Erde bis in die Tiefe der
ewigen Nacht drang,
die Augen uns öffnend für Tränen und Sonne?

Ah, Jahrtausende noch zu schlafen! Mögen die Welten
nur
kreisen um feurige Abgründe und gereifte Körner aus den
Ähren der Konstellationen fallen
in deines Äthers schwarzen Grund, in deines Schoßes Ge=
fälte,
des durch die Unendlichkeit sich breitenden!

Und heischt unser Leiden eine geheime Gerechtigkeit,
was spricht sie nicht deutlich zu unseren Seelen? Wer
wanderte vor uns einst
und schnitt Zeichen in die Rinden der Bäume deines Ur=
walds hinein,
die wir nicht verstehen? Und deckte Wolfsgruben mit blühen=
den Zweigen?
Warum tönen der Propheten Worte wie Halluzinationen
an unser Gehör? Und funkeln uns Bangen im Walddickicht
nachts
gleicherweis Sterne und Augen von Phosphor? Krank
allzusehr fühlen wir Krankheit
in der Gesichter ekstatischer Umwandlung, in der Heiligen
strahlender Blässe
und in von Helle überströmenden Worten. Und für unseren
Tod ward die Wahrheit zur Krankheit.

So gehen wir, traurig, und das Weib, uns Genossin, mit heimlichen Blicken
spricht sie umsonst uns von der Unsterblichkeit. Umsonst in ihr Lächeln
wie in einen Schleier himmlischer Lichter hüllt sie des Leibes jungfräuliche Weiße.
Vergebens, die Gütige, verheißt sie Vergessen . . .
Die tausendjährige Nacht hat unseren Blicken die brüderliche Reinheit geraubt
und sich gewölbt zwischen dem Tage des Manns und des Weibes:
nach jedem Kusse breitet sie ins Unendliche ihre täuschende Stille
und ihre Sternstrahlen sind Blitze, durch welche
die Erhabensten sterben. Es begegnen sich nie die Tage unserer Seelen.
Die Sonne, die wir gleich hoch über uns sehen,
ist an Zeit verschieden für sie und für uns.
Aus Rosengärten klagt der Sklavinnen Weinen
und im barbarischen Aufschrei der Kraft ist die Schwesterseele verstummt,
leise singend. Unser Umarmen ward wie ein Zeichen ins Dunkel,
rufend den Schmerz. Des Glücks für ewig verlorenes Eden
verschlossen liegt es zwischen uns da. Nur der reinste, zum Ather aufsteigende Traum
vermag von oben in seine strahlenden Gärten zu blicken,
wo zweckloser Duft zu den sieben Himmeln emporraucht.

28

Und unsere schweifende Freude sucht vergebens die Schwestern.
Noch donnerte nicht in alle Zeiten der mystische Kuß der Versöhnung
wie ein Erdbeben, darin die Erde zerbirst
und neu sich in Apotheosen erhebt.

Doch bis jetzt, rätselvoll wallt sie in verborgenem Feuer
unter Orangenhainen. Die gigantischen Formen einstigen Lebens
hat sie in steinerner Presse gepackt und sie wartet.

Und des Körpers letztes Geheimnis ist der Schmerz, des Kosmos Gewicht, von der Seele erfühlt.
Er wälzt sich durch alle Blutquellen, durch tausend tötliche Düfte.
Er treibt alle Mühlen des Lebens und zart wie der Äther
auch die Windmühlen des Traums auf den höchsten Gipfeln.

Es zittern Schattenhände auf den Tasten, leicht wie schwarze Falter,
jeder unserer Atemzüge füllt das geheimnisvolle Instrument mit Luft;
Akkorde wirbeln im Wahnsinn, hundert Seelen klagen in den Resonnanzen,
Tag und Nacht wie Seiten eines Blattes wechseln im Buche mystischer Komposition . . .

Was bedeutet das Flüstern der Küsse in dieser tragischen
  Musik, welche donnert
aus der Stille unzähliger Empfängnisse im Mutterleib in
die Stille der feuchten Erde,
ewig erneut und doch voll tausendjähriger Reminiszenzen?
Im Stöhnen der Winde, Wälder, Gewässer steigt sie zum
  Himmel,
der Erde Geschenk in der Welten Symphonie,
Lärm der Kämpfe mit unsichtbaren Feinden,
tausendfältig verklingender Schrei, der in entschwundenen
  Zeiten
im Beben der Schuld sich erhob ...
Sieh, die Augen, jahrhundertelang vergebens ersehnend den
  Schlummer,
kaum geschlossen öffnen sich wieder bei ihrem klagenden
  Echo,
und den Tiefen unserer Tage und Nächte entlodern wie
  Phosphor
die Noten der höchsten Töne!

— Alles ist voll Durst. Und es suchen uns ständig die
  trockenen Lippen im Dunkel
und schlürfen gierig von unserem Blute. Und unserm Er=
matten
lächeln die Lenze mit um so feurigern Blüten. Bitter ist
die Arbeit im Geheimnis der Erde
wie die Arbeit von Sklaven im Bergwerk. Und das Licht
  unserer Flammen

30

reizt im dröhnenden Hauche der Tiefen die im Dunkeln
   webenden Kräfte.
Die Garben unserer Ernten wurden feucht in den Stürmen,
   wurden schwer und verwuchsen;
wie heben wir sie auf, sie den Brüdern zu reichen, wenn
   unsere Hände
zerfetzt von der Mühe hundertjährigen Ackerns er=
   zittern?

— Sieh, die Seelen Tausender erschlossen sich endlich und
   hinter all ihrer Bläue·
liegt ein Abgrund. Wir wissen, Fluch fiel auf Alles. Die
   Vögel der Höhe
und was kreucht auf der Erde beben vor den Stärkeren.
   Hundertjährigen Krieg
führen die Völker der Insekten. Auch in der reinsten Welt
   der Pflanzen
herrscht Kampf und Verwelken, drin die duftige mond=
   hafte Zartheit
erliegt dem Anprall barbarischer Stärke. In des Kampfes
   Getümmel
brodelt das Leben voll Glut und auf seinem Dampfe
schaukelt unsre Hoffnung: wir leben vom Schmerze un=
   zähliger Wesen.
Unser Blut, scheint es, entströmt einer geheimnisvollen
   Wunde des Alls
und ist geflossen in unseren Körper und wirbelt darin mit
   krampfhaftem Pulse.

31

Umsonst lassen wir unsere Lichter im Gewitter in die Nacht lohn: mit dem Kreuze der Blitze
zerteilt sie die Wahrheit. Aufgelöste Massen unserer vom Leben verwirrten Brüder
wälzen sich über alle Wege unseres Gedankens von einem Zeitalter ins andere.
Und ähnlich den Wahnsinnigen, die auf ihre Phantome starren
in der Lust des Vergessens,
träumen von neuen Schreien der Wonne wir in Betten,
die unter Sterbenden erkaltet sind.

— Und der Westen, der in fernen Jahrhunderten sich wölbte wie die Pforte der ewigen Stadt,
aus der die Engel über des Todes schwarze Abgründe strahlende Fallbrücken herablassen
und wo aus Tiefen weißen Lichtes das Hosianna der seligen Geister ertönt,
das Firmament über dem Schmerze der Erde gewölbt aus der reglosen Ewigkeit des Glückes,
hat durch Fluch sich verwandelt:
ein Blutwirbel ist die versinkende Sonne,
bis zum Zenith spritzt sie ihren erkaltenden Schaum nach den Sternen
und es naht ihr in immer kleineren Kreisen unser erstarrtes Leben,
um in ihrer Tiefe ins Dunkel zu tauchen.

In die flammende Gehenna sahen unsere Augen und erblindeten vor Glut:
Spiegel, gestürzt in die schwellende Esse, und zerflossen in gläserne Tränen.
Gespenstiges Lachen kam aus dem Dunkel und unser Gehör wurde zu Stein:
wie in einem verkalkten Schneckenhaus hören wir gleichartig brausen
des Meeres tückische Wellen und der Engelsschwingen rhythmischen Schlag. —
Stille . . . Wie über toten Körpern
knieten über uns in Gebeten die Seelen,
es steht in den Blicken:

Die Zeit durchflog die Höhen, im Sturm des Ruhms und des Todes, mit dem mystischen Gespann der Sterne
über die Kreuzwege der Unendlichkeit, der Triumphwagen des Höchsten,
vom leuchtenden Sturmwind der Sieger geleitet.
Wohin fliegt diese Fahrt, donnernd durch die Harmonien,
in der sich die Schreie von Millionen seufzender Seelen verlieren,
wie stiller fruchtbarer Regenfall in der Musik, die den Sieger begrüßet,
und die Zyklone des Schreckens und Todes, das Weltall erschütternd,
dem Wind gleichen, der der Festglocken Einladung

mit einem Hauch von tausend Türmen verbreitet?
Wohin fliegt diese Fahrt? Wo hält sie einst inne?
Die Räder wirbelten,
wie Sonnen strahlten die geheimnisvollen Achsen in weißen
 Flammen,
Wolken von Funken bedeckten die Inseln der Seelen und
 vom Korn des heiligen Feuers flammten die
 Schläfer.
Es erstanden leuchtende Heere von Aonen zu Aonen wie
 ein Lied,
das der Erste auffing aus dem göttlichen Worte
und in die Scharen hineinsang
und welches anschwillt von Lippe zu Lippe,
bis es alle erfaßt hat,
Millionen Seelen,
in einem einzigen flammenden Rhythmus!

Die Propheten

In die Städte, deren Türme und Paläste einmal ein Erd=
 beben
zerrütteln wird, bis die seltsam gestalteten Wolken
aufstöhnen vor Zorn, von den Blitzen der eigenen Tiefen
 verwundet,
und das Feuer, das in tausend verborgenen Höhlen vom
 Ruhme geträumt hat,
sich rührt, zu rächen den ewig Eingekerkerten,
und mit all seinen Stimmen aufschreit deinen Namen,
und die Sonne ihr Antlitz, wie's den Zeiten vertraut war,
 verändert:
kommen sie, unbemerkt, deine Gesandten,
die deines Königreichs Eroberer sind.

Umringt von Musik und tanzenden Mädchen und Liedern
lauschen sie deinem heiligen Odem,
der den Sterblichen auslöscht die Lichter, doch die Brände
 der Welten
zu Weißglut entfachet;
in welchem die Blumen regungslos bleiben, wenn er dahin=
 braust in ihren Tiefen,
aber der uralte Felsen zerschmettert wie Brocken duftenden
 Brotes,
für die zarten Lippen des harrenden Lebens.
Ihre Stimme, vom Sturmwind der Zeiten entbunden, weht
 ihnen nach,

süß wie der Duft hinter Einem mit Rosen, bitter wie
　　　Fackelrauch;
und die eigenen heimlichsten Gedanken, von Allwissenheit
　　　erschreckt,
hören sie über sich mit den Sternen hoch singen,
unter sich schweigen mit Feuer und Geheimnis in den Tiefen
　　　der Erde,
der Lichter und Nächte wechselnder Chor!

Sie reden von dir und von deinem Ruhme,
vom Fluch, der auf der Seelen Bruderschaft liegt
und die Sprache der Bauenden gespalten hat; und es irrt
　　　ihre Liebe
über den Ländern von Jahrhundert zu Jahrhundert
wie der Sommer aus Siedlungen, wohin Sonne ewig steil
　　　fällt.
Neues Obst gedeiht auf den Bäumen der Erde,
Ableger aus ihren geheimnisvollen Gärten;
doch ihre Hoffnungen, fähig so hoher Flüge und Lieder,
baun ihre Nester ganz tief nah der Erde
wie Nachtigallen!

Und nahet die ihnen bestimmte Stunde, dann verdunkelt
die Sonne ihnen die tote Welt; und wie aus des Liebenden
　　　Herzen die Wunde sich gießet,
verwandelt das Licht sich ihnen in Blut; und vor ihrem
　　　Blicke
breitet es Landschaften künftiger Zeiten,

strahlend in neuen Konstellationen.
Dein Hauch treibt Millionen vor ihnen her wie Wellen
des ewigen Meers, das in breiten Buchten die Erde um=
spület
und durch Jahrtausende ihr Festland verwandelt.
Durch den Schnee, mit dem der Zeiten Geheimnis die von
dir gesäete Wintersaat decket,
barfuß, wie Vertriebene, gehn sie einher und ihrer Ge=
danken zahllose Schar
blutet in tausenden Fußstapfen
bei jeglichem Schritte!
Stürmen werden sie über die brennenden Städte künftiger
Zeiten,
wie auf feurigem Teppich, gedeckt auf den Stufen
deiner heiligen Hoheit! Und ihr jeder Gedanke,
der sich in Mitleid wendet zurück,
wird im Erkennen zu Steine erstarren! —

Und immer neue hundertjährige Wolken erdonnern vor
ihnen:
Blitze, totfahl bestreichend das Antlitz der Schnitter!
Schwerer Zusammenprall kühner Schiffe im Nebel!
Heulen der Menge auf düsteren Bauten,
von Blute starrend ihr schwarzes Gerüste,
Hinrichtungsstätten!
O Lieder der Leidenschaft, entsteigend den Flammen!
Blicke künftig Leidender, Magie ihrer Berührung!
Küsse, neue Ewigkeit Lichts und der Trauer erschließend!

Wahnsinn einer Seele, auf deren lodernden Wogen
die Erde schaukelt! Leidende Zeiten, Jahrhunderte schwindend,
unsterbliche,
tragend die Schwere jedwedes Sternbilds,
erkennend den eigenen Ruhm!

Und wenn sie endlich in festlicher Stille
die Spitzen der Flotten künftiger Geschicke,
welche aussegelten, als entstand diese Welt,
herannahen sehen von trübfernen Küsten,
die Ruder verdeckt noch von der Höhlung der Fläche:

Da schreit ihre Freude stark auf und von Gluten
und Ungeduld voll! Und sie, die die Wollust noch nicht
    erkannten,
erwachen zur Wollust aus dem was sie sehen,
und Schmerz, einzig wert ihrer Kraft, verschließt ihre
    Seelen:
der Schmerz der saumseligen Zeit.
Zu langsam kreist ihnen die Erde, zu langsam kommen die
    Morgen,
und allzu lang weilen die Mittage in den Schatten der
    Bäume,
unter den Schnittern.
Sie wünschen sich durch die Jahrtausende mit des Windes
    Schnelle zu fliegen,
tausend Herzen zu haben, um mit ihrem Blut ihre Ekstasen
    zu stillen

und mit einer Röte wie der Aufgang der Sonne
und mit Polarlicht und dem Brande der Welten
das Antlitz ihrer Liebe!
Alle Seelen mit Wein aufzuheitern, der ihnen so festlichen
Schmerz bot und Räusche
und der aus einer verborgenen Quelle emporschießt,
durchduftend das Weltall aus der glücklichen Erde,
nur ihren Kindern noch für Jahrhunderte
vergebens!

Berthold Viertel
Die Spur

1913
Kurt Wolff Verlag · Leipzig

Dies Buch wurde ge-
druckt im Oktober 1913 als dreizehnter
Band der Bücherei „Der jüngste Tag" bei
Poeschel & Trepte in Leipzig

Copyright 1913 by Kurt Wolff Verlag, Leipzig

Meiner Frau

Widmung

Nachts gestern von dir heimgegangen.
Wie Schnee ists unterm Mond gelegen.
Da fühlt ich wiederum den Segen
Der weißen Nacht mit heißen Wangen.

Das tief Vertraute hat gesprochen,
Es lindert sich die starre Kehle.
Da war mit einemmal der Seele
Der arg verjährte Star gestochen.

O Gott, wie ists? Darf ich denn wieder
Mein längst verbotnes Herz auskramen?
Du Freundliche, in deinem Namen!
Ich lege Wehr und Würde nieder.

Darf ich die keusche Kindersage
In dein geneigtes Ohr dir flüstern?
Ich rette Gold aus dem Verdüstern.
Da nimm die Lilien früher Tage!

Der Ort

Einst — Kindheit, Fieber oder Traum,
Ich wachte kaum, ich dachte kaum —
Lag eine Wiese da.
Der Wald wuchs dunkel hinter ihr,
Ein unbeschreitbares Revier,
Wo Angst und Tod geschah.

Die Wiese hielt mich eingefaßt,
Sie, Eiland, Wiese, Wiege, Rast,
Wie ruhig schlug mein Blut.
Auch nicht in meiner Mutter Schoß
Hab ich so groß, so grenzenlos,
So ungekränkt geruht.

Der Himmel flog, ein blauer Rauch,
Von Licht durchatmet, jeder Strauch
Vom Atem eingewiegt,
Der schön und selig, ein Gefühl,
Leicht wie ein Spiel, wie Höhe kühl
Zu Gottes Gipfel stieg.

Ich war ein Schein in allem Schein,
Der widerschien — ich strahlte rein
Und freute mich darin.
Ich, Himmel, Sonne hingen wir
Und flogen wir und gingen wir
Herüber und dahin.

Man muß nicht Wege suchen, sie
Verführen und sie führen nie
Zu dem entzückten Ort.
Ich weiß, ich war — und weiß jetzt kaum,
Ob Kindheitswunsch, ob Fiebertraum —
Einmal geladen dort.

Der kranke Knabe

Ich trag den Schmerz nicht,
Weil ich nicht kann.
Was willst du, Mutter?
Sieh mich nicht an!

Ich mag dich nicht, Mutter,
Weil du nichts weißt,
Nicht wegstreicheln kannst,
Was den Kopf mir zerreißt.

Nicht wegnehmen kannst
Mit der großen Hand
Von der Stirn das Feuer —
Sie ist innen verbrannt!

Wie arg es ist, Mutter!
Sieh mir nicht zu
Und hab mich nicht lieb —
Nein, Mutter, gib Ruh!

Der Gut-Wetter-Wind

Der Gut-Wetter-Wind hat manches zu tun,
Was er lieben müßte, wenn ers verstünde.
Er jagt vielleicht nur, um dann zu ruhn,
Aber dennoch hilft er so manchem Kinde.

Farbige Schleifen hat er zu drehn
Um Holzstäbe, welche die Kinder halten.
Kein braver Wind sollte weiter wehn,
Ohne gern dieses bunten Amtes zu walten.

Papierdrachen aber müssen den Wind
Überlisten, bekämpfen — Triumph des Schwebens!
Da freilich erleidet so manches Kind
Die Niederlage himmlischen Strebens.

Ob das auch kümmert jeden Wind?
Er weht vielleicht nur, um Wellen zu machen,
Um Wolken zu treiben, welche sind
Sein Spiel, sein Sport, sein Triumph, seine Drachen.

Schulstunde

Wenn so an einem Wintermorgen
Im Schulzimmer die Lampen brannten,
Die Seele dämmerte geborgen,
Das Lineal legte Sekanten

Durch meines Zirkels gute Kreise,
Und man bewies etwas an ihnen,
Der Herr Professor schien sehr weise,
Die Schüler machten brave Mienen:

Dann war es so weltabgewandt,
Das Paradies des Objektiven.
Sogar der Lehrer saß gebannt,
Vielleicht, daß auch die Bücher schliefen.

Das war ein freies Nichtstun — wie
Ewig dem Katalog entronnen.
Der Lampen milde Apathie
Nährte der Faulheit süße Wonnen,

Indes die Träume, die sonst gerne
Schmerzhaft im Herzen suchen gingen,
Jetzt schwach nur brausend, wie von ferne,
Verschmolzen mit der Lampen Singen.

Vanitas

Geweint hat schon das Kind,
Verlassen in der Leere
Der Tage, die unfruchtbar sind.
Bald trug ich diese Schwere!

Nachts schrie ich nach dem Traum,
In wacher Not verloren,
Im wüstenweiten Raum.
Und jede Stunde totgeboren!

Ich biß ins Bett, die Finsternis
Mit Fäusten schlagend,
Tobender Neuling — ich zerriß
Mein Knabenhemd, nach Leben, Leben klagend.

Wer hat uns Leben aufgedrungen,
Es ewig zu begehren?
Wenn nur nicht diese Dämmerungen,
Die hoffnungslosen Morgenröten wären!

Heilige Gruppe

Der Gärtner, der den Graukopf zu den Beeten neigt —
Wie sanft kann seine harte Hand betreuen —,
Das Enkelkind, das blonde Locken neigt,
Und knabenhaft bestrebt ist, Sand zu streuen.

Beide versunken in ein schlichtes Dienen,
Beide vor Eifer fromm und zag,
Indes ein schöner Wochentag
Verklärend spielt auf ihren Mienen.

Seit jener Eine wuchs aus solchem Kreis,
Kann jeder blonde Knabe Wunder sein.
Bei hellem Tag zittert ein Heiligenschein
Über dem Kind und seinem Gärtnerfleiß.

Der schlafende Knabe

Mein jüngerer Bruder, du schläfst,
Du träumst.
Leis halt ich deine Hand
Und sinne deinen träumenden Wünschen nach.

Du Ungeduldiger!
Hast du noch nie ein Roß gedemütigt?
Ergab sich nie in deinen Armen
Zur Liebe eines Weibes Haß?
Die weichen, schmeichelnden Teppiche der Ehre,
Wo sind sie?
Und die Vezire, die zu Sklaven werden?

Ah, wo verbirgt sich jene Stunde,
Die ganz besiegte,
Da du nach keiner neuen mehr begehrst?

Ich sehe deine Nüstern zucken
Und eine ungebärdige Ader auf deiner Stirn.
Die Hand in meiner Hand wird muskelhart.

Du unerprobter Kämpfer!
Sieger im Traum!

Gebet

Und wenn ich bete, Gott, erhörst du mich?
Genügt es, daß ich wieder Beter werde?
Erleichterst du mir dann den Druck der Erde,
Der mir so selten von der Seele wich?

Ich bin dein treues Kind von Anbeginn
Und habe dich dereinst so gut verstanden.
Wohl ging ich Wege, die dich nicht mehr fanden,
Dir immer nach und wußte nicht, wohin.

Auf tiefes Dienen war ich stets bedacht,
Und lag nicht deine Huld auf meinem Dienen?
Jetzt freilich zürnen, Meister, deine Mienen,
Und über meinem Scheitel wächst die Nacht.

Daß ich so schwach bin, hab ich nicht gewußt,
Von aller Welten-Schwachheit so durchdrungen!
Willst du die Demut, ist dirs bald gelungen,
Schon atme ich mit halberstickter Brust.

Soll ich bezeugen, Ewiger, deine Macht?
Sollen auf freiem Markt die Wunden bluten?
Gezüchtigt von der Schärfe deiner Ruten
Und wehrlos als dein Opfer dargebracht?

Ich hoffe noch, auch wenn es Hoffahrt ist,
Daß du mir Gutes willst in deinen Plänen.
Und halte fest an meinem Kindersehnen
Und zehre noch an einer Gnadenfrist.

O öffne, Furchtbarer, dein Stahlvisier!
Nur einen Blick aus deutlichem Gesichte!
Wenn du mich retten willst, Vorsitzer im Gerichte!
Ich habe grenzenlose Angst vor dir!

Vorfrühling

Ein Himmel, der nicht weiß,
Ob er strahlen mag.
Erschauernd weht der Tag —
Und leis
Verwirrt er jeden Herzensschlag.

Einsiedler

Mir gehört der große Garten nicht,
Der sich weit ins Land hineinverflicht.
Mir gehört nur ein geborgnes Stück,
Rasenfleck, begrenztes Himmelsglück.

Wo herunter wie durch einen Schacht
Sterne nach mir zielen manche Nacht,
Und an schönem Tag ein wenig Blau
Lächelt meiner unverwandten Schau.

Doch durch diese Enge steigt und steigt
Mein Gebet, ob auch die Höhe schweigt,
Ob auch meinem Schrei, der niemals rastet,
Nie sich eine Antwort niedertastet.

Die Freude

Mir ist die Lust kein leicht erspieltes Gut,
Kein hitziger Zufall — denn mein dummes Blut
Muß erst die Freude lernen.
Mühselig lern ich tun, wie Freude tut.

Weit besser kann ich schon die Traurigkeit.
Ein wahrer Könner müßt ich sein im Leid
Und wie ein Meister spielend.
Leid war bei mir in aller Lebenszeit.

Doch wenn ein karges Frohsein mir gelingt,
Bin ich so stolz wie wer das Große zwingt,
Stolz wie ein Kind,
Das immerfort drei falsche Töne singt.

Die Nähe

Ich wage nicht Heimat zu sagen
Zu Tälern, in die meine Einsamkeit
Sich schmiegte, in ein Lieblingskleid,
Zu Bächen, so vertraut meinen hellsten Tagen.
Und wenn ich im Wald zu horchen begann,
Hielt ich immer beschämt den Atem an.

Ich bin nicht gut genug für all diese Nähe,
Die so lieblich ist und sich selbst so treu.
Die Berge waren längst, ich aber bin neu,
Sie haben ihren Ort, ich aber gehe
Und suche, weiß nicht einmal wen?
Wie sicher die Bäume in ihren Räumen stehn!

Vor dem Einschlafen
(nach schönen Tagen)

Bin wie voll von einem guten Schlafe,
Weil die Tage schön gewesen sind.
Und ich könnte beten wie das brave
Kind, das abends sich auf Gott besinnt.

Eine milde Lampe wollt ich haben,
Die hell bleiben dürfte diese Nacht.
Wollte mich in einem Bette laben,
Mir von milder Hand zurecht gemacht.

Alles wohlgetan, und ich entkleide
Mit den Kleidern mich von aller Welt,
Die mich jetzt mit keinem ihrer Eide
Länger drückt und angebunden hält.

In der Nacht

Ich tauche aus dem Schlaf hervor.
Wohin sich alles nur verlor?

Und über mir ein Traum zerrinnt.
Ich taste, wo die Welt beginnt.

Da plötzlich weiß ichs wie ein Leid:
Daß ich zurückblieb in der Zeit.

Die Stadt

Ein böses Werk betreiben diese Tage
Und treibens hastig, ohne nur zu ruhn.
All mein um Menschen Werben, das ich wage,
Es endet wie gehässiges Tun.

Und alles Herz, das mir die Menschen reichten,
War übervoll mit Gift betaut.
Ich nenne dich die Hölle der Verseuchten,
Stadt ohne Seele aufgebaut.

Könnt ich entlaufen! Einen Acker haben,
Den nichts als Himmel überhängt.
Und dort nach meinem Herzen graben,
Das sich so tief hinabgesenkt.

Pferderennen

Still zieht mein Blick mit diesem Rudel Reiter
In grüner Ferne: das geschlossen dicht,
Wie spielend hinläuft, dort im Bogen weiter,
Dann näher kreist, nun in die Nähe bricht.

Da kommen sie, über den Mähnen liegend,
Sich, Mann und Tier, hinwerfend durch die Zeit,
Noch alle wollend, und noch keiner siegend —
Und plötzlich weiß mein Herz die Schnelligkeit.

Und jetzt: ein braunes mit befreitem Sprunge
Durchdringt das Rudel — ungehemmt davon!
Es hat den Sieg im übersichern Schwunge
Und trägt ihn weit vor allen schon.

Das Rudel ist entwirrt — ein Zweiter,
Ein Dritter reißt sich vom verstrickten Feld.
Im Fluge horcht zurück der erste Reiter,
Der schon sein Tier mit leichten Händen hält.

Szene

(Sonntagabend in der Großstadt)

Ein mächtiger Greis in glänzendem Zylinder
Trat plötzlich vor die Leute, Weiber, Kinder.
Betrunken baumelt er mit einem Stock,
Dran hängt Marie in blütenweißem Rock,
Die schlanke Himmelskönigin aus Flußpapier,
Die Wänglein süß wie Milch und Blut auch hier.
Die Leute lachen sehr: „Er kommt aus Mariazell,
Dort weht es heilig und die Luft ist hell.
Am Weg zum Altar stehn viel Schenken offen,
Da hat der gute Alte sich besoffen."
Der Alte lächelt heimlich und verschwiegen,
Hat er doch Berg und Täler überstiegen.
Und immer neue dumme Neider kamen
Und höhnten laut — er aber sagte: Amen.

Einsam

Wenn der Tag zuende gebrannt ist,
Ist es schwer nachhause zu gehn,
Wo viermal die starre Wand ist
Und die leeren Stühle stehn.

Besser ists, mit den Verirrten
Laut vereint zum Weine finden.
Elend läßt sich mit Gift bewirten,
Und ein Blinder führt einen Blinden.

Freundin, Verlorne, ich könnte dich bitten,
Aber du wirst mich um Geld erhören.
Und wir eilen mit ungleichen Schritten,
Um uns tiefer noch zu zerstören.

Wer hat den Mut, ohne Rausch, ohne Blende
Durch die leeren Pausen zu gehn
Und einsam der Tageswende
In die erlöschenden Augen zu sehn!

Begegnung

Als nachts um eins ein leiser Regen fiel,
Da traf ich in der Straße eine Kranke
Hintaumelnd, eine irre Dulderin,
Die, tastend nach dem letzten Ziel,
Wie ein verlöschender Gedanke
Schon in den Tod zu starren schien.

Und wie gerufen trat ich ihr ganz nah,
So daß ich jetzt ihr leeres Auge sah.

Da mußt ich sie mit einem Worte grüßen
Und sah sie schwanken auf den lahmen Füßen
Und sah sie lächeln schwer und kalt.
„Der Regen", lallte sie, „wird sich beeilen,
Ich aber habe noch zwei böse Meilen."
Wir nahmen Abschied ohne Aufenthalt.

Bauernpferde

Ich sehe oft die Bauernpferde,
Die nachts durch die Straßen zum Markte gehn.

Wenn sie angelangt sind und wartend stehn
Wie roh geformte Klumpen Erde,
Da ruht das Dunkel so schwer auf ihnen.
Aber wenn sie noch gehn und wandern,
Ihre Wagen führen, eins nach dem andern,
Sind sie so stark in ihrem Dienen.

Wie manches allein geht, sorglos, fest,
Bedächtig ziehend an den Strängen,
Und seinen Kutscher schlafen läßt,
Während die Zügel unnütz hängen;
Und treulich ausmißt jeden Meter
Seines Wegs und auf der Hut ist,
Wie ein breiter Mann, der rauh und gut ist,
Und Xaver heißt oder Franz oder Peter.

Die Schlafende

Wenn ich ins Zimmer der Schwester gehe,
Oft, in mancher ruhigen Nacht,
Horchend an ihrem Bette stehe,
Leise, damit sie nicht erwacht,

Mich beuge über das Gottvertrauen
Ihres beschatteten Gesichts:
Dann fühle ich mit schwerem Grauen
Im Dunkel warten den Tod, das Nichts.

Ihres Ruhens liebe Gelassenheit
Gleicht dem noch kindlichen Spiel ihrer Seele,
Aber ich weiß, daß die Verlassenheit
Sie bald bedrohen wird an der Kehle.

Mich beugend über ihr Weltvertrauen,
Lauschend sanftem Atemzug,
Fühl ich mit immer tieferem Grauen:
Wie wird sie verwinden den großen Betrug,

Die schweren, die leeren, die zehrenden Stunden,
Ohnmacht, Ekel, Sinnlosigkeit
Und Verrat — die heillosen Wunden,
Geschlagen vom schweren Schwert der Zeit.

Und daß sie Weib ist, ihrer Schwachheit
Lebensbürde und Liebesnot?
Wie ist ihr Schlummer von aller Wachheit
Unrettbaren Gefahren bedroht!

Da bin ich versucht, sie aufzuschrecken,
Brutal, ob sie auch hart erwacht,
Ich möchte selbst sie grausam wecken
Und mit ihr wachen den Rest der Nacht.

Der Selbstmord

Das Gäßchen bog sich jäh und endete.
Ein Widerschein, der plötzlich blendete:
Das Meer an meine Schritte grenzte,
Das hier getrübte, dort beglänzte.
Wie ein ganz tiefer Atemzug
Hob es sich hin und kannte kein Genug —
Muß einen Schritt nur weitergehn:
Da nimmt es mich so, wie ich bin,
Öffnet sich still und nimmt mich hin,
Zieht mich hinein in die Gezeiten,
Mischt mich erledigend in sein Vergleiten,
Wie eine mütterlichste Mutter, die ihr Kind
Zurück ins Nichts, ins All gewinnt.

Ein Kuß

Eine Hure, die zur Nacht ich fand,
Beugte sich herab zu meiner Hand,
Als ich durch die leere Straße ging,
Eine Hure, die sich an mich hing,
Nahm die Hand, die ihr nicht geben wollte
Und sie wegstieß und ihr grollte,
Beugte plötzlich sich, das arme Tier,
Hat geküßt die Hand im Handschuh mir.
Nicht um zu besänftigen meinen Willen,
Nein, die sonderbarste Gier zu stillen.
Nicht mehr bettelnd, schon hinweggewandt,
Schon entlaufend meiner fremden Hand.

Und da fühlte ichs wie einen Stich
In der tiefen Brust — das war nicht ich,
Den sie küßte, irrend und verwaist,
Nicht das Ich, das einen Namen heißt,
Sondern sie, die Namenlose, mich,
Einen Namenlosen, der jetzt glich
Allen Männern, die sie quälten,
Arme Seele küßte den Beseelten,
Küßte ungelohnt und ungestillt —
Menschenkind küßt Gottes Ebenbild.

O, nie war ein Kuß wie dieser Kuß,
Den ich allen weitergeben muß.

Der Morgen

Ich hing am Kreuz der Nacht und stöhnte schwer,
Mein Herz war matt und hoffnungsleer
Und Stirn und Gaumen ausgebrannt.

Da legt der Morgen seine Hand
Kühl, blaß und scheu
Mir über die versengte Stirn,
Und wie das Dunkel schwindet vom Gehirn,
Atme ich neu —

Und trinke weißes Licht und weiße Gnade
Und sinke losgelöst und sanft befreit
Auf das sich klärende Gestade,
Zu neuem Tage neu bereit.

Der Heller

Geld ist Staub in meiner Hand,
Den ich unbedacht vergeude.
Aber groß war meine Freude,
Als ich einen Heller fand.

Hatte alles ausgegeben,
Hunger mir am Marke fraß,
Und ich sah entnervt in das
Mitleidlose Großstadtleben.

Alle Taschen gut verschlossen,
Alle Seelen zugeknöpft.
Ich begriff, daß man geköpft
Werden kann um einen Groschen.

Ich begriff, daß sich ein toller
Kerl an wem vergreifen kann.
Dieser Ohnmacht Wut und Bann —
Nichts auf Erden grauenvoller!

O, wie muß der Arme hassen!
Fenster, die den geilen Duft
Dich Lebendigen in der Gruft
Wie zum Hohne ahnen lassen.

Lächelnde, kokette Frauen
Zeigen an dem Straßenkleid
Alle üppige Kostbarkeit,
Während dir die Sinne flauen.

Unbekümmert rollen Wagen,
Ohne dich zu kennen, hin,
Die zum Schmaus, zur Buhlerin
Oder ins Theater tragen.

Ich blieb stehn und ich lief schneller,
Starrte an und blickte weg.
Plötzlich lag vor mir im Dreck
Ein verlorner alter Heller.

Und mir wars, als ich mich bückte,
Wie ein Gruß des neuen Tags.
Und mein Herz ging bessern Schlags,
Als ich in der Hand ihn drückte.

Diesen Heller, der mir lachte,
Wertlos zwar, und doch ganz mein,
Ein Geschenk, das mir der Stein
Wie in lieber Absicht brachte.

Wie um mir die Nichtigkeit
Und des Zufalls Wurf zu zeigen.
Mensch, sei frech, mach dir zu eigen!
Dieser Griff hat mich befreit.

Die Heimkehrende

Alida, sagt ich ihr, ich habe dich
Sogleich erkannt — wo hast du nur gezaudert
Die viele Zeit? — Nun aber labe dich,
Hier Wein! Kühl deinen Mund, bevor er plaudert.

Wo irren deine Augen? Nimm das Haar
Fort aus der Stirn! — Nein, keine Frage!
Verjage endlich diese Schar
Mir fremder Tage!

Erwache mir! — Sei da!
Die ruhelosen Hände,
Vielleicht vergäßen sie, was ohne mich geschah,
Wenn erst mein Frieden zu dir fände.

Verfinsterung

Und während dieser Nordwind blies
Und unsre Stadt zum Norden machte,
Die letzte Sonne uns verließ
Und jeder Wunsch zu sterben dachte,

Und viel zu früh die Nacht begann,
Sehr anders als die andern Nächte,
Wie eine Nacht, die dauern kann,
Solange wer zu warten dächte,

Da stand ich auf dem alten Platz
Und sah die alte Kirche dauern
Und geizig Zeit wie einen Schatz
Anhäufen hinter ihren Mauern,

Und sah in dieser alten Stadt
Die Leute, die mir Greise schienen,
(Wie jedes Antlitz Falten hat,
Erstarrtes Nein in seinen Mienen,)

Und fühlte mich hier stehn und stehn
Und wurzeln wie der Dom, der graue,
Und konnte gar nicht mehr verstehn,
Daß wer noch neue Häuser baue.

Ob nicht die junge Frau, auf die
Ich warten wollte, wann nur? Heute?
Selbst alt geworden war und nie
Ein Weib mehr einen Mann erfreute!

Wie ist das sinnlos, hier zu stehn,
Als ob die Zeit ein Ende nähme,
Und zu erwarten irgendwen,
Zu glauben, daß er wirklich käme.

Spaziergang in der Nacht

Kühle, klare Nacht!
Welch ein kühnes Schreiten
Ist in mir erwacht —
Führt aus engen Zeiten
Hoch mich in die weiten
Aufgeschlossnen Räume dieser Nacht.

Daß ich heimlos bin,
Was ich sonst beklage,
Was ich her und hin
Durch die niedern Tage
Keuchend, schleppend trage —
Heute fühl ich es mit neuem Sinn.

Wie der Schritt erfreut,
Wie ein Landweg! Wiesen
Sind die Plätze heut,
Und man geht in diesen
Straßen wie auf Kiesen,
Wie in Gärten, die der Mond betreut.

Löst sich nicht auch hier
Manche reine Quelle?
Offen liegt vor mir
All die fremde Schwelle.
Ist nicht ringsum helle
Heimat und befreundetes Revier!

Die Unerbittlichkeit

Als ich die Unerbittlichkeit verstand,
Ward mir das Blut wie Blei, wie aus Ton mein Fuß
Und ohne Muskel lahmte meine Hand,
Schweiß auf der Stirn, des Todes kalter Gruß.

Und das Herz selbst tat so erbärmlich weh
Vor lauter Gottverlassenheit.
Da sagte ich zu mir: „Mensch! Jetzt gesteh!
Jetzt wärest du zu jedem Schluß bereit."

Jetzt, wo ich sanft in meinem Elend bin,
Weil aller Trotz wie Hauch in Lüften schwand,
Jetzt werft mich zu den Pestverseuchten hin
Und laßt allein verwelken diese Hand.

Einem edlen Jüngling

Du wirst wie wir alle am Zügel
Gängig werden,
Im Zotteltrab, ohne Flügel,
Gehn mit den Herden.

Du wirst mit dir verkehren
Karg und gewöhnlich,
Und ohne prinzliche Ehren,
Weltversöhnlich.

Du wirst deine Tage tragen
Ganz wie wir alle,
Mit Arbeit, mit Behagen,
Mit Herz und Galle.

Du wirst dich ärgern lernen
Und dich bescheiden,
Unter geduldigen Sternen
Menschlicher leiden.

Liebe

Dunkle Erdenwege, die der lichten,
Leichten Gefühle Schatten sind!
Liebe als Licht aus der Sonne rinnt
Und verfängt sich an kalten, dichten

Menschenleibern und Menschenseelen,
Und umwirbt sie, verklärt sie, vergöttert sie,
Und verdirbt sie, zerstört sie, zerschmettert sie —
Menschen, die sich küssen, sich quälen.

Die Spielende

Spiele nur, spiele nur weiter, ich will dich nicht stören,
Ich halte den Atem an und schau dir zu,
Spiele nur, Sorglose du,
Ich will mich nicht empören,
Wenn plötzlich mein Leben in deiner Hand
Ein wenig zu sterben beginnt — ich halte Stand,
Ich Spielzeug —

Weiß ich auch mit meinem kalten, ohnmächtigen Wissen,
Daß dich das Spiel kaum freut, ja langweilt sogar,
Und fühl ich auch, wie so tief! Angst und Gefahr:
Es werde dir nicht entrissen,
Was du mit leichter Sicherheit dir gewonnen hast, Kind,
Wie grausam auch deine Finger sind,
Spiele —

Denn du lächelst, Sorglose, aus dir lächelt ein Schimmer
Des lieben, so unwirklichen, blinden
Lebens, das ich nicht finden,
Nicht sein, nicht haben kann — was auch immer
Jetzt in mir stirbt und sei es noch so reich,
Ich halte den Atem an und fühle bleich,
Daß du schön bist —

Ein Brief

Geliebter, deine Kühle
Weht aus der Ferne her.
Geliebter, und ich fühle,
Du liebst nicht mehr.

Geliebter, und die Züge
Deines Angesichts
Zerfließen, eine Lüge,
In ein Nichts.

Und ob ich mich auch quäle,
Ich weiß deinen Mund nicht mehr.
Geliebter, meine Seele
Wird wieder leer.

Abschied

Abschied ist Tod. Das weiß ein jedes Kind
Und läßt die Mutter aus dem Haus nicht fort.
Jemand reist ab. Mein Herz fühlt Meuchelmord.
So viele weiche Wärme mir entrinnt,

Daß ich wie ein Verblutender verbleiche.
Mir ist sehr kalt, ich friere tief — adieu!
Und alles Bleibende tut grausam weh,
Wie aufgerissene, verletzte Herzensweiche.

Soll ich nachhause gehen, die Papiere
Am Schreibtisch ordnen, einen Stundenplan
Entwerfen, weitertun, mein Ziel bejahn?
Und überwinden, daß ich dich verliere?

Auch du

Auch du bist schon geprüft, auch dir ist eingegraben
Die Rune Welt, die wirre Hieroglyphe.
Du hast gelitten bis zur Tiefe,
Gekostet von den Honigwaben.

Du hast besessen und du warst zu eigen,
Geküßt hast du das Band, dich freigequält.
Du kennst die Schuld, die aus der Rinde schält,
Das süß und bittre Wort, die Kunst zu schweigen.

Das alles war, wie mir, auch dir beschieden.
Jetzt aber sind wir beide neu gewandet,
Gestrandet und an seliger Bucht gelandet —
Und es ist wieder schön hienieden!

Schnee

Schnee war gestern plötzlich da — auf allen
Trüben Straßen, hell wie Unschuld, weiß,
Weich und wärmend, aus der Luft gefallen.
Und wir gingen — enger ward der Kreis,

Der uns heimlich aneinanderhält —
Mit gedämpftem Schritt, gedämpfter Seele,
Unverhofftes Lachen in der Kehle,
Durch des Schneefalls kindlich neue Welt.

Wir, die jetzt so ernste Frage quält,
Wurden schmiegsam, atemleicht, gelinder,
Lachten furchtlos, schneefroh, beinah Kinder —
O wie hat die kleine Freude uns gefehlt!

Bitte an die Geliebte

Laß uns wissend sein! Wir haben gelernt,
Was Menschen nähert, was entfernt.
Wir sind gealtert am Lächeln=Müssen,
Gestorben an erzwungenen Küssen.

Wieder auferstanden an befreiten
Heißen Unwillkürlichkeiten.
Gesundet an einem Atemzug,
Der ungehemmt hinübertrug.

Laß uns Horcher sein auf das Sich=Regen
Im dunklen Du! Nur nicht entgegen
Dem Eigensinn der Einsamkeiten!
Nur mit dem Kind in uns nicht streiten!

Ihr Freunde

Ihr Freunde, große Liebe
War euch von mir geweiht.
Ich ward zum Diebe
An eurer Freundlichkeit.

Mein Herz in Händen bringend,
Ein maßloses Geschenk,
So kam ich Freundschaft zwingend.
Was wart ihr eng!

Euch wie die Mörder hassen
Lehrtet ihr mich zum Dank,
Vergiftet und verlassen,
Nach Sanftmut krank.

Mit allem meinem Gute
Warft ihr dem Weib mich zu.
An der ich blüh und blute,
Sei gnädig du!

Unschuld

O die Unschuld des Genusses,
Wenn ich dich genieße,
Nimmermüde deines Kusses
Und der Atemsüße.

Jede Nacht bringt neue Spiele,
Spielglück ohne Ende.
Unsre Lippen wissen viele
Und die guten Hände.

Immer zarter, immer schöner,
Seit uns Lust verschönte.
Ich dein glücklicher Verwöhner,
Glücklich die Verwöhnte.

Die Insel

Sprich nicht von dieser Insel, wo wir uns trafen
In unsern Nächten.
Das Blut rauscht rings um sie.
Und keine Zeit geschah, Uranfang, Ende.
Was wir sonst sind, vergessen und verscheucht.
Nur diese Spiele, grausam wie Dämonen,
Marter nach einem Glück, das anders
Beseligt als das Brot, der Trunk,
Die sonst die Lippen sättigen.
Nein, ungesättigt
Lobten wir,
Bis schwer die Wimpern und die Lider schwer,
Das Haupt ermattet, sinkend, abgebrochne Blüte,
Der Tod kalt an die Stirnen tastend,
Das Innre ausgehöhlt, ein leeres Haus
Mit ausgehobnen Fenstern, ohne Dach.
Oh, das Korallenrot der Lippen
War mit rötrem Rot betaut
Von unsrer Zähne Mordgier.
Heilandsmale
Auf diesen kühlen Händen, die gefiebert
Im Suchen nach Entspannung, die nicht kam.
Nein, Ekel kam, der Würger,
Vom goldenen Tor der Lust uns scheuchend,
Daß wir wie Schatten flohn.
In unsern Adern

Ebbte die Lust zurück, zum dunklen Schacht.
Und nur ein Duft von ihr
Blieb dem Verschmachten.
Wie Irre hatten wir am harten Schloß gerüttelt,
Die Gnade aufzusprengen.
Aber nun, mit entnervten Knien,
Müd wie Gerichtete,
Schlichen wir einen bangen Weg zurück.

Und doch, du Köstliche, war nichts als Zärtlichkeit
In meinem grausam Sein.
Doch kniete ich huldigend
Den Marterberg empor,
Um nur den heißen süßen Hauch
Zu pflücken, wenn die Lippe dir erblaßt.
Um dir im Weh
Die bebende Melodik zu entlocken.
Um deinem Unbewußtsein nah zu sein,
Als könnt ich fast bis an den Tod gelangen,
Wo wir ganz nah sind.
Und doch war mir, du Köstliche,
Daß wir die Lust, Verschmachtende, verschmähten,
Ein besseres noch als Glück, ein tieferes
An=Wurzeln=Zerren, sie zu lockern, du!
Mir sind sie heilig
Diese Feste
Der Qual —
Wenn wir auch fürchterlich erwachen.

Sprich nie von dieser Insel,
Die nur wir,
Nur wenn wir Dämon sind, in uns betreten,
Das Blut rauscht rings um sie.
Was wir dort leben,
Hat keinerlei Bezug mit andrem Leben,
Nicht einmal unser Denken rühre dran
Und kein Erinnern.
Kein Name,
Der sonst gebraucht wird,
Wage sie zu nennen,
Kein kleines und kein großes Wort.
Nur Reue
Ist tief genug, hinabzutauchen,
Nur Angst so mächtig, um sie zu entdecken.
Sie, die verschollen ist,
Die dunkel=schöne,
Vom Blut geborgene.
Bis wieder wir,
Ganz unvermutet
Vom Dämon hingetragen,
An ihr Ufer stranden.
Du, Köstliche,
Erst dann schön wie ein Gift,
Und ich, der Trinker,
Giftbereit.

Für die Nacht

Gebet für dich: daß deine Wange
Sich möge weich ins Kissen schmiegen,
Und durch die bange Nacht, die lange,
Dein Atem sanft dich wiegen, wiegen.

Es halte dich dein warmes Leben
In seine milde Kraft verschlossen.
Erwachst du, seis, als ob du eben
Im Traum das Seligste genossen.

Und wieder wirst du dann die Wange
Dort, wo sie lag, ins Kissen schmiegen.
Und wieder mag dein Atem lange
Dich flüsternd wiegen, wiegen, wiegen.

Der Berg

Wir gingen, meine zarte Frau und ich,
Den sichern Weg der großen Serpentine,
Die frech an dem gewaltigen Berg sich hochschwingt,
Mit seiner fürchterlichen Schichtung spielend.

Vorbei an greisen Felsenköpfen,
Gepreßten Klötzen, bösen Zacken
Und grimmigen Kronen.

Wo Wasser, Stein=Blut, aussickert,
Eisiges Blut.
Wo jeder Samen lautlos seufzend umkommt.

Wo hoch über allen Sommern
Schnee sich anhäuft,
Zu hell für Augen, die ans Tal gewöhnt sind
Und an die vielen Farben alle.
Schneeflug auf Schneeflug, Schneekorn dicht an
                      Schneekorn.

Wo ein Schweigen tönt,
All unsere Musik, die hurtig plaudernde,
Mit frierender Monotonie belächelnd —
Als wäre ein Jahrtausend hier ein Takt.

Und wir auf unsrer sichern Serpentine,
„Spürst du es," sagte ich,

„Wie nahe wir jetzt einem Großen sind!"
Die Frau lächelte
Zum Berge hin.

Da nahm der Berg mit einem wüsten Griff
Mir meine zarte Frau,
Riß sie mir weg und schwang sie, schwang sie,
Hoch, höher, hoch beim höchsten Schnee —
Und wollte sie fallen lassen,
Sie über Steine tanzen lassen, stürzen lassen
Rasenden Wurfs in eine Todesschlucht kopfunter.

Ganz leise schrie sie: „Ach!",
Ganz ohne Kraft.

Und ich, wahnsinnig,
Umschlang sie jetzt mit beiden Armen,
Allen Wunsch
In meine beiden Arme pressend.

Und küßte der Ohnmächtigen, der Geretteten,
Den Tropfen Blut weg, der an ihrer Nüster stand.

Gloria

O süßes Leben, du bist mein!
In deinem reinsten Licht zu sein,
Ihr Blut die Helden gaben,
Die sich geopfert haben.

Es starb für dich der treue Christ,
Dir jedes Lied erklungen ist.
Soll ich nicht hoffen, glauben?
Kein Schicksal wird mirs rauben.

Wohl war ich in der Mutter Lust,
Um ihren Schmerz hab ich gewußt.
Vom Lieben und vom Leiden
Mag ich mich nimmer scheiden.

Gegeben in die ewige Huld,
Gebunden durch die ewige Schuld,
Den ewigen Tod zu Füßen:
Will ich mein Leben grüßen.

BUSEKOW

Eine Novelle

von

Carl Sternheim

Leipzig
Kurt Wolff Verlag
1914

Dies Buch wurde
gedruckt im Januar 1914 als
vierzehnter Band der Bücherei
„Der jüngste Tag" bei W. Drugulin
in Leipzig

COPYRIGHT 1914 BY KURT WOLFF VERLAG IN LEIPZIG

FÜR MEINE LIEBE FRAU THEA

BEI Anbruch des Tages Epiphanias hielt der Schutzmann im sechsten Revier, Christof Busekow, Posten am Schnittpunkt der Hauptstraßen seit vier Stunden. Anfangs hatte ihn wie sonst das Bewußtsein, Ordnung und Sicherheit hier hingen von seiner einzigen Person ab, zu höchster Dienstbereitwilligkeit aufgestählt; allmählich aber, da alles friedlich sich schickte, verlor seine Aufmerksamkeit das Gespannte und schwang zustimmend mit der Masse der Bewegenden und Bewegten.
Je näher die Ablösung rückte, überwogen in ihm zwei Empfindungen. Es schien alsbald regnen zu sollen, und er fühlte vor, wie mit eingezogenen Schultern, auf dem Heimweg sacht auftretend, er die Pfützen auf den Steinen vermeiden würde; mehr als diese Vorstellung beglückte ihn der Duft des Kaffees, der beim Eintritt in die Wohnung auf dem Tisch hergerichtet sein mußte. Nur noch von Zeit zu Zeit flog seine gesamte Energie in die Brille zurück und riß in flüchtiger Empörung Löcher in Gegenüberstehendes.
Dieser bewaffnete Blick packte nicht allein Passanten in Zivil; wie er aufflammend vorwärtsschoß, zwang er auch Kameraden Busekows zur Bewunderung, und sie empfanden: dieser schaut durch Tuch und Haube, er ist der geborene Polizist.
Von einem tüchtigen Menschen war also die Schlappe der Geburt, Kurzsichtigkeit, zu einem Vorteil für sich

umgebogen worden, wenn er, seiner Nichteignung für eine Aufsichtsstellung im Urteil zuständiger Instanzen gewiß, alle gesunden Kräfte von anderen Organen her ins Auge hochziehend, diesem hinter Gläsern einen so schneidigen Ausdruck verliehen hatte, daß die befugten Personen erklärten, sie erwarteten Besonderes von seinem scharfen Hinsehn. Er wiederum besorgt, er möchte solche Hoffnung enttäuschen, wandelte, den Körper immer mehr vergewaltigend, im Lauf der Zeiten die gesamte Barschaft an praller Muskelkraft und Fett in lauter Späh- und Spürvermögen um, bis seine Schenkel, die ehedem unter dem Sergeanten des fünfzigsten Infanterieregimentes gewaltige Tagemärsche zurückgelegt hatten, saftlos und schlapp ihn auf dem Posten kaum mehr hielten, und die einst vom Gewehrstrecken geschwellten Arme die Lust leidenschaftlichen Zugreifens verloren. Da er aber für gewöhnlich unbewegt auf einer Steininsel zwischen zwei Fahrdämmen stand, und an dieser vom Verkehr belebten Stelle selten außer dem Auge auch der Arm des Gesetzes gefordert wurde, blieb ihm dieser leibliche Mißstand verborgen.
Andererseits hatte er in letzter Zeit begonnen, das Kapital der Sehkraft, das er im Bewußtsein reicher Mittel ursprünglich an die umgebende Welt vergeudet hatte, sachgemäß anzulegen. Er lieh den Vorübergehenden nur noch insoweit einen Kredit auf seine Aufmerksamkeit, als er den einzelnen nicht kannte. Denn da der Platz in nächster Nähe einiger Großkaufhäuser und Banken lag, war der größere Teil des Publikums tagaus tagein der gleiche, und nachdem Busekow in jahrelanger, unwillkürlicher Anteilnahme an jedem einzelnen dessen Erscheinung in sich aufgenommen, erwogen und beurteilt hatte, prägte er von ihm jetzt wissentlich nur mehr einen

neuen Hut, Wechsel von Sommer- und Wintermode sich ein.
Er stand dabei aber in einem umgekehrten Verhältnis zu seiner Kundschaft wie der Bankier schlechthin, als er dem Kunden, je länger er ihn kannte, und je mehr Beweise einer unbedingten Zuverlässigkeit ihm dieser gegeben hatte, um so weniger vorschoß, während er an einen, der zum erstenmal in seinem Gesichtsfelde erschien, die ganze Barschaft des Blickes wandte und je unverläßlicher der Neuling sich darstellte, ihn um so bereitwilliger bediente.
Dank dieser Maßnahmen war es ihm letzthin einige Male gelungen, an Leuten, die andere Schutzmannsposten als harmlose Schlendriane passiert hatten, Merkmale einer versteckten Aufregung zu erkennen, sie durch Winke patrouillierenden Kameraden zu bezeichnen und zu erleben, daß sich die Betroffenen bei Prüfung als gesuchte Übeltäter herausstellten. Und so geschah es an diesem Morgen vor seiner Ablösung um sechs Uhr nur noch zweimal, daß er scharf zusehn mußte, erst als ein Omnibus gegen einen Milchwagen stieß — glücklicherweise konnte ein bloßer Wink Busekows die Lage entwirren — und dann, da in der Schar jener Frauen, die nächtlicherweise auf demselben Straßenstrich ihr Brot suchen und deren jede ihm bis in den Saum des Unterrocks bekannt war, eine neue auftauchte: Hochblond, aufgedonnert, mit einem Blutmal auf der linken Backe dicht am Mundwinkel.

Wie sie zu einer unwahrscheinlichen Zeit mit der Morgenröte zum ersten Male unangemeldet vor ihn getreten war, beschäftigte sie den Heimkehrenden, der, das innere Auge auf sie gerichtet, nicht spürte, wie es zu regnen

begonnen, und er stapfend Pfütze auf Pfütze trat. War es denn möglich, er hätte all jene Zeichen, die das Eindringen einer Konkurrentin in den Ring der auf jener Straße Privilegierten sonst ankündigten, übersehen, oder waren sie am Ende nicht gegeben worden? Und warum nicht? Galt sie ihren Schwestern wenig, erschien sie zum Wettkampf nicht gerüstet und durfte man mit Verachtung sie übersehen? Rief er sich ihre Erscheinung zurück, verneinte er die Annahme. Dem flüchtigen Blick — ein anderer würde ihr in ihrem Gewerbe kaum gegönnt werden — dünkte sie gefällig und wohlbereitet. Busekow, der sich über den Grund ihres lautlosen Auftretens auf seiner Weltbühne keine Rechenschaft geben konnte, ward befangen und kleinlaut vor sich selbst und betrat mit dem peinlichen Gefühl seine Wohnung, in dieser Nacht habe er dem Staat unzureichend gedient, den Platz, der ihm anvertraut, nicht in völliger Ordnung verlassen. Irgend etwas treibe dort ein ungerechtfertigtes, den beschlossenen Gang der Dinge störendes Wesen.
Er schlürfte verdrießlich den Kaffee und legte sich dann zu seiner Frau ins Bett. Zaghaft lüpfte er die Decke, und sich hinstreckend, nahm er eine Rückenlage ein; denn da auf den Seiten liegend er gewöhnlich zu röcheln und zu schnarchen begann, war ihm diese anbefohlen worden. Wie in allen Dingen, die das Weib anordnete, suchte er den Befehl genau zu befolgen und aus Furcht, er möchte im Schlafe seine Stellung wechseln, hatte er sich gewöhnt, beide Hände in die seitlichen Ritzen zwischen Bettlade und Matratze einzukrallen, durch welches Manöver tatsächlich erreicht wurde, daß er in gleicher Lage aufwachte, wie er eingeschlafen war. Auf welche Weise die Frau bald nach Beginn ihrer nun zwölfjährigen Ehe seine Unterwerfung unter ihren Willen durchgesetzt

hatte, darüber hatte er nie nachgedacht. Er wußte nur, die Abhängigkeit war bodenlos, ohne den leisesten Trieb zum Widerstand. Selbst bei den ihm unliebsamsten Geheißen erschien sie ihm noch eine milde Gebieterin, da er in sich die Neigung ahnte, auch ihrem zügellosen Verlangen nachzugeben.
Es war aber einzig sein bedingungsloser Gehorsam, der die an sich Schüchterne allmählich fähig gemacht, Wünsche ihm gegenüber zu äußern, später zu fordern. Um so entfernt blieb sie innerlich der Überzeugung wirklicher Macht, daß sie noch stündlich und bei jedem Anlaß erwartete, er möchte es endlich satt haben und mit ihr kurzen Prozeß machen. Denn sie war sich wohl bewußt, das einzig wirkliche Guthaben, das sie bei ihm besaß, — jene kleine Summe, die die Sechsundzwanzigjährige dem Vermögenslosen einst in die Ehe gebracht — mußte längst aufgezehrt sein, und weder geistig noch körperlich fühlte sie sich vor ihm begnadet.
Was den Leib anging, so verbarg sie sogar seit Jahren schwere Schäden. Ohne daß sie Mutter geworden, hatte die Zeit ihr mitgespielt. Das einst volle Haar war zu einer winzigen Schnecke auf dem Hinterkopf zusammengeschrumpft, ihr Gesicht, das straffe Haut wohltuend gegliedert, hatte durch deren Nachlassen Löcher und Vorsprünge bekommen; heftiger aber bewegten sie ihre Brüste, die zwei flachen Tellern gleich, mit kaum noch gefärbter Warze von den bergenden Händen beim Auskleiden nicht mehr bedeckt werden konnten. Die zarte Scham, mit der Busekow über diesen Umstand abends und morgens hinwegsah, vergrößerte ihren Kummer und bewirkte, daß sie ihm einen harten Anruf zum Bett hinschickte, etwa: setz Wasser auf den Herd! oder: scher dich zum Kohlenholen!

Bei solchen Aufforderungen hatte den Mann oft verlangt, sie möchte ihre Empörung über die Unbill der Natur durch eine furchtbare Forderung an ihn etwa für sich ausgleichen. Wie sie zur ärmsten Magd Gottes herabgesunken war, dichtete er königliche Befehle in ihren Mund, sah sich in hündischer Demut in den Ecken stehen, die Pfoten aufwartend gekrümmt. Und fürchtete, er habe sie um ein Großes betrogen, meinte das Kind, das sie von ihm nicht hatte, seufzte und fand sich vor ihr schuldig. Oft lagen sie sprachlos nebeneinander, mit nach oben gedrehten Gesichtern, geschlossenen Lides, daß keiner dem anderen das Wachen anmerke. Ihre Herzen klopften laut: Warum konnte ich sie nicht erfüllen? Was tönten meine Rippen nicht von ihm? Und wehmütig griff sie ihre Brüste; er fuhr die mageren Lenden herab; beide fühlten sich dürftig.
Den Betten gegenüber hing in Öldruck Martin Luther. Die Hand auf ein Buch geballt, machte er eine ausladende Gebärde. Beide Gatten hatten anfangs aus dieser Geste einen großen Mut zu holen gesucht, wollten sich erklärend anreden und die Kluft überspringen. Aber es gab zwischen jenem und ihnen keine Zusammenhänge. Schon begann alles in eine hoffnungslose Gewohnheit beschlossen zu werden. Man sparte an Blick und Ton füreinander, rief sich und antwortete in Hauptworten, denen die verbindenden Verben und Partikeln fehlten, um schließlich bei Begriffen, die man als bekannt und erwartet voraussetzen konnte, auch an den Endsilben zu sparen. Die Augen wichen sich aus, man sah gegen Wände; Berührung wurde gefürchtet. Streiften bei einer Begegnung sich die Kleider, schoß beiden panischer Schreck ins Gebein, als hätten sie Allerheiligstes betastet. Die weibliche Seele war so voll Vorwürfen für ihn, er

so voll Angst vor ihr, daß sie wußten, ein wohlgebildeter Satz jetzt, Gleichnis freundlicheren Lebens, hätte sie bis ins Mark erschüttert und vernichtet.
Also scheuten sie ihre Güte, erzogen Hartes und Kantiges in sich und schlossen am Ende auf Grund rauher Regeln einen letzten Frieden, er, der Hingeschmissene, Unwürdige, Besiegte; sie die Beleidigte, mulier virgo.

Wie er nun lag und ruhen wollte, brach Sonne schräg durchs Fenster und verwirrte seine Augen. Da er sich nicht wenden durfte, bedeckte er das Gesicht mit der Hand; doch das Licht schien rot durchs Blut der Finger. Diese Wahrnehmung verwirrte ihn, als hätte er des Umstandes seines lebendigen Blutes vergessen. In einer Aufwallung streckte er das eine Bein gegen die Decke, daß eine Wölbung über seinem Leibe entstand und lächelte. Es schien ihm aber gleich darauf, als sie neben ihm im Schlaf stöhnte, Gebärde und Lachen infam, und er begann, in die Strahlen blinzelnd, alle Züge einer stetigen und zunehmenden Niedrigkeit aus seinem Leben zum Bilde eines verworfenen und vergeblichen Geschöpfes zu dichten. Wie er in der Schule seines Dorfes schlecht gelernt, zum Hofdienst untauglich gewesen war und einst am Reformationstage in der Kirche, während die Gemeinde im Liede: Ein feste Burg ist unser Gott himmlische Andacht einte, den Zopf des vor ihm singenden Mädchens ergriffen und an seine Lippen geführt hatte. Die Kleine hatte aufgeschrien, Nachbarn den Frevel bemerkt, und er war dem Pastor zur Bestrafung angezeigt. Der hatte ihn mit Wortschwall überwältigt und Mut der Jugend und Selbstbewußtsein für lange Zeit in Grund und Boden geschlagen. Eine Spur davon war erst nach langen Jahren wiedererstanden, als ihm, dem Unteroffizier, eine Dekade junger Burschen auf Gnade und Ungnade überantwortet wurde. Da hatte er den Schnurrbart hochgezwirbelt und sich einiger Flüche bemächtigt, die ihn vor sich selbst martialisch machten. Doch gelang es über ein geringes Maß nicht, da die Wichtigkeit vom Kasernenhof in den Stuben bei Instruktion und Unterricht verblich, merkte er, wie er im Auffassen des Vorgetragenen hinter den Kameraden zurückblieb. Im Verlauf von zehn Jahren hatte der Hauptmann einige Male zu ihm gesagt: Sie sind in Herz und Nieren königstreu, Busekow. Das ist eine Sache. Aber haben keine Verstehste. So wurde Königstreue, die man ihm öffentlich zugestanden, fortan Richtschnur seines Lebens. Und als er einsah, eine Feldwebelstelle war ihm nicht erreichbar, er aber nur im Staatsdienst für seine positive Eigenschaft Verwendung hatte, gab er sich als Schutzmann ein. Bedenken gegen seine zunehmende Kurzsichtigkeit zerstreute er auf die geschilderte Art.

Da ihm seine Tugend jetzt einfiel, wurde die Seele einen Augenblick freier; schnell erleuchtete ihn jedoch Erkenntnis, wie wenig offiziell sie in seinem heutigen Dasein sei. Im Gegensatz zu jenem Hauptmann hatte seine Frau sie nie anerkannt, in ihren Reden war sie nie erwähnt worden.

Ein elendes, nutzloses Schwein bin ich, dachte Busekow. Diese Frau weiht mir ihr junges Leben, ihren einst blühenden Leib, schöne Gaben. Alles habe ich vernichtet, nicht fähig, das mir Anvertraute zu pflegen. Was aber meine Königstreue anlangt (mit einem letzten Versuch, sich zu erheben, flüchtete er noch einmal zu diesem Gedanken), meine Hingabe an den Dienst — vor seinem Geist stand ein blondes aufgedonnertes Frauenzimmer,

ein Blutmal im befremdenden Gesicht. Da ergriff namenlose Trauer um sich selbst unseren Helden, und einschlafend verstand er die Größe seines Weibes nicht mehr, die es vermochte, bei ihm auszuhalten.
Er träumte, in leerem Raum ständen sie sich gegenüber, nackt. Wie ihre Augen sich sengend ihm ins Gesicht bohrten, war er gezwungen, sie anzusehen. Einen schauerlichen Leib erblickte er, wie Stöcke die Beine, von Hautrunzeln bedeckt. Erbärmlich das übrige. Nirgends aber war noch der leiseste hüllende Flaum zu erspähen, und der Kopf glich einer polierten Kugel. Mit ausgestreckter Hand, die wie eine Kastagnette knackte, klopfte sie abwechselnd gegen sein gepolstertes Bäuchchen, den Schädel und krächzte dazu: Heuwanst, Heukopf! Und alsbald begann er aus der Öffnung seines Mundes Stroh zu speien, bündelweis, ohne Aufhören meterweis. Sie lächelte giftig dazu, klopfte und knatterte: Heukopf, Heuwanst, Heukopf. In Schweiß gebadet erwachte er, war mit einem Ruck aus den Federn, und im Hemd ins Nebenzimmer stürzend, rief er dröhnender, übernatürlicher Stimme ihr zu: Ja, ja Elisa, ich bin ein Elender; wirklich ein Unfruchtbarer! Sie war nicht im Raum. Neben Butterbroten und einer Flasche Bier lag auf dem Tisch ein Zettel mit den Worten: Ich bin zum Kientopp. Wundre dich nicht. Geburtstag.
Und nun stellte er sich, während er zu kauen begann, ihre Freude im Lichtspielteater vor und spürte, die tröstliche Stärkung, die er mit dem Zugeständnis seiner Wertlosigkeit hatte gewähren wollen, mußte ihr draußen stärker zuteil werden durch Bilder aus der Menschenkomödie, die sie mit Lachen und Weinen ergreifen würden.

Gegen sieben, seine Frau war noch nicht zurück, begab er sich zur Polizeiwache in den Dienst. Um Mitternacht bezog er Posten am Schnittpunkt der Hauptstraßen. Aber da es in Strömen regnete, gelang es ihm von allem Anfang nicht, die heroische Haltung, die er sonst besonders während der ersten Minuten seiner Wache vor einem vierarmigen Gaskandelaber einnahm, zu markieren. Im Gummiumhang, die Schultern eingezogen, das Haupt gesenkt, sah er vielmehr, während das Wasser an ihm niedertroff, recht kläglich aus. Zudem verwirrten ihn hinter nassen Scheiben seiner Brille rote, grüne und weiße Lichter der Fahrzeuge. Um sich überhaupt bemerkbar zu machen, hob er von Zeit zu Zeit einen Arm und ließ ihn, ohne des Eindrucks inne zu werden, wieder sinken. Nur mit Mühe unterschied er den Aufmarsch bekannter Gestalten; die Frauen der Kaffeekellner, die ihre Männer abholten, Stammgäste der in der Nähe befindlichen Wirtschaften, den Mann mit dem fliegenden Streichholzhandel und eine nach der anderen die Nymphen der Straße. Dicht an die Häuser gedrängt, hüpften sie Schutz suchend an ihm vorüber, mit eingezogenen Flügeln Vögeln gleich, die, Land gewöhnt, ins Wasser gefallen sind und sich retten möchten. Sie schritten auf ihren bis zu den Knien freien Ständern über den Fahrdamm und teilten ihre Aufmerksamkeit zwischen den Wassertiefen, die sie durchqueren und dem Wild, das, diesen Abend spärlich genug, sie jagen mußten.
Beim Anblick ihres namenlosen Elends hob Busekow am heutigen Tag zum erstenmal selbstbewußt den Kopf. Diesen da war er, wie man den Maßstab auch anlegte, doch tausendmal überlegen. Er dachte an seinen Traum und meinte, produziere er als letzte Formel von sich auch Heu und Stroh, so sei das schließlich eine saubere Sache.

Wie aber würde sich diesen in Träumen das Gleichnis
ihrer ausgespeiten Eingeweide darstellen? Und anderen,
weniger verächtlichen, aber dennoch tief unter ihm
stehenden Klassen, all diesem männlichen Gelichter, das
an ihm vorüberstrich. Stand er hier nicht — Donner
und Doria — doch am Ende für Kaiser und Reich und
sah alle Welt in ihm nicht einen tüchtigen Beamten? Als
es aber noch heftiger vom Himmel goß, und er tiefer
in sich hineinkriechen mußte, erschien vor ihm wieder
der Leib seiner Frau, wie er ihn heute im Schlaf gesehen, und die Erde ward abermals wüst und leer.
Mit gedunsenem Auge stierte er in die Luft, einmal
rechts, links einmal und geradeaus, als aus dem Gewissen
plötzlich die Frage nach dem Verbleib jenes Weibes sich
hob, das er am Morgen zum erstenmal erblickt. Gehörte
sie von nun an für immer zu den Figuren, die vor ihm
spielen würden, oder war sie nur wie zu einem Gastspiel
auf dieser Straße erschienen? Dafür sprach das Verhalten
der Kolleginnen, die ein einmaliges Kommen und Gehen
zur Not dulden durften, eine dauernde Etablierung jedoch,
wie er es in anderen Fällen erlebt, mit Hohn und Gewalt-
tat zurückgewiesen hätten.
Es schlug zwei Uhr morgens, als sie hinter einem jungen
Menschen in aufgeweichten Lackstiefeln auftauchte. Zugleich aber bemerkte Busekow eine lange Schwarzhaarige
sie an die Schultern greifen und hörte, wie sie ihr zu-
zischte: Nicht an meinen Kleinen heran! und die Antwort der Neuen: Nur sachte!
Schon sammelte sich auch ein Kreis erregter Frauenzimmer um die beiden und fiel mit schnatterndem Schwall
im Chore ein. Man sah drohend aufgehobene Arme und
Schirme. Da aber schleuderte Busekow allen Regen von
sich, war mit zwei Schritten bei den Streitenden und

Gewitter aus empörten Augen blitzend, herrschte er mit erzener Stimme die Auseinanderstiebenden an: „Keinen Streit, meine Damen. Weitergehen!"
Nur sie blieb ihm gegenüber. Sekundenlang sah er in ein erschrockenes Gesicht und trat dann an seinen Platz zurück. Irgendwo straffte sich eine Sehne an ihm. Der Blick, den sie von jetzt ab bei ihrem allnächtlichen Erscheinen ihm zuwarf, strahlte vor Dankbarkeit. Er entzog sich ihm nicht, empfing ihn als seines öden Lebens Zuckerbrot. Und als er Nacht- mit Tagdienst tauschte, war das Gefühl des Bedauerns, diesen Blick in Zukunft entbehren zu sollen, groß. Doch kam sie schon am zweiten Tag die Straße herauf an ihm vorüber, und da geschah es, daß er, ihren Gruß erwidernd, ein wenig das Haupt neigte.
Schnell spannen sich zwischen ihnen die Fäden schlichter Vertraulichkeit. „Mir geht es immer so, bin immer die gleiche," sagte etwa ihr Blick. „Stehe hier für Kaiser und Reich," rief er zurück. Monatelang. Bis eines Tages, vom Dienst heimkehrend, er sie streifte, die in einem Haustor stand.
„Keinen Auflauf bilden, Fräulein," meinte er witzig und lächelte sie an. Sie senkte den Blick vor ihm. Meinte er, Samtenes schlage Flügel und verwirrte sich bedeutend.
Ein andermal, da er an einem Urlaubstag gegen Abend spazierte, traf er sie und ging ihr nach. Sie trat in einen Flur, sah sich nicht um. Er folgte, stieg die Treppen hinter ihr hinauf, schlüpfte in einen Korridor, den sie aufschloß, und dort im Dunkeln standen sie sich gegenüber, ohne daß ein Wort fiel. Nur ihr Atem blies, die Augen glühten sich an. Berührung wurde nicht gewagt. Schließlich lehnte sie sich Halt suchend gegen die Wand; er schräg an sie gebeugt, schlang in alle Öffnungen den Hauch

ihres Leibes. Beide wankten. Sie fiel zuerst. In schmerzlich süßer Lähmung blieb ihr das eine Knie erhoben und reckte ihren Schoß auf. Wie ein stürzender Felsblock senkte er sich ein.
Auch späterhin war kein Wort gefallen; da er losgebunden von ihr schwand, blieb sie am Boden hingenagelt. Geschlossenen Auges lächelte sie; ihr Atem ging wie eine feine Musik aus ihr, und in rhythmischen Abständen zitterte der Leib.

Acht Tage später wieder frei, begab er sich unter dem Schutz der Dämmerung zu ihr. Da er an die Tür klopfte, öffnete sie und zog ihn gegen ein erleuchtetes Zimmer, in dessen Mitte, dem Klavier genüber, ein gedeckter Tisch stand. Busekow hörte das Summen des Wasserkessels, roch den Duft eines Kuchens und sah in weiß und gelben Farben Blumen gebunden.
Sie blieb aufrecht vor ihm, legte einen Arm um seinen Hals und strich mit der anderen Hand ihm Haar aus der Stirn. Dabei hing ihr Blick in seinem. Ein Wort wollte er sagen und vermochte nichts; lächelte sie und bewegte verneinend den Kopf. Plötzlich lief zischend der Kessel über. Sie ließ den Mann und war mit zwei Schritten am Tisch, hob das kupferne Gefäß, schwang es gegen die Kanne und ließ heißes Wasser in sie stürzen. Verharrend folgte er der Bewegung. Wie sie goß, zuteilte, zurechtstrich und schließlich winkte. Da setzte er sich zu ihr ins Sofa.
Überstürzte Frage und Antwort schwirrte. Alles Wie und Was ihres heutigen Lebens saugten sie in sich hinein, stürmisch verständigten sie sich über Gelände und äußere Grenzen ihres Glücks. Und als nirgends jählings

der Abgrund auftauchte, der ein augenblickliches Halt rief, war mit ihnen ein einziges Glück. Sie hatte beide Arme erhoben und saß mit aufgerissenen Augen stumm wie eine Schreiende. Er hieb die geballte Faust in den Tisch.
Da später Dunkelheit und die Decke des Bettes schützend über ihnen ruhte, nahm sie zuvor plötzlich seine Hände, faltete sie ihm auf die Brust und hauchte an sein Ohr: „Vater unser, der Du bist im Himmel" und murmelte weiter. Er aber erschrak heftig und schämte sich, weil heute und sonst Gebet ihm fern und fremd war. Doch bewegte er die Lippen und stellte sich, als folge er ihr in jeder Silbe. Trotz seiner Lüge wurde auch der Sinn des Gebetes in ihm erreicht, denn Ruhe war an Stelle brennenden Verlangens getreten, als er jetzt seinen Arm um sie legte, Glied an Glied zart fügte und reinen Atem aus seinem Munde auf sie herabwehte. Sie hielten sich erst schwebend und wie aus Erz gegossen. Noch spürte jeder den eigenen festen Umriß und die verhaltene fremde Person.
Da rief sie „Christof", und zugleich sah er das Blau ihres Auges sich verschleiern und verschwinden; rund quoll Weißes über den ganzen Ball. Und zum andernmal erschrak er vor ihr und wußte nicht, wie sich in Einklang mit ihr bringen. Bebend stieg er in sein Innerstes nieder und brachte Konfirmationstag und seiner Mutter Sterbestunde herauf. Aber auch so versehen, holte er die Seele der vor ihm Ausgebreiteten nicht ein, und seine Anker griffen nicht ins Mutterland der Hingegebenen.
Doch schmolz viel harte Schale an ihm. Schon wurde mancher Zelle Kern erweckt und goß sich in den Kreislauf der Säfte. Und jede Welle Leben, die er in sie schickte, kam als brausende Sturmflut in sein Blut zu-

rück, die Schutt und Asche fortriß, bis schließlich an des Lebens Nerve donnernd, sie ihm den Mund zu einem hellen Ruf aufspreizte. Da, während er gegen die andere Wand des Bettes zurückwich, verklärte himmlischer Schein des Weibes Gesicht.

Er erfuhr von Gesine, Vater und Mutter habe sie früh verloren und Ernährerin ihrer jüngeren Geschwister sein müssen. Emsig verglichen sie ihr Kinderleben, freuten sich, dieselben Spiele gespielt zu haben, und als beide ihre Vorliebe für die gleichen Speisen in jener Zeit entdeckten, waren sie noch glücklicher. An diesem Tag blieben sie ganz närrisch ihrer Jugend hingegeben. Die Eltern, Brüder und Schwestern lernten sie gegenseitig kennen, Haus und Hof und Knecht und Vieh. Vom Getreide sprachen sie, von Saat und Frucht; wie der Dung am besten in die Scholle gebracht würde, und was es der Freuden und Verlegenheiten bäurischen Volkes mehr gibt. Erst als sie auf ihren Glauben zu sprechen kamen, und Gesine ihm ihre katholische Religion bekannte, ergriff beide Scheu voreinander und Fremdes stieg zwischen ihnen auf. Der märkische Protestant brachte aus der Kindheit einen so feindseligen Begriff dieser Lehre, die er nicht kannte, mit, sie war ihm als etwas so Götzendienerisches, deutschem Wesen Fernes hingestellt worden, daß er die junge Frau neben sich plötzlich mit der Neugier, die man an ein wildes Tier wendet, besah. In diesen Augenblicken war von dem fanatischen Haß seiner Mutter gegen andersgläubige Christen in ihm, seiner Mutter, die vor der katholischen Magd des Nachbarn ausgespuckt und behauptet hatte, diese verhexe den Armen Familie und Gesinde.

Als Gesine wieder nach ihm griff, wich er beiseite, trat ins Zimmer zurück und schickte sich eilig zum Gehen.

Und da ihr Antlitz mit den weißen Augäpfeln wieder vor ihm erschien und manches Seltsame, das er sich nicht hatte deuten können, brachte er's mit ihrem verdächtigen Bekenntnis in Zusammenhang und entfloh mehr, als daß er ging.
Doch war ihres Leibes Eindruck schon zu bedeutend gewesen; von Stund an, wo er stand und ging, verließ ihn das Gefühl ihrer Liebkosung nicht mehr.

———

Den nächsten Urlaubtag verlebte er mit seiner Frau. Schuldbewußtsein hielt ihn an ihrer Seite. Doch vergrößerte er es tagsüber nur, kam ihm bei keiner ihrer Bewegungen die entsprechende seiner Geliebten aus dem Sinn. Da er sich aber abends niederlegte, und sie, sich entkleidend, ein Päckchen Wolle unter dem Haarknoten hervorzog und auf den Tisch legte, war plötzlich alles Mitleid, das ihn bis dahin stets um sie bewegt hatte, dahin, und er lächelte spöttisch. Ihr Körper, den er beim Schein der Lampe durch das Hemdtuch umrissen sah, erregte tolle Lachlust in ihm. Wie sie mit ihren mageren, ein wenig nach innen gekrümmten Beinen von einer Tür zur anderen trat, er nicht eine gefällige Linie an ihrem Leib sah, schlug stürmische Scham über sie ihm in die Stirn. Zum erstenmal in seiner Ehe stand Trotz in ihm auf, und aus ihrer Dürftigkeit gewann er eine große Rechtfertigung für sich. So blieb auch ihr heute schon oft wiederholter Vorwurf, die Kameraden im Revier sprächen von einer Zunahme seiner Kurzsichtigkeit, sie aber glaube nur an gesteigerte Teilnahmslosigkeit und Faulheit, so gut wie ungehört. Im Gegenteil trat er am anderen Morgen mit wuchtigerem Schritt als sonst beim Barbier ein, hatte hier schon unter der Ser-

viette das Gefühl gesteigerter Bedeutung und empfand sein Bild, wie er heute im Sonnenglanz im Rock von Blau und Silber prangen würde, als eine körperliche Wohltat. Und wer ihn an dem Tag auf seinem Posten gesehen hat, muß das Gefühl mitgenommen haben, in dem Manne geht Veränderung vor sich. Unablässig trat er auf seiner Insel hin und her, ließ es nicht beim Insaugefassen Vorübergehender, sondern bewegte sich einige Male hilfebringend auf eine geängstigte Frau, ein verwirrtes Kind zu. Er hob auch seine Stimme zum Kommandoton, schob die eingesunkene Brust in die Luft, rührte fast unablässig weisend und richtend beide Arme. Kurz, er war ein froher, zugreifender Schutzmann und gab dem Leben an dieser Stelle der Erde etwas munter Bewegtes. Wäre es angegangen, hätte er für einen Bettler, der vorbeischlich, in die Tasche gegriffen. So mußte er sich begnügen, für den Hinkenden einen Augenblick den gesamten Fahrverkehr zum Stehen zu bringen und ihm einen Übergang über den Straßendamm zu schaffen, wie ihn sonst nur die höchsten Personen genossen. Der Bettler grinste und winkte mit der Hand einen Gruß, Busekow lachte fröhlich auf. Als Gesine erschien, erhielt seine Haltung vollends etwas Heldisches. Er flog und wippte auf Draht, schlug mit der Linken einen mächtigen Bogen gegen nahendes Vehikel, und der Platz hallte von seiner Stimme. Gleich darauf riß er vor einem passierenden General die Hände stramm an die Hosennaht, rührte den Kopf so jugendlich auf, daß die Exzellenz wohlwollend nickte. Von ihm fort aber sandte er Gesine über alle Köpfe einen strahlenden Blick zu, der ihr kündete: Du mein geliebtes, du mein angebetetes Leben.
Er kam wieder zu ihr, und sie wurden von Mal zu Mal

mehr eins. Mit gelassenem Behagen gaben sich die Körper dem Gefallen aneinander hin, als sei ihnen gegenseitiges Begehren für alle Zukunft gewiß. Mit immer frischem Appetit setzten sie sich an den Tisch ihrer Sehnsucht, aßen und standen erst leicht gesättigt, das Herz von Dank für den Schöpfer gefüllt, auf. Auch in Gesprächen vermieden sie die Grenze des ihnen Faßbaren, sondern gaben sich Rechenschaft nur über ihr täglich Leben. Inbesondere drang Gesine in das Wesen seines Dienstes völlig ein. Bald war ihr Reglement und Praxis innig vertraut, und sie erörterten manche Möglichkeit an Hand eines älteren Rapportbuches, in das er Vorfälle und Schuldige aufgezeichnet, und das er ihr zum Geschenk gemacht hatte. Mit scharfem Instinkt griff sie menschlich besonders packende Dinge aus ihm heraus und führte sie, Herz und Überlegung an sie hingegeben, aus dem Bereich des Zufälligen zum symbolisch überhaupt Giltigen auf; erfüllte ihn allmählich mit der Überzeugung, wie er an seinem Platz mit tausend Fäden ins innerste Menschentum verflochten stehe und gab ihm ein bedeutendes Bewußtsein von der Wichtigkeit seines Amtes im allgemeinen. Darüber hinaus aber suchte sie ihn auf jede Weise von seiner besonderen Eignung für seine Stellung zu überzeugen. Wie ihre Schwestern auf der Straße niemandem so unbedingte Achtung zollten wie ihm, die Kameraden, das wisse sie aus manchem Mund, seiner Laufbahn gewiß seien. So daß er, von ihr erhoben und süß geschwellt, gelobte, Säbel und Revolver demnächst mitzubringen und ihr sämtliche Griffe und Manöver an ihnen zu zeigen.
Er hielt das Versprechen. Unter dem Mantel brachte er beides, und während sie vom Sofa aus ihm zusah, übte er vor ihr mit so machtvollen Tritten und Ausfällen,

daß der Boden des Zimmers dröhnte, alle Gläser klirrten und die Gardine flatterte. Ihr aber war der Blick verklärt, und als er zwei Angreifer mit einer glänzenden Säbelparade in die Schrankecke, aus der sie nicht entweichen konnten, geschlagen hatte, flog sie ihm grenzenlos hingegeben an den Hals. Da hatte Busekow zum erstenmal im Leben das Gefühl seiner Notwendigkeit zur Evidenz.
Dies Bewußtsein äußerte sich sogleich im Dienst. Mit Sicherheit den Gang der Ereignisse gewissermaßen voraussehend, griff er auf der Straße in die Speichen des Geschehens. Im Revierdienst begann er sachkundige Vorschläge zu machen. Zu einer wichtigen Frage gab er so einleuchtenden Rat, daß der Polizeileutnant ausrief: dieser Busekow — einfach fabelhaft!
Und man begann, ihn mit wichtigen Posten zu betrauen. Bei Fürstenbesuchen gehörte er zur Bahnhofsmannschaft. So sah er manch außerordentliche Szene, durch Anschauung wurde sein Leben reicher, er überlegen. Sie hörte nicht auf, das von ihm Mitgeteilte sinngemäß in den Gang seines Daseins einzuordnen.
An Kaisers Geburtstag hatte einer für den anderen wichtige Mitteilung. Er war zum Wachtmeister ernannt. An sein Ohr hinsinkend, gestand sie Mutterschaft.
Von Erspartem lebend, war sie schon seit Wochen ihrem Berufe fremd. Da die Überraschungen an dem Tag waren, faßten sie sich bei Händen und ließen das Glück des Einverständnisses in Blicken sprechen. Dann aber, über alles bisher gemeinsam Erlebte hinausgehend, griff er selbsttätig in ihr Persönliches und forschte nach ihrer Innerlichkeit. Welche Hoffnungen und Entwürfe für das Zukünftige sie bewegten, ob sie es nur mit ihm oder mit Höherem verknüpft glaube, wie das Göttliche denn

ihr vorschwebe; kurz alle Fragen stellte er, die sie, die Frau einst angerührt und schnell verlassen hatte, da sie den Zustand seiner Seele erkannt.
Sie jedoch leicht fröstelnd, auch leicht erhitzt, bebte jetzt in ihren Gliedern über seine Fieber und schwieg. Tiefer drückten sich seine Finger in ihr Fleisch, dringender wurde seine Rede, und leichter Schaum erschien auf seinen Lippen. Doch während rote Sonnen in ihrer Stirnhöhle drehten, kam kein Laut Antwort von ihr. Sie ließ ihn sich erschöpfen und diesen Abend ohne Aufschluß von ihr gehen.

———

Nun aber klopfte ihm auf dem Heimweg stürmisch das Herz vor dem Wiedersehen mit seiner Frau. Da durch Gesines Eröffnung seine Manneskraft bewiesen stand, wurde dieses Weibes Hauptbuchseite ihm gegenüber zu einem Blatt der Schuld. Gelogen die Überlegenheit ihres Daseins, ins Gegenteil verkehrt. Eine Handvoll Sand war sie, kein Gott machte sie trächtig; er aber, wohin er seinen Finger legte, mußte erschaffend sich beweisen.
Ein prachtvoll großer Haß blies durch den Mann und ließ ihn wie ein schreitendes Denkmal sein. Wäre sie ihm da gegenübergewesen, wie ein Föhn hätte ein Hauch von ihm ihre Eingeweide bloßgefegt, die zarteste Handlung sie zertrümmert.
Doch starb Erbitterung an ihrer eigenen Kraft und Überzeugung. Da nicht der geringste Einwand ihr gegenüberstand, von seiten des Weibes kein Aber zu erdenken blieb, war Elisa aus der Wirklichkeit, in der sie bis heute einzig durch die Kraft eines zu Unrecht vorgetäuschten Zornes gelebt hatte, plötzlich ausgelöscht, und es begann von ihr Erinnerung nur noch in ihm zu leben. Je näher

Busekow seinem Hause kam, wurden die Gefühle der also in ihm Hingeschiedenen gegenüber, wie für Tote überhaupt, weicher, und als er ein Amen über das Grab ihres Lebens sprach, erschien sogar ihr Bild, wie sie im Hochzeitskleid, eine Rose auf der Brust, einmal jung in seinen Arm gekommen, freundliche Erinnerung heischend vor ihm.
Er hob die Hand und winkte einen Abschiedsgruß. Trat bei sich ein, entkleidete sich halbgeschlossenen Auges, legte sich neben sie und nahm ihrem in ihm nun vollendeten Abscheiden zu Ehren im Bett die gewohnte Rückenlage ein.
Sie aber, empfindend, in diesem Manne habe höhere Einsicht gegen sie entschieden, zog unter der Decke das Knie an die Brust und fürchtete sich sehr.
Und wie sie das klare Bewußtsein ihrer Schuld verabscheute, mußte sie doch in dieser Nacht schon einige Male ihm in die Augen sehen, wie es laut kündete, was sie heimlich oft schon aus sich selbst empfunden: In allem Wesentlichen, von Gott Gegebenem und Hinzuerrungenem, ihm hintangestellt, wagtest du frecher Stirn eure Ansprüche aneinander derart zu fälschen, daß in betrügerischer Untreue du aus seinen Mitteln zu deinen Gunsten schöpftest und es dennoch so darzustellen wußtest, als bliebe er dir schuldig. Und in der Zukunft ward ihr auch bewußt, wie ihr Verbrechen an ihm größer war, als daß es auf dieser Erde noch getilgt werden konnte.
Immerhin kann dies zu ihrer Entlastung berichtet werden. Entschlossen zog sie aus der Erkenntnis jede Folge. Demütigte, unterwarf sich und hörte fortan auf seinen Atemzug als einzigen Laut in der Welt; lag seinem Antlitz nächtens zugewandt in bewundernder und gerührter

Unterwürfigkeit. Seine gekrallten Hände aus den Bettritzen hochzuziehen, wagte sie ehrfürchtig nicht. Seufzer, Geständnisse, Versprechen und scheue Küsse hauchte sie viel gegen ihn hin, doch blieb ihm alles, Leid und Geste, verborgen.
Für ihn — und es kam auch die Nacht, in der Elisa es begriff — war sie nur noch die Kunde von sich selbst. Andenken, Leichenstein.

Gesine empfand alsbald, nun sei ihr mit Christof das letzte Heil gekommen. Da er wieder zu ihr trat, war aus seiner Gebärde alles menschlich Befangene geschwunden, er griff Gegenstände und sie mit großer Machtvollkommenheit und wußte aus befreiter Natur Allerselbständigstes. Die Stimme fand aus den Ecken größeren Widerhall, ihr selbst schlug jedes Wort von ihm durchs Trommelfell an die Herzwand. So zögerte sie nicht länger und legte sich frei. Entschleierte ihr Gewissen und ließ seinen Blick in innere Kanäle. Er las berauschte Frömmigkeit. Vom Schöpfungstage angefangen lag Gott mit allen Wundern in dieses Weibes Leib. Zu den Bildern, die aus ihr strahlten, begannen die Lippen, ihm herrliche Gleichnisse zu stammeln. Alle Texte der Schrift hatte sie aufgefangen, mit Blut genährt und lebendig gehalten. Es stiegen aus ihr Adam und Abraham zu ergreifendem Licht. Als sie von Saul und David zu sprechen begann, begriff sie, von Gnade beweht, die männlichste Tragik, und da ihre Stimme pathetisch heulte, trieb es sie beide von der Matratze hoch. Auf den Knien gegen das Fenster gewendet, parallel beieinander hochgerichtet, tranken sie jedes schallende Wort. Ihr waren die Brüste beseligt aufgestanden, auf seinen Schenkeln spreizte sich jedes Haar.

Die Brille fiel ihm vom Ohr und hing quer über das lefzende Maul.
Nasse Wärme quoll aus den Körpern, ganz eng hämmerten Atome sich aneinander, und die Glieder waren geballt. Gesines Scheitel schien feucht und hell beleuchtet.
Schon hub Christof mit Rede in die ihre hinein. Wie glühende Stahltropfen fielen Silben auf ihre Satzenden. Gebell blieb es mehr als daß Verständnis zustande kam; doch half es ihr zu voller Ekstase. Rasend alsbald schrie das Weib die biblischen Namen, und so befeuerte sie des Geliebten Hingabe, daß ihre Glaubensmacht die Wände der Beschränkung brach, und sie den letzten Sinn alles Geschriebenen bloßlegte.
Wie in starker Musik, im Spiel vermischter Themen der musikalische Leitgedanke nicht verloren geht, so übertönte in ihrer Darstellung Davids Name alle Harmonien des Alten Testaments. Und es gelang Gesine, das Vermächtnis hingegangener Judengenerationen in aufstehender Gestalt als Jesus in Marias Schoß zu pflanzen, daß Christof, von Davids heldischem Reiz befangen, ihr willig in den Kult folgte, den sie um den fleischlichen Leib der Mutter als der Erhalterin und Wiedergebärerin erlauchten messianischen Samens exekutierte.
Ihre aufgesperrten Finger hatten sich verflochten. Die Schädel, Knochen an Knochen sanken als das gleiche Gebein in die Kissengrube.
In jenen Augenblicken, da sie Marias Begegnung mit Elisabeth erzählte, bei diesem Satze: und es begab sich, als Elisabeth den Gruß Marias hörte, hüpfte das Kind in ihrem Leibe — als unter ihnen das Lager rollte, und ein Sausen in den Lüften war — brach sie die schließlich geflüsterte Rede ab, zog des Mannes Finger auf

ihren Bauch, und sie fühlten beide siehe — es hüpfte das Kind in ihrem Leibe.
Und die Blicke flogen auf über das rhythmische Spiel der Glieder, und von Himmeln fernher mit Stolz sich anstrahlend, beteuerte jedes und stellte fest das hocheigne Teil, sich selbst zu diesem Wunder. Dann warf es sie Rippe zu Rippe.
Moses und David, Jesus und alle Helden des Buches war Christof in dieser Nacht. Es strömte aus ihm heroische Männlichkeit von Jahrtausenden. Sie nahm hin und schmeichelte ihm hold, daß keine Kraft aus seinen Lenden wich, und er übermütig und hochgemut blieb bis zum Morgen, als sie in leichtem Schlummer verzaubert hinsank. Da riß er sich von ihr, reckte die Brust in den Tag und fand sich ans Klavier. Hingezogen von Gefühlen, suchend und hochreißend aus der Erinnerung, drückte er mit einem Finger in die Tasten: Heil dir im Siegerkranz. Und alsbald mit Stimme folgend, mächtig und mächtiger anschwellend, variierte er über beiden Pedalen vom Baß bis in den höchsten Diskant — da erklang es ihm selig:

>   Heil dir im Siegerkranz
>   Fühl in des Trones Glanz
>   die hohe Wonne ganz
>   heil Kaiser dir.

Gesine spürte im Schlaf: So ist mir's recht, Christof. Wohl recht — wohl.
Am Abend dieses Tages, man schrieb den fünfzehnten Februar, leitete Busekow vor dem königlichen Theater die Auffahrt der Wagen. Aus seinem Glück war er nicht erwacht. Durch das dichte Netz von Klang- und Taktreizen, das aus der letzten Nacht noch um ihn hing, drang Gegenwart nicht in sein Bewußtsein. Es schüttelte

ihn eine liebliche Erinnerung um die andere; auf den Fersen hob er sich, das Ausmaß seines Körpers zu verlängern und stammelte vor sich hin. Dann plötzlich, als ein Rufen in der Menge scholl, hob Begeisterung ihn gegen die Wolken. Er weitete, füllte sich und schwebte auf. Er wollte rechts und links mit sich nehmen und mußte aus einem Jauchzen heraus, das ihn mit Entzücken aufspannte, stürmisch vorwärtsschießen. Man sah, wie er die Arme mit herrlicher Gebärde gen Osten reckte, hörte aus seinem Munde einen siegreichen Schrei — und hob ihn unter einem Automobil herauf, das sanft anfahrend, ihn schnell getötet hatte.

LEO MATTHIAS
DER JÜNGSTE TAG

EIN GROTESKES SPIEL

1914
KURT WOLFF VERLAG · LEIPZIG

Dies Buch wurde
gedruckt im Januar 1914 als
fünfzehnter Band der Bücherei „Der jüngste Tag"
bei Poeschel & Trepte in Leipzig

COPYRIGHT 1914 BY KURT WOLFF VERLAG IN LEIPZIG

FÜR
FRANZ BLEI

PERSONEN:

RAINER
JEANNE
GONN
YGES

Das Zimmer der Schauspielerin Jeanne.
Es unterscheidet sich von dem bekannten Boudoir einer Frau durch den Versuch, das Blinkende und Verwirrende der vielen kleinen Toilettengegenstände durch die breite Ruhe einfarbiger Flächen zu mildern.
Jeanne sitzt in einem grauseidenen Négligé, das orange gefüttert ist, vor dem Spiegel und beendet ihre Toilette. — Sie ist 25 Jahre alt.
Das Telefon klingelt. Nachdem sie noch schnell etwas Rot aufgelegt hat, nimmt sie den Hörer ab.

JEANNE:

Hallo — Tag, Zaza! Schon zurück? — Was hast du für Kritiken bekommen? — Gratuliere — Aber das ist ganz unmöglich — Übermorgen fährt mein Schiff — Ja, schon einen Monat früher — Nein! Das Gastspiel dauert trotzdem nur sechs Monate. — Ich weiß nicht — Einsam? *(Sie lacht.)* Aber meine liebe Zaza! In Amerika wird es doch auch Frauen geben! — Yges bleibt hier. O, er hat soviel Photographien von mir gemacht. — Gott nein! Aber er findet mich sehr schön — *(Sie lacht. Es klopft. Das Mädchen tritt herein.)* Warte mal einen Moment. *(Zum Mädchen)* Was ist?

DAS MÄDCHEN:

Ein Herr wünscht gnädige Frau zu sprechen, weil der Herr Yges nicht da ist.

JEANNE:

Die Karte?

DAS MÄDCHEN:

Der Herr hat mir keine gegeben.

JEANNE:

Hat er seinen Namen nicht genannt?

DAS MÄDCHEN:

Nein, der Herr ist sehr aufgeregt und hörte gar nicht.

JEANNE:

Sieht er sehr bürgerlich aus?

DAS MÄDCHEN:

Nein — das eigentlich nicht ...

JEANNE *(lacht)*:

Also auf Ihre Verantwortung. Lassen Sie ihn h i e r eintreten. *(Das Mädchen ab.)*
(Ins Telephon) Zaza! Ich bekomme Besuch. Ja — ich weiß nicht. Aber es ist doch immerhin sympathisch, daß er so aufgeregt ist. *(Es klopft.)* Er kommt — Auf Wiedersehen! — Danke — Addio! *(Sie legt den Hörer in die Gabel und ordnet vor dem Toilettenspiegel ihr Haar.)* Herein!

JEANNE *(springt auf)*:

Rainer! *(Sie streckt ihm die Hand entgegen.)* Wie geht's denn? Nun?

RAINER *(erregt)*:

Lebt Ihr Mann?

JEANNE:

Das braucht uns gar nicht zu stören. Er ist nicht eifersüchtig. — Setz' dich.

RAINER:

Wissen Sie bestimmt, daß er nicht tot ist?

JEANNE *(ängstlich)*:

Du fragst ja, als ob du es erwartest.

RAINER:

Antworten Sie!

JEANNE:

Oho!
(Rainer sucht die Glocke und klingelt. Das Mädchen kommt sofort.)

RAINER:

Wo ist der Herr?

DAS MÄDCHEN:

Der Herr ist vor 10 Minuten fortgegangen. Er wollte in einer Stunde wieder zurück sein.

RAINER *(schreit)*:

Ich habe gefragt, wo er ist.

DAS MÄDCHEN:

Das weiß ich doch nicht.

RAINER:

Danke. *(Das Mädchen ab.)*

RAINER *(mit erzwungener Ruhe)*:

Gestatten Sie mir bitte, Ihren Mann hier zu erwarten. Ich muß ihn sprechen. — Ich werde in den Salon gehn. — *(Jeanne geht zur Tür.)* Bitte, bleiben Sie nur hier. Ich möchte Sie nicht stören.

JEANNE:

Ich glaube eher, daß ich dich störe...

RAINER *(zeigt Jeanne seine Unwilligkeit, setzt sich aber auf die Chaiselongue).*

JEANNE *(setzt sich an den Spiegel, um sich zu pudern)*:

Nun — was hast du erlebt?

RAINER:
Nichts. *(Kleine Pause.)*
JEANNE:
Ich freue mich, daß du mich mal besuchen kommst.

RAINER:
Seien Sie doch vernünftig. Sie können sich doch denken, daß ich hier nur herkomme, wenn ich es unbedingt muß.

JEANNE:
Sso?!

RAINER:
Das ist doch selbstverständlich.

JEANNE:
Ein Besuch bei einer alten Freundin ist allerdings nicht selbstverständlich.

RAINER:
Er ist nicht notwendig.

JEANNE:
Die Antwort ist offen und häßlich.

RAINER:
Ich sage auch Frauen die Wahrheit.

JEANNE:
Unhöflichkeit bleibt aber trotzdem ungerechtfertigte Bereicherung.

RAINER:
Dann entschuldigen Sie.

JEANNE:
Das ist leicht gesagt: Entschuldigen Sie! Nach deiner Stimmung zu schließen, darf ich nicht hoffen, daß du mich unterhältst, und ich kann's jetzt nicht mehr, oder wollen

wir vom Wetter sprechen? — Du kommst also her, um meinem Manne etwas zu sagen. Da muß ich schon fragen: Was? *(Rainer schweigt.)* Ja, du empfindest das als eine Indiskretion, aber ich hatte dir ja die Gelegenheit gegeben, mir zu erzählen, warum du m i c h besuchst. *(Rainer schweigt.)* Ich bin grausam, nicht wahr? Aber das ist deine Schuld. Warum machst du dich zu meinem Opfer? Wenn du nicht mein Freund sein kannst, warum bist du nicht mein Feind?

RAINER:

Aus demselben Grunde, aus dem ich Ihnen weder das eine noch das andere vor drei Jahren sein konnte.

JEANNE:

Du w a r s t mein Freund — bis ich Yges heiratete, und wenn du es leugnest, kannst du höchstens einen Grund haben, es zu verheimlichen. Stimmt's?

RAINER:

Ich kann über diese Gründe jetzt nicht sprechen.

JEANNE:

Deine Weigerung ist sehr ungeschickt, denn sie macht mich neugierig.

RAINER *(ärgerlich)*:

Damit hätte sie vielleicht ihren Zweck erreicht.

JEANNE:

Und noch mehr!

RAINER:

Ich habe kein Interesse daran, mehr zu sagen.

JEANNE:

Schämst du dich nicht, so zu sprechen? *(Rainer schweigt.)*

Du hast mir verraten, daß du gewohnt bist, mit uns zu verkehren.

RAINER:

Ich verkehre mit Frauen nicht häufiger als es notwendig ist!

JEANNE:

Dein Blick spricht besser. *(Plötzlich)* Wie gefällt dir mein Négligé? Sag' mal, ganz ehrlich, Rainer, — bin ich häßlicher geworden? Yges kann das nicht so gut beurteilen. Er sieht mich täglich. Aber du! Weißt du, wenn du mir — aber ganz ehrlich — sagen könntest, daß ich nicht älter geworden bin, wäre ich damit ausgesöhnt, daß wir uns 3 Jahre nicht gesehen haben.

RAINER:

Wenigstens sind Sie aufrichtig.

JEANNE:

Nicht mehr als ich es auch von anderen verlange.

RAINER:

Ist denn mein Urteil von einer solchen Bedeutung für Sie?

JEANNE:

O, ich wollte dir nicht schmeicheln.

RAINER:

Auch ich möchte es gern vermeiden.

JEANNE:

(nimmt den Spiegel und lacht).

RAINER:

Drei Jahre sind ja auch keine lange Zeit für den, der keine Sorgen hat.

JEANNE:

Meinst du? Du hättest mich einmal sehen sollen, wie ich mich mit meinem Fifi täglich abgeplagt habe.

RAINER:

Warum behalten Sie denn das Tier, wenn es soviel Umstände macht?

JEANNE *(lacht)*:

Fifi ist doch mein Liebhaber! Mit dem probe ich alle Rollen. Weißt du, ich liebe ihn nämlich sehr, und wenn ich dann so zu ihm spreche und er so vor mir sitzt und mich nicht anguckt, dann ist das gerad so, als wenn mich ein Mann verschmäht, den ich sehr lieb habe. Da gibt's gar keinen Unterschied! Ich kann sogar dann weinen. Das kann ich noch nicht mal auf der Bühne.

RAINER:

Er ist aber ein bißchen zu klein, um ihn zu umarmen.

JEANNE:

Das ist eben das Tieftragische, was mir soviel Sorgen macht. Jetzt zum Beispiel muß ich in einer Szene einen Liebhaber küssen, der halb ohnmächtig ist und mit dem Kopf über eine Stuhllehne hängt. Wie soll ich das nun machen? Wenn ich von vorn komme, muß ich mich auf ihn legen. Und wenn ich von hinten komme, dann küsse ich doch nur seinen Kopf, und ich muß ihn mit dem ganzen Körper küssen, sagt der Dichter. Ich hab's mit Fifi probiert *(sie lacht)*, aber er ist eben zu klein, und wenn ich ihn da auf den Stuhl setze, springt er auch immer herunter.

RAINER:

Versuchen Sie es doch mit Ihrem Mann!

JEANNE:

So befreundet sind wir nicht! — Das hättest du übrigens gleich sehen können, als du hereinkamst.

11

RAINER:

Sehen können?

JEANNE:

Ja, das Bett gehört doch gar nicht hier herein, — wenn ich nur wüßte, wo ich's hinstellen könnte.

RAINER:

Das ist also die zweite Sorge.

JEANNE *(ernst)*:

Rainer — ich glaub' nicht an deine Ironie. Du verstehst mich sehr gut. *(Es klopft.)*

DAS MÄDCHEN *(tritt ein)*:

Herr Gonn möchte die gnädige Frau sprechen.

JEANNE:

Ach, Gonn! — Ich lasse bitten.

RAINER:

— Es wäre mir unangenehm — — ich werde in das Nebenzimmer gehen. Ich bitte Sie, nicht zu sagen, daß ich hier bin oder war...

JEANNE:

Aber warum denn?

GONN *(tritt ein)*:

(Zu Rainer) Da bist du ja! — N' Tag, Jeanne!

JEANNE:

'n Tag, Lüstling!

GONN:

Schon wieder ein neues Etikett?

JEANNE *(lacht)*:

Ja. Ich hab' nämlich dein Buch gelesen. Weißt du, wie?
Ich hab' mich ausgezogen und dann da auf das Fell gelegt.
Am besten hat mir das gefallen, wo der Held von seinem
Feind einen Golem macht und ihn zu Tode quält. Lecker
ist das!

GONN *(zu Rainer)*:

Findest du das auch?

RAINER:

Noch nicht einmal das Mittelalter würde solche Handlungen entschuldigen. Einem Menschen, der so etwas im Wahne getan hätte und wieder gesundete, bliebe nichts anderes übrig, als sich eine Kugel in den Kopf zu jagen.

JEANNE *(lacht)*:

Aber die Geschichte s p i e l t doch im Mittelalter; gut, daß
das Pulver damals noch nicht erfunden war.

GONN *(lacht)*:

Da kann man sehen, wie es heute mißbraucht wird.

RAINER:

Diese Dinge scheinen zu ernst zu sein, um von euch verstanden zu werden.

JEANNE:

Weißt du, Rainer, ich nehme an, deine Grobheit ist nur
ein Mangel an Geschmack — sonst würde ich sie dir nicht
verzeihen.

GONN:

Du mußt ihn entschuldigen. Er ist etwas *(lächelnd)* —
nervös.

RAINER:

Ich verbitte mir dein Mitleid.

JEANNE *(zu Gonn)*:
Woher wußtest du, daß Rainer hier ist? Oder wolltest du wirklich mich besuchen? *(Es klopft; das Mädchen tritt ein.)*

DAS MÄDCHEN:
Ein Herr wünscht die gnädige Frau zu sprechen —

JEANNE:
Was ist denn das heute? Ich bin nicht zu sprechen.

DAS MÄDCHEN:
Der Herr ist ein Polizist.

JEANNE:
Warum sagen Sie mir das nicht gleich?

DAS MÄDCHEN:
Ja, ich wußte nicht...

JEANNE:
Entschuldigt mich bitte, ich bin gleich wieder zurück. *(Jeanne und das Mädchen ab.)*

GONN:
Was wolltest du hier?

RAINER:
Nicht dich sprechen!

GONN:
Nicht so laut! — Daß Yges lebt, daran zweifle ich nicht, und du solltest es auch nicht tun.

RAINER:
Vor zwei Stunden versprachst du mir seinen Tod, wenn ich das tun würde, wozu du mich hypnotisiert hast. Du hast mich hypnotisiert, sonst hätte ich es nicht getan.

GONN:
Es gibt noch andere Möglichkeiten, diesen Fall zu erklären.

RAINER:

Nein! Oder glaubst du, daß ich wahnsinnig bin? Aber ich sehe sehr gut, daß du einen Browning in der Tasche trägst und daß du grinst, weil ich leide. Du stehst so tief, daß du andere erniedrigen mußt, um Gesellschaft zu haben.

GONN:

Ich liebe eben Geselligkeit. Wäre ich eine Frau, würde dir übrigens der Abstieg leichter fallen.

RAINER:

Wenn ich eben mit Jeanne kokettiert habe, so erklärt sich das daraus, daß ich mich in meiner Erregung nur mit den leichtesten Worten balancieren konnte.

GONN:

Aber davon habe ich ja gar nichts gemerkt...

RAINER:

Was willst du mir sagen? Warum hast du mich verfolgt? Bis hierher?

GONN:

Ich will nicht, daß Yges von deiner Tat erfährt.

RAINER:

Tat!

GONN:

Ja, Tat! Zum wenigsten war sie es. Deine Reue kann nie so tief werden, als daß dieser Gipfel nicht noch aus dem Tränensee herausragte. Und wenn du dich in den Tod weinst! — Das ist meine einzige Genugtuung!

RAINER:

Daß ich den Versuch gemacht habe, ihn zu töten, dafür bin ich unverantwortlich. Ich stand unter deiner Suggestion.

Aber daß ich überhaupt die Absicht hatte... Du weißt nicht, daß Yges wie ein Schwert für die Zeit kam, in der ich kämpfte. Er hat mir die Hand gereicht, um mir zu helfen, und ich — ich wollte sie ihm abschlagen.

GONN:

Du scheinst immer noch den Zweck mit dem Mittel, den Apparat mit seinen Funktionen zu verwechseln. Ich habe den Golem für dich nach dem Ebenbilde Yges' geformt, nicht um Yges zu töten, sondern d u solltest frei werden von der Fiktion, ihm verpflichtet zu sein.

RAINER:
Aber ich bin ihm verpflichtet. Ich b in es!

GONN:
Wart' nur, bis er deine Unterwerfung mißbraucht und dich schlägt.

RAINER:
Das wird er nie tun!

GONN:
Aber da du beabsichtigst, ihm zu dienen, gibst du ihm ein Recht dazu.

RAINER:
Das hat hiermit nichts zu tun. Wenn du doch verstehen könntest, Gonn, wie wenig ich bin, wenn Yges nicht wäre. — Ohne Yges bin ich ein Weg ohne Ende.

GONN:
Und ich sage dir, daß dieses Ende nur ein Hindernis ist, das überwunden werden muß. Er hat natürlich ein Interesse daran, dich zum Vollstrecker seines Willens zu er-

ziehen. Du hast das Geld, und ihm dürfte es nach seinem literarpolitischen Bruch mit der gesamten Presse schwer fallen, etwas zu verdienen. Soviel ich weiß, wird er sogar von Jeanne unterhalten. — Die infame Kritik deiner Utopie ist aus diesen Motiven zu verstehen. Er will dich nur zwingen, den „Prolog" wieder herauszugeben. Das ist es.

RAINER:

Nein. Er fand mein Buch schlecht. Hätte er lügen sollen?

GONN:

Angenommen selbst, er ist aus letzten Gründen dein Gegner. Dann hätte er noch immer nicht aus der Minderwertigkeit des Buches auf eine Minderwertigkeit deines Charakters schließen dürfen. Daß er deinen Fuß bei diesem Fehltritt festgenagelt hat, das ist eine solche Roheit! — das zeigt, daß er an deine Verlogenheit stets geglaubt und nur auf den Erweis gewartet hat.

RAINER:

Erwiesen ist nichts; die Wette schwebt noch.

GONN:

Glaubst du wirklich, daß Menschen in solche Lebenslagen kommen können, daß ihr Stand wie ein Aerometer unfehlbar ihr spezifisches Gewicht, ihr letztes und besonderes Sein aufzeigt?

RAINER:

Aber diese theoretischen Fragen — jetzt — hier!

GONN:

Man bleibt ja nicht nur bei der Sache, wenn man von ihr spricht. Vergiß nicht, zu mir kamst du, als Yges dich bedrängte. Willst du den „Roten Pfad" wieder aufgeben und statt dessen an deinem Wege, den andere gehen, den „Prolog" verkaufen?

RAINER:

Aha! — Der „Prolog" wird aber nicht wieder und der „Rote Pfad" nicht mehr von mir herausgegeben werden.

GONN:

So —

RAINER:

Dies ist und kann ja schließlich auch nur dein Interesse an dieser ganzen Angelegenheit sein. Mehr wolltest du doch nicht erfahren?! — Ich ziehe mich vom öffentlichen Leben zurück. *(In der Stellung eines Redners.)* Die Begeisterung für meine Utopie wird dir die Kraft geben, das Volk allein jenen Hochzielen zuzuführen, die wir gemeinsam allen guten Europäern gesteckt haben.

GONN *(nach kurzer Pause)*:

Und warum das alles?

RAINER:

Ich fühle mich nicht mehr berechtigt, als Pfeil auf einem Bogen zu liegen, den andere spannen — Bist du nun zufrieden?

GONN:

Du glaubst, daß ich an deinem Verhältnis zu Yges und Jeanne nur beteiligt bin, weil ich Interessengemeinschaft mit dir habe — auch das, aber nicht nur! Ich bin das Risiko, mich mit dir zu entzweien, nur eingegangen, weil die Chancen, dich zu gewinnen, günstiger waren. — Wenn du dich doch entschließen könntest, politisch zu leben und nicht nur Politik zu treiben. Die Formen des Lebens sind andere als die der Literatur. Abrechnungen, wie du sie mit

Yges planst, sind gut, aber nicht erlaubt. Ihr Wert ist höchstens eine Wollust im Sieg — und über wen? Über eine Nebenperson des Alltagsdramas. *(Rainer schweigt.)* Wenn dir der Mut fehlt, solltest du wenigstens soviel Ehrlichkeit besitzen und zugeben, daß du ihn verachtest.

RAINER:

Wäre ich dann hier?

GONN:

Daß du hier bist, ist nur eine Reaktion auf den überhitzten Haß, mit dem du ihn vor einer Stunde verfolgtest. Manche bereuen leichter ihre Reue als die größten Schlechtigkeiten. Du gehörst zu denen. Ich bin nur hergekommen, um dir das zu sagen. Solange du ihn nicht haßt, lügst du.

RAINER:

Ich habe nur Gründe, ihn zu lieben.

GONN:

Und du haßt ihn nicht — nur weil du keine findest, die dir die „Berechtigung" geben könnten, es zu tun. *(Er läuft mit den Händen in der Tasche im Zimmer herum.)* — Wer glaubt mir das, wenn ich es ihm erzähle!?

RAINER:

Aber was willst du denn? Ich kann Yges doch nicht sinnlos hassen. Du bist ja haßselig! — Daß er meine Utopie schlecht findet, ist doch kein Grund, ihn zu verachten.

GONN:

Was anders tat er denn?

RAINER:

Er hat es nicht getan. Ob er es in Zukunft d a r f, das wird die Wette entscheiden. Er hat behauptet, daß die Utopie eine Posse ist, deren Ideen ich nur aus Herrschsucht und Betrug im „Roten Pfad" verbreitet habe. Ich werde ihm aber beweisen, daß die Politik, die ich treibe, von mir ethisch verantwortet werden kann.

GONN:

Das ist wertlos. Er glaubt dir doch nicht. Friedrich der Große bleibt absoluter Herrscher, auch wenn er der erste Diener des Staates zu sein beansprucht. Selbst sein Beweis könnte dich nicht vom Gegenteil überzeugen.

RAINER:

Ich würde mich von einem solchen Beweis überzeugen lassen. Nur die Möglichkeit dazu ist so schwer und selten, und deshalb muß ich Yges danken, daß er alle Schwierigkeiten durch die Wette überwunden hat — danken selbst noch, wenn ich verliere.

GONN:

Vor einer Stunde warst du trotz alledem gescheiter. — Ich hätte fast Lust, euch zu beweisen, daß ihr euch haßt, und alle Liebesphrasen nur Brücken sind, von denen allein die Konstruktion real ist. Verwechsele doch nicht Ursache und Anlaß. Wenn du mir doch glauben wolltest, daß die Leidenschaft sich des Anlasses bedient wie das Schicksal des Zufalls. Mußt du denn wie ein ungläubiger Thomas die Gründe berühren, um an sie zu glauben? Woher weißt du, daß der Meeresgrund des Ozeans kein Loch hat? Würde dein Haß da sein wie das Meer, wenn nicht ein festgefügter Grund ihn tragen würde?

RAINER *(schweigt)*.

GONN:

Wenn d u dich nicht mehr verantwortest, dann kannst du es nicht. — Es ist eine Stunde her, da haßtest du ihn, so sehr, daß du seinen Rücken mit Nadeln bestecktest wie ein Klöppelmuster. Eine Stunde ist das her, und jetzt willst du womöglich die Löcher, die du in seine Handflächen gebrannt hast, als Stigmata des Gekreuzigten proklamieren.

RAINER:

Ich möchte es!

GONN:

Du Christ! Stammle dein pater peccavi, aber du kannst mich nicht vergessen machen, daß du vor einer Stunde über eine Kiste stolpertest und hineinfielst und mir zuschriest: Mach' einen Deckel drauf und expedier' mich in den Himmel! — Ich weiß, wie glücklich du warst!

RAINER:

Ich war wahnsinnig. Du scheinst zu denen zu gehören, die den Wahnsinn für heilig halten. Aber wenn ich nur s o glücklich werden kann, pfeif' ich drauf. Trances, Nirwana, Opium und Haschisch — ich danke! *(Kleine Pause.)*

GONN:

Was erhoffst du nun von der Wette? Der Vertrag, den ihr da geschlossen habt, verrät doch eine viel tiefere Verlogenheit Yges', als es ihm je gelingen wird, sie dir nachzuweisen.

RAINER:

Warum?

GONN:

Weil es übermenschlich und schlecht und prätentiös ist, in eigenen Sachen objektiv urteilen zu wollen.

RAINER:

Das will **ich** auch — und werde es können. Ich werde ihm beweisen, daß ich den „Roten Pfad" statt des „Prologs" herausgegeben habe, nicht um einen zureichenden Grund zu haben, ihm seine Stellung als Redakteur zu nehmen, sondern nur, um die Forderungen meiner neuen Erkenntnis zu erfüllen. Ich **mußte** meine Kapitalien in den Dienst politischer Aufgaben stellen. Daß die politische Zeitschrift sich besser rentiert als die literarische, ist ein ungewollter Vorteil.

GONN:

Konntest du denn eigentlich damals den „Prolog" nicht verkaufen?

RAINER:

Nein. — Ja, wenn ich ihn hätte verkaufen können, dann hätte ich es zur Bedingung gemacht, daß Yges seinen Posten behält. Am „Roten Pfad" kann ich ihn doch nicht mitarbeiten lassen. Ich kann es doch nicht dulden, daß man mich in meiner eigenen Zeitschrift angreift.

GONN:

Hast du das alles Yges mit ähnlichen Worten gesagt wie mir?

RAINER:

Ja.

GONN:

Dann bleibt es mir unbegreiflich, wie er deine Handlungen noch verdächtigen kann, — vor allem die Wette. Wie ist es möglich...

RAINER:

Verstehst du denn noch nicht, welche Bedeutung sie für mich hat? Mein soziales System fußt auf der Behauptung, daß der Freiheitswille nur die Wirkung einer Massensuggestion ist, daß 30 Prozent der Menschheit den Sklaven freiwillig zu ihrem Beruf wählen würden, wenn man ihnen gerechte Richter, Frieden und Sorgenfreiheit garantierte. Ich habe vorgeschlagen, daß der Staat als Eigentümer Menschenmaterial beschafft und kostenlos verteilt, während der Kapitalist die Versorgung übernimmt.

GONN:
Das weiß ich alles. Ich kenne das Buch auswendig.

RAINER:
Bitte, laß mich ausreden. Mißverständnisse kann ich vermeiden. — Ich habe nachgewiesen, daß bei absoluter Handelsfreiheit der Kapitalist so viel gewinnen kann, daß es ihm möglich wird, den Sklaven einen eigenen kommunistischen Staat zu bezahlen. Der eine ersehnt diese Wirtschaftsform, der andere ihr Gegenteil. Ich habe gezeigt, wie man den Wünschen beider gerecht werden kann, wenn man den psychologischen Dualismus des Volkskörpers zur Basis seines Aufbaus macht. Mit dem Ethos habe ich mich dafür eingesetzt, daß ich es verantworten kann, all den Menschen die Fiktion der Freiheit zu zerstören, die sie sich zerstören lassen ... warum lächelst du?

GONN:
Ich dachte an etwas anderes.

RAINER:
— jetzt hast du mich gestört.

GONN:
Du willst darauf hinaus, daß —

RAINER:
Ich weiß schon. Der letzte Satz meines Buches lautet, daß

ich selbst — — ich kann ihn wörtlich zitieren: „Schon die Möglichkeit einer Erkenntnis aber, daß ich als Kapitalist und Herr diese Lösung des sozialen Problems für meine Interessen ersehne, würde mir den Mut nehmen, einem gereiften Volke das Gegenteil zu versichern. Ich würde der Sklave dessen werden, der mir einen Betrug beweist."

GONN *(zündet sich eine Zigarette an)*:
Das ist der dümmste Satz aus dem ganzen Buch. Das geht niemanden etwas an.

RAINER:
Doch — jeden, der in der Ehrlichkeit des Menschen eine Garantie für die Ehrlichkeit seiner Politik sucht. *(Gonn lacht.)* Der Zweifel ist aufrichtiger als der Glaube, und deshalb freue ich mich, daß Yges mir einen Betrug beweisen will. Tausende von Menschen führe ich. Yges hat nicht nur das persönliche Recht, sondern auch die soziale Pflicht, die Partei zu retten, wenn ich sie verführe.

GONN:
Warum gehst du immer auf Kothurnen? Der Anblick ist unschön, und der Erfolg ist nur, daß du deinen Gegner übersiehst. Yges kennt gar kein soziales Gewissen. Das weißt du. Aber sonderbar, du findest immer bessere Gründe, ihn zu rechtfertigen als dich. Das war schon damals so, als du auf Jeanne verzichtetest und die Stellung eines Trauzeugen vorzogst. Die Reue über diese Dummheit sollte dich eigentlich klüger gemacht haben.

RAINER:
Es ist nicht wahr, daß ich es bereut habe.

GONN:
Nun — was ich sage, behauptet auch Yges. Du wirst mir

zugestehen, daß es einen schlechten Eindruck macht, wenn du ihm jetzt unrecht gibst, weil i c h zufällig einmal seiner Ansicht bin.

RAINER *(erregt)*:
Du verdrehst böswillig meine Worte. Ich habe ihm nie in der Sache recht gegeben. Sonst müßte ich ihm ja auch zugestehen, daß ich die Absicht habe, ihn mit Jeanne zu betrügen.

GONN:
So — das hat er behauptet? Das wußte ich gar nicht. Warum hast du mir das nicht früher gesagt?

JEANNE *(stürmt herein)*:
Kann mir einer von euch schnell zwanzig Mark borgen? Da ist nämlich der Koffermensch — ich fahre doch übermorgen — und der Polizist —

RAINER *(gibt ihr zwanzig Mark)*.

JEANNE:
Danke. Weißt du, ich hab' doch ein Unglück gehabt mit dem Taxi — hab' ich dir davon noch nicht erzählt? — also ich bin gleich wieder da. *(Ab.)*

GONN:
Ich schulde dir übrigens auch noch Geld. Gebrauchst du es sehr nötig?

RAINER:
Nein. *(Pause.)* Ich glaube, du befürchtest, daß ich sie liebe.

GONN:
Ich befürchte, daß du sie zu sehr liebst.

RAINER:
Was wäre denn das Kriterium einer solchen Leidenschaft?

GONN *(lacht)*:

Kriterium! — Du verwechselst mich mit Yges. Oder wolltest du mich beleidigen?

RAINER *(geht auf ihn zu)*:

Glaubst du mir oder ihm?

GONN:

Ich möchte dir glauben. Aber soweit ich den pathologischen Verlauf dieser Affekte kenne, ist es ausgeschlossen, daß die Liebe zu einer Frau vor dem Ehebette wacht, wenn der Gatte mit ihr schläft.

RAINER:

Aber wenn ich dir nur sage, daß ich mit ihm erst dadurch befreundet wurde, daß ich mich ihr verweigerte und sie so zwang, ihm treu zu bleiben.

GONN *(lacht)*:

Darin besteht sein Ehrgeiz? — Übrigens wird sie sich entschädigt haben.

RAINER:

Nein — aus anderen Gründen.

GONN:

Aber die Kardinalfrage — warum ist er j e t z t eifersüchtig?

RAINER:

Weil er behauptet, daß ich zum Schaden auch noch den Spott fügen würde.

GONN *(begeistert)*:

Aber das solltest du tun! Das solltest du tun! Gerade das! Die Dummheit allein, dir seine Achillesferse zu zeigen, berechtigt dich schon, ihn an dieser Stelle zu kitzeln. Warum hast du mir das alles nicht früher gesagt?

RAINER *(angewidert)*:

Gonn, das bist d u , ganz d u !

GONN:

Nun — dann hab' ich dir meinen besten Rat gegeben.

RAINER:

Nein! — Ich werde das nie tun, wenn er auch mein Gegner ist. — Ich schätze jede ehrliche Überzeugung und...

GONN:

Lüge! Daß seine Überzeugung ehrlich ist, ist Voraussetzung. Auf den Wert kommt es an. Aber du willst seine Minderwertigkeit wieder einmal entschuldigen. Ich verstehe.

RAINER:

Ich will nichts anderes als die Taktik beibehalten und ihm zeigen, daß meine Achtung vor ihm —

GONN:

Lüge!

RAINER:

— so stark bleibt, daß sie mich hemmt, eine Politik der Nadelstiche gegen ihn zu treiben. Ich liebe Jeanne, aber ich betrüge ihn nicht — wie ich es auch nicht zur Zeit unserer Freundschaft getan habe. Würde ich es jetzt tun, so wäre das nur ein Beweis der unanständigsten Gesinnung, denn damals habe ich sie auch geliebt und mich trotzdem bezwungen. Ich habe ihm gestattet, mich zu verachten und an meinem Willen und Wort zu zweifeln, wenn ich jemals Jeanne gegenüber seine persönlichen Rechte weniger respektieren sollte, als zu der Zeit, wo es noch in meinem Interesse lag, es zu tun.

GONN:

Die Rede ist besser als ihr Zweck.

RAINER:

Ich habe nicht die Absicht, dich zu überzeugen. Ich weiß, daß es dich langweilt, mir zuzuhören. Ich soll etwas „unternehmen", aber ich unternehme nichts mehr. Ich will wieder der werden, der ich war. Eine Stunde stand ich unter deiner Suggestion. Es wird nur wenige dauern, mich von ihr zu befreien. — — Das ist alles, was ich dir zu sagen habe.

GONN:

Noch eine Frage, Rainer! — Hat Yges etwa mit dir gewettet, daß du ihn mit Jeanne betrügen wirst?

RAINER *(widerwillig)*:

Ja.

GONN *(lacht laut auf)*.

RAINER:

Ich habe dir keinen Witz erzählt.

GONN:

Göttlich!

RAINER *(versucht, seine Erregung zu bezwingen)*.

GONN:

Was ist dein Einsatz? *(Rainer schweigt.)* *(Befürchtend)* Fällt etwa diese Wette im Einsatz mit der anderen zusammen? *(Rainer schweigt.)* Ja? *(Rainer schweigt.)* Aber ich finde nicht den Knoten, in den sich beide verschlingen. Was hat die Politik mit der Liebe zu tun?

RAINER:

Es handelt sich nicht um die Politik, und nicht um die Liebe, sondern darum, ob ich der bin, für den ich mich halte. *(Schreiend)* Ich will mir meine Selbstachtung nicht stehlen!!

GONN:
Wenn du verlierst, bist du also entschlossen, ihm als Knecht zu dienen?

RAINER:
Ja!

GONN:
Und die Utopie? Der „Rote Pfad"? — Die Partei?!

RAINER:
Ich gehöre ihr, bis es sich entscheidet, ob ich das Recht habe, der erste Diener meiner Ideen zu bleiben.

GONN:
Das Recht hast du.

RAINER:
Yges behauptet, daß ich nur der Diener meiner Launen bin, daß mein soziales Gewissen für mich nur den seltenen Reiz der Neuheit hat — daß ... ich euch belüge. Wenn es so ist, muß ich mich meinen eigenen Gesetzen unterwerfen. Ich stehe zu meinem Wort.

GONN:
Aber du lebst nicht mehr allein, du bist Volksmann... —
(Jeanne tritt ein.)

JEANNE:
Also das ist eine Geschichte!

GONN:
Jeanne, kann Yges vor einer halben Stunde zurück sein?

JEANNE *(sieht nach der Uhr)*:
Das ist nicht wahrscheinlich. Warum?

GONN:
Du mußt mich entschuldigen. Ich komme noch einmal her. Es ist schon $^3/_4\,7$, ich wollte nur wissen...

JEANNE:

Bleib' doch. Ich muß dir noch was erzählen. Du hast doch von meinem Unglück gehört, nicht?

GONN:

Nein.

JEANNE:

Aber es stand doch in der Zeitung?

GONN:

Ach so, diese Geschichte!

JEANNE:

Ja. Der Polizist war eben hier. Dumm ist der Mensch! Dabei habe ich es selbst gesehen! Mein Kutscher hat gar keine Schuld! *(Zu Rainer)* Was glaubst du denn eigentlich?

RAINER:

Ich weiß gar nicht, um was es sich handelt.

JEANNE:

Hast du denn das nicht gelesen? — Also denk' dir, am Donnerstag — nein, Freitag abend, als ich vom Theater nach Hause fahren will, sag' ich dem Kutscher, er soll noch so einen kleinen Umweg machen, weißt du, es war gerad' der Tag, an dem so himmelblaues Wetter war — ja, am Freitag war's, den Tag kann ich gar nicht vergessen — — und da fährt er über die Wiese, und als er in die Hauptstraße einbiegen will, da kommt ein Taxi und wirft meinen Wagen um —

RAINER:

Und nun handelt es sich darum, wer den Schaden bezahlt?

JEANNE:

Und die Kosten für die Operation. Meinem armen Kutscher ist ein Bein zerquetscht worden.

GONN *(sehr ungeduldig)*:

Ich habe keine Zeit, Jeanne. Ich weiß das ja alles. Es ist sehr traurig, aber —

JEANNE:

So. Woher weißt du, daß mein Kutscher seit gestern behauptet, daß e r der Schuldige ist? *(Zu Rainer)* Ich weiß nämlich ganz bestimmt, daß er es nicht ist. *(Zu Gonn)* Er sagt, an allem Unglück auf der Welt ist er schuld. — Ist das nicht interessant?

GONN:

Der Mann leidet wahrscheinlich an einer fixen Idee.

JEANNE:

Aber das is t doch interessant.

GONN:

Das ist etwas ganz Alltägliches — auf Wiedersehen, Jeanne! *(Er geht hinaus, ohne Rainer zu grüßen.)*

JEANNE:

Hat er dir eben nicht Adieu gesagt?

RAINER:

Nein.

JEANNE *(ruft zur Tür hinaus)*:

Gonn!

GONN *(hinter der Szene)*:

Ja?

JEANNE:

Du hast etwas vergessen!

GONN *(kommt zurück)*:

Was denn?

JEANNE:

Rainer zu grüßen.

GONN *(zeigt Jeanne seine Verachtung. Zu Rainer)*:
Wenn ich dich nicht mehr sprechen sollte, erwarte mich im Café! *(Ab.)*

JEANNE:
Was wollte er denn eigentlich hier? — Was ist denn schon wieder geschehen — du?!

RAINER *(schweigt)*.

JEANNE:
Soll ich dir einen Tee machen? Wir müssen uns doch die Zeit vertreiben, bis Yges kommt?

RAINER *(setzt sich)*:
Bitte.

JEANNE *(bereitet den Tee zu)*:
Wie du das sagst! So müde! — Weißt du, Rainer, ich glaub' gar nicht mehr, daß du mich noch einmal überraschen wirst — mit irgend etwas.

RAINER:
Müßte ich das — als Kavalier?

JEANNE:
Ach — ich meine das anders.

RAINER:
So wie Sie es meinten, empfand ich es als Beleidigung.

JEANNE:
Warum? Bist du selbst nie stolz auf dich gewesen, wenn du etwas getan hattest, was so groß war, daß es dich selbst überraschte?

RAINER:
Nein.

JEANNE:

Aber man tut doch manchmal etwas, was man nicht gewollt hat.

RAINER:

Ja, aber man bereut es.

JEANNE:

Pfui!

RAINER:

Ich bin nicht hergekommen, um zu philosophieren. Außerdem ist der ästhetische Tee unmodern geworden. Das müßten Sie doch wissen!

JEANNE:

Um diese Zeit spricht es sich nur so gut!

RAINER:

Nur keine Sentimentalitäten!

JEANNE *(hat den Tee zubereitet)*:

Aber — das Gegenteil?

RAINER:

Noch weniger.

JEANNE:

(stellt die Kanne mit einem hörbaren Ruck auf den Tisch): O du dummer Mensch! *(Sie setzt sich und schenkt ein.)* Nimmst du etwas Rum?

RAINER:

Danke, nein.

JEANNE:

Aber eine Zigarette rauchst du mit mir.

RAINER:

Es ist eigentlich mein Prinzip, in Gesellschaft einer Frau nicht zu rauchen.

JEANNE:
Sonderbar bist du doch. Warum denn nicht?

RAINER:
Weil die Zigarette ein Hilfsmittel ist, das Ihr entbehren könnt.

JEANNE:
Und deshalb soll eine Frau nicht rauchen?

RAINER:
Sie soll es deshalb nicht tun, weil sie es aus Instinkt bis jetzt nicht getan hat.

JEANNE *(lacht)*:
Wie ernst du alles nimmst!

RAINER *(ärgerlich)*:
Weil ich euch verachten muß, wenn der Mann euer Ideal ist. Seid Ihr es für uns? Für Schwachköpfige vielleicht! Könnt Ihr euch langweilen? Wißt Ihr manchmal nicht, wo Ihr eure Hände lassen sollt? — Also warum raucht Ihr?

JEANNE *(lächelnd)*:
Du bist wohl auf die neuen Ideen nicht gut zu sprechen?

RAINER:
Wie du siehst. Für mich ist die Frauenemanzipation der umgekehrte Sündenfall. Damals aß Adam vom Apfel der Eva, heute ißt Eva vom Apfel des Adam. — Ich stehe vom Tisch auf, wenn ein Blaustrumpf sich zu mir setzt.

JEANNE:
Bourgeois!

RAINER:
Denk' daran: Die Geusen schrieben das Schimpfwort auf ihre Fahnen! *(Dozierend)* Übrigens ist es auffallend, daß

dieser Prozeß sich immer wiederholt. Ich habe in meiner Utopie gesagt, daß Bourgeoisie, Judentum und Sozialdemokratie —

JEANNE:

Aber Rainer! Ich habe deine Utopie angefangen zu lesen und das Buch zuklappen müssen, weil mir sonst die Lust vergangen wäre, je wieder mit dir zu plaudern.

RAINER *(wütend)*:

Ich bin nicht interessanter als mein Buch!

JEANNE:

Unsinn! Du und dein Buch, das sind zweierlei.

RAINER:

Wenn du mein Buch verachtest, verachtest du mich.

JEANNE:

Ich glaub' nur, du bist zu was ganz anderem berufen, als Bücher zu schreiben.

RAINER:

Zu was?

JEANNE:

Tja, du müßtest so einen Beruf haben — wie mein Prinz.

RAINER:

Wer ist denn das?

JEANNE:

Tja — das ist ein ganz geheimnisvoller Prinz.

RAINER *(trinkt Tee)*:

Wohl eine Bühnenbekanntschaft?

JEANNE:

O nein. Der lebt ganz einsam, ganz weit draußen und kommt gar nicht in die Stadt.

RAINER:

Und was tut er?

JEANNE:

Er liebt mich.

RAINER:

Weiter nichts?

JEANNE *(schweigt).*

RAINER:

Versteh' mich nicht falsch. Ich schließe von mir auf andere. Ich würde mich verachten, wenn ich nur das Bestreben hätte, einer Frau zu gefallen. Aber vielleicht haben schon seine Ahnen die übrigen Lebensprobleme gelöst und ihm die erworbene Seelenruhe vererbt; außerdem — pflegen Prinzen ja keinen Beruf zu haben. Von welchem Geblüt ist er denn?

JEANNE:

Das darf ich nicht verraten, sonst ist er mir böse.

RAINER:

Aber ich werde ihn nicht besuchen.

JEANNE:

Du würdest ihn auch gar nicht finden. Er lebt unter einem andern Namen.

RAINER:

Nun?

JEANNE:

Nein. Wenn ich es sage, dann meldet sich nämlich mein Gewissen, und mit dem will ich gar nichts zu tun haben.

RAINER:

Aber es erlaubt dir, deinen Mann zu betrügen?

JEANNE:

Frag' doch nicht so dumm.

RAINER:
Ich habe Yges nie gefragt, aber ich dachte, Ihr lebtet glücklicher.

RAINER:
Er ist ein bißchen roh, weißt du.

RAINER:
Schlägt er dich?

JEANNE *(lacht belustigt)*:
Aber wie kommst du denn darauf? Weißt du denn gar nicht mehr, daß du d a s d a von mir hast? *(Sie zeigt auf eine Narbe an seiner Stirn.)* Erinnerst du dich? Ich hatte dich mal besucht, noch damals, als ich frei war, und da hatte ich beim Spiel gemogelt, und du versuchtest mich zu schlagen —

RAINER:
Ich h a b e es sogar getan, und es war auch berechtigt.

JEANNE:
Nein, das war es nicht — für so eine Kleinigkeit, und deshalb habe ich es dir auch wiedergegeben; aber daß eine Schere auf dem Tisch lag, dafür konnte ich doch nicht — *(sie streichelt die Narbe)* Tut's noch weh? — Gott, was hast du für eine weiche Haut! *(plötzlich)* Nein, daß du mich nicht verstanden hast, wo du mich so gut kennst!

RAINER *(erschrickt)*:
Was?

JEANNE:
Wenn ich „roh" sage, meine ich das doch nicht so körperlich. Im Gegenteil, Yges berührt mich sogar sehr zart; er sieht mich nämlich nur an oder macht photographische Aufnahmen, und zwar wirklich sehr schöne, das muß ich ihm lassen.

RAINER *(träumt)*:
So so — warum tut er denn das?

JEANNE:
Gott, es gibt Menschen, die nicht lieben können.

RAINER *(spricht vor sich hin)*:
Und andere, die jeden Hund lieben und von ihm geliebt sein wollen.

JEANNE:
Wie kommst du denn darauf?

RAINER:
Ach, nur so —

JEANNE:
Mit dem Prinzen lebe ich aber desto glücklicher! Und denk' dir, er hat mich noch nie berührt! — Ja ja, so ist's, und trotzdem — weißt du, ich nenne das ... unbefleckte Empfängnis.

RAINER:
Diese Kunst möchte ich gern von dem Prinzen lernen.

JEANNE:
Du unterschätzt dich.

RAINER:
Ich kenne doch aber sonst meine Fähigkeiten —

JEANNE:
Man zieht nur seinen Fähigkeiten Grenzen, um sich wundern zu können, daß man sie überschreitet — das hat mir mal der Prinz gesagt.

RAINER:
Liebt es Seine Hoheit, solche Aphorismen zu fabrizieren?

JEANNE:
Ja, das ist seine Leidenschaft.

RAINER:

Die kann aber nicht sehr tief sein. — Ich glaube doch, daß Yges würdiger ist, um von dir geliebt zu werden.

JEANNE:

Ach, dieser — Geistesbeamte.

RAINER *(erregt)*:

Wie kannst du eine scherzhafte Bemerkung ernst nehmen!

JEANNE:

Woher weißt du denn, daß der Prinz das gesagt hat?

RAINER:

Ich habe es gesagt, sogar in Yges' Gegenwart. Das Wort ist mir entschlüpft, weil es so — glatt war.

JEANNE:

Ach, du warst es? Weißt du, ich bring' die Männer immer alle durcheinander. Ihr verwechselt uns, wenn zwei Freundinnen einmal den Hut tauschen, und wir verwechseln euch, wenn einer mal sagt, was der andere gesagt haben könnte. Ich glaube, dadurch ist schon manche unglückliche Liebe geheilt worden...

RAINER:

Und manche unerwartete zustande gekommen.

JEANNE:

So ist es mir mit Yges und dir ergangen. — Wir verstehen uns eigentlich recht gut. Findest du nicht?

RAINER *(versteht jetzt erst, was er gesagt hat, und sucht seine Verlegenheit zu verbergen)*:

Wir waren doch auch sehr befreundet.

JEANNE:

Warum sind wir es nicht mehr?

RAINER:

Wie soll ich das verstehen?

JEANNE:

Beichte mir mal — soll ich da hinter den Schirm gehen?

RAINER:

Warum quälst du mich? — Willst du dich von Yges scheiden lassen?

JEANNE:

Vielleicht...

RAINER:

Aber wenn ich dir nun sage, daß das nichts an unseren Beziehungen ändern würde?

JEANNE:

Es würde sie ändern.

RAINER:

Du bist so zuversichtlich...

JEANNE:

Warum schämst du dich schöner zu sein als Yges? Warum nimmst du dir nicht die Rechte, auf die dir die Natur einen Anspruch gab? — Du bist ja unwürdig, so schön zu sein.

RAINER:

Ich bin dem Zufall nicht verpflichtet.

JEANNE:

Wenn du als Mann so leicht denken darfst, dann habe ich es als Frau schwerer.

RAINER:

Wenn du in der Koketterie eine Pflicht siehst — vielleicht

wäre damals alles anders geworden, wenn du diese Pflicht weniger gut erfüllt hättest.

JEANNE:
Ich weiß, daß ich dir gefallen habe.

RAINER:
Das wäre nur möglich, wenn ich ein Laffe oder du eine Kokotte wärst.

JEANNE:
Da ich auch eine Kokotte bin, bist du vielleicht auch ein Laffe. *(Plötzlich)* Muß man dich denn an sämtlichen Zipfeln deiner Seele packen, um dich über einen Abgrund zu schleppen, der gar nicht da ist?

RAINER:
Für dich nicht da ist.

JEANNE:
Wenn du nun all das moralische Gepäck abwirfst, und ich dir helfe... was hat dich denn damals gehindert? Du weißt, ich mußte heiraten. Das sahst du selbst ein. Also warum? Leben die Gründe denn immer noch?

RAINER:
Ja...

JEANNE *(lächelnd)*:
Kann ich sie nicht beseitigen?

RAINER *(schweigt)*.

JEANNE:
Du hättest mich aber doch zum wenigsten besuchen können, wenn du Gründe hattest, mich nicht zu heiraten. Oder hattest du Furcht — hattest du Furcht? Sag' einmal die Wahrheit —

RAINER:

Nein.

JEANNE:

Du lügst!

RAINER *(apathisch)*:

Ich lüge nicht.

JEANNE:

Schau mich einmal an. *(Rainer sieht auf.)* In die Augen! *(Er tut es.)* So — fest — ganz fest — *(sie steht langsam auf)* ganz fest — ganz — ganz fest. *(Sie ist auf ihn zugegangen. Als sie ihn küssen will, läßt die Spannung in seinem Körper plötzlich nach und sein Kopf fällt über die Stuhllehne.)* Du — du, Rainer! *(Sie küßt ihn. Rainer läßt es geschehen.)* Lieber! Solange habe ich gewartet — solange! *(Sie küßt ihn oft hintereinander, plötzlich)* Gott, das ist ja — Rainer, wie glücklich du mich machst!!

RAINER *(richtet sich auf)*:

Was, — was denn?

JEANNE:

Ich hab' die Stellung für den 4. Akt! Bleib' doch so liegen — so nach hinten mit dem Kopf über die Lehne. *(Sie nimmt seinen Kopf in ihre Hände.)* Mein Rainer!

RAINER *(springt plötzlich auf und würgt sie)*:

Du — du probst mit mir?! — Jeanne! Eigne ich mich besser dazu als dein Hund? Du?!

JEANNE:

Hilfe! Hilfe! *(Das Mädchen stürzt herein.)*

RAINER *(läßt Jeanne frei)*:

Sie können wieder gehen.

DAS MÄDCHEN *(sieht fragend auf Jeanne)*.

JEANNE:

Es ist nichts.

DAS MÄDCHEN *(ab)*.

RAINER *(will gehen)*.

JEANNE *(umarmt ihn von hinten und wirft ihn auf die Chaiselongue)*:

JEANNE:

Rainer! Rainer! Glaub' mir. Ich habe nicht gespielt!

RAINER:

Doch!

JEANNE:

Ich reiß dich auseinander! Ich küß dich tot! Du mußt mich lieben! Bleib' bei mir! Du mußt! Du mußt!

RAINER

(kann nicht antworten, da sie sich an seinem Munde festgesaugt hat).

JEANNE:

Sag', daß du mich liebst!
(Man hört eine Tür klappen und eine männliche Stimme. Jeanne springt auf, rennt zum Toilettentisch, ordnet ihre Haare und läuft zur Tür.)
Yges, bist du es?

YGES *(hinter der Szene)*:

'n Tag, Jeanne!

JEANNE:

Komm hier herein, es erwartet dich jemand!

YGES *(tritt ein)*.
(Als er Rainer bemerkt, fragt er hastig): Habe ich die Wette gewonnen?

43

RAINER:
Nein.

YGES:
Für andere Mitteilungen bin ich nicht zu sprechen.

RAINER:
Mein Gewissen gestattet es mir nicht, in diesem Tone zu antworten, trotzdem wir — bis jetzt — gleiche Rechte haben.

YGES *(zu Jeanne)*:
Es ist wohl besser, Jeanne, wenn du uns allein läßt.

RAINER:
Mich stört die Gegenwart Ihrer Gemahlin nicht. Vielleicht überlassen wir Frau Jeanne die Entscheidung.

JEANNE:
Ich bleibe. Ich setz' mich in die Ecke.

YGES:
Ich hoffe, daß Ihnen die unparteiliche Ehrlichkeit jedes Kontrahenten als Richter genügt.

RAINER:
Davon werden Sie sich gleich selbst überzeugen können.

YGES:
Bitte, nehmen Sie Platz. — Es ist auffallend, daß Sie m i c h in meiner W o h n u n g besuchen?

RAINER:
Im Café hätte ich Sie vielleicht nicht getroffen, und ich m u ß t e Sie sprechen. Ihre Gemahlin hat mich unterhalten, während ich auf Sie wartete. Ich finde keinen Grund zum Verdacht. Ich sagte Ihnen schon einmal: Sie haben nicht gewonnen.

JEANNE:

Aber wenn Ihr in diesem Tone fortfahrt, gehe ich hinaus.

YGES:

Das war mein Wunsch.

RAINER:

Frau Jeanne hat recht; ich hätte die Pflicht, bescheidener zu reden.

YGES:

Das verlange ich nur, wenn Sie die Wette verlieren.

RAINER:

Sie brauchten es nicht zu verlangen, ich wäre gedemütigt schon dadurch, daß ich sie verliere.

YGES:

Ich glaube, daß unser Vertrag eines psychologischen Kommentars nicht mehr bedarf. Um was handelt es sich?

RAINER:

Nicht um die Wette. Wenigstens nicht unmittelbar.

YGES:

Sondern...

RAINER *(nach kleiner Pause)*:

Um meinen Tod.

JEANNE *(unfreiwillig)*:

Rainer!

RAINER:

Ich komme zu Ihnen, Yges, um Sie zu bitten, den Vertrag zu lösen, den wir geschlossen haben. Trotzdem ich mein Recht auf den eigenen Tod nicht verkauft habe... ich fühle mich unfrei. Verstehen Sie mich, ich will Sie nicht betrügen, da ich Ihnen einen Anspruch auf mein Leben gegeben habe.

YGES:

Ich habe kein größeres Interesse an Ihrem Leben, als Sie es selbst haben müßten.

RAINER:

Yges — ich habe Ihnen während der vielen Jahre unserer Freundschaft den Einblick in meine Seele wie ein Kaufmann in seine Geschäftsbücher gestattet. Ich hatte den Ehrgeiz Ihnen über meine Einnahmen und Ausgaben Rechenschaft ablegen zu können. Sie sollten das Recht haben zu urteilen, ob ich mit meinem menschlichen Vermögen gut gewirtschaftet habe oder nicht. Ich wollte nicht an meine Ehrlichkeit glauben, wenn Sie sie nicht bestätigen konnten. Sie konnten es nicht. Ich habe mich erboten Ihnen Ihren Irrtum nachzuweisen. Aber ich erkannte vor einer Stunde, daß es zwecklos ist. Was ich nur verwickelt glaubte, ist — ist wirr.

YGES:

Das würde also meine Vermutung bestätigen.

RAINER:

Ja und nein. Richtungslos habe ich nicht gelebt. Ich kenne mein Ziel, aber ich kenne mich selbst nicht mehr.

YGES:

Hm — also Sie kennen Ihren Beruf, aber Sie wissen, daß Sie sich dazu nicht eignen. *(Er lacht.)*

RAINER:

Das habe ich nicht gesagt. Sie können mich verstehen, Yges!

YGES:

Nein. Sie sind lebensüberdrüssig. Weiter nichts. Sie haben kein Recht auf den Tod. Sichtbare Gründe, die Ihr Verlangen rechtfertigen, kann ich nicht finden. Ich habe nichts anderes behauptet, als daß Sie Ihren Beruf nicht kennen.

Würde ich die Wette rückgängig machen, so würde der Verzicht zugleich mein Gewinn sein. *(Lächelnd)* Ich will Sie nicht betrügen.

RAINER *(leise)*:

Dann verachten Sie mich.

YGES:

Ich habe kein Recht dazu.

RAINER:

Wenn — ich Ihnen aber nun — das Recht gebe?

YGES:

Dann habe ich die Wette gewonnen.

RAINER:

Nein. Ich habe nicht aus unsauberen Motiven Anarchie gepredigt. Ich kann die Verantwortung für meine Politik tragen. Ich habe keine Gelegenheit gesucht... *(er sieht auf Jeanne und schweigt)* Yges, warum gönnen Sie mir nicht meinen Tod? Verstehen Sie doch! Es ist niemand auf der Welt, der meine Leiche waschen könnte. Ich muß es selbst tun, bevor ich sterbe. Verstehen Sie doch, ich kann nicht dulden, daß Sie mir Feigheit nachrufen.

YGES:

Verwischen Sie die Klarheit der Situation nicht durch Sentimentalität! Warum wollen Sie sich und die Politik an den Nagel hängen, — etwas tun, was ich nur verlangt haben würde, wenn Sie die Wette verlieren?

RAINER *(schweigt)*.

YGES:

Ich wollte niemals etwas anderes als Ihren Hochmut niederreißen und Ihre Armseligkeit Ihnen und Ihrer Glaubensgemeinde dokumentieren! — Wollen Sie mir zuvorkommen?

RAINER:
Ich habe noch nicht erkannt, daß meine Ideale falsch sind.

YGES:
Der „Rote Pfad" wird also auch nach Ihrem Tode erscheinen?

RAINER *(nach kurzer Überlegung)*:
Ja.

YGES:
Und warum wollen Sie nicht mehr als Herausgeber verantwortlich zeichnen?

RAINER:
Ich fühle mich nicht mehr berechtigt, als Pfeil auf einem Bogen zu liegen, den andere spannen.

YGES:
Und warum „unterschätzen" Sie sich? Der Glaube an Ihr Unrecht berechtigt Sie ebensowenig wie mich, diese Vermutung als Tatsache zu behandeln. Wenn ich das getan hätte, wäre die Wette unnötig gewesen.

RAINER *(schweigt)*.

YGES:
„Ich schätze Ihre Überzeugung", — doch ich suche die Wahrheit! Geben Sie mir Tatsachen! Ich muß Sie gegen Sie selbst in Schutz nehmen, denn ich weiß nicht, warum Sie sich verachten müßten.

RAINER *(sieht ihn dankbar an)*.

YGES:
Ich kenne keine Sympathien oder Antipathien, mein Urteil über Sie mache ich allein abhängig von einer wissenschaftlich begründeten Erkenntnis — wenn sie mir möglich ist.

RAINER:

Ich danke Ihnen, Yges.

YGES:

Da die Wette noch unentschieden ist, ist es nur notwendig, daß ich auf Ihre Selbstanklagen weder mit Achtung noch mit Verachtung reagiere. — Geben Sie mir Tatsachen!

RAINER *(stockend)*:

Ich habe Sie verachtet und gehaßt...

YGES:

Auch meine Selbsterziehung hat es noch nicht vermocht, daß meine rechtlosen Gefühle ihre Ansprüche aufgegeben haben. Sie mögen mich hassen, wenn Sie nur nicht handeln. Was Sie tun, untersteht Ihrer Verantwortung, nicht, was Sie fühlen. Erinnern Sie sich an den zweiten Teil unserer Wette, Sie werden vielleicht jetzt die Bedeutung verstehen, die i c h ihm gebe.

RAINER:

Ich h a b e gehandelt.

YGES *(triumphierend)*:

Jetzt verstehe ich, warum Sie die Anwesenheit meiner Frau wünschten.

RAINER:

Sie verdächtigen mich zum dritten Male. Mein Verhältnis zu Frau Jeanne ist dasselbe geblieben wie zur Zeit unserer Freundschaft. Ich wiederhole es.

YGES:

Dann haben Sie wohl noch eine feinere Rache gefunden.

RAINER *(leise und bestimmt)*:

Ich hatte die Absicht, Sie zu töten.

YGES *(erregt)*:

Mich?

RAINER:
Ich hatte einen Golem nach Ihrem Bilde geknetet.

JEANNE:
Rainer! Du?!

YGES
(sieht flüchtig, aber scharf auf Jeanne):
(Zu Rainer) Was ist das?

RAINER *(zögernd)*:
Eine Wachsfigur...

YGES:
Was macht man mit einem solchen Menschen aus Wachs?

RAINER:
Man setzt ihn auf einen glühenden Ofen...

YGES:
Und?

RAINER:
Und blickt ihn starr an und denkt nur an seinen Haß...

YGES:
Und?

RAINER:
Und quält ihn mit Nadeln und schneidet ihm die Glieder vom Rumpf.

YGES:
Und dann?

RAINER *(erregt)*:
Dann — dann stirbt er! *(Pause.)*

YGES *(steht auf und lehnt sich mit dem Rücken gegen die Tür).*

RAINER *(bittend)*:
Yges!

YGES:
Das Glück klebt ja noch in Ihren Augen. Sie bereuen nicht!

RAINER:
Würde ich Sie sonst darum gebeten haben, unsern Vertrag zu lösen, damit ich tun kann, was ich jetzt tun muß? *(Yges schweigt.)* Gonn hat mir einmal erzählt, daß der Wahnsinn bei vielen Menschen nur in besonderen Augenblicken durchbricht. Zu anderen Zeiten ist es unmöglich, den Kranken von einem gesunden Menschen zu unterscheiden —

YGES *(unterbricht ihn)*:
Plaidieren Sie für mildernde Umstände?

RAINER *(verzweifelt)*:
Wie soll ich es mir erklären, daß ich Sie foltern konnte?!

YGES:
Ich habe also doch recht gehabt! Ihr Haß auf mich ist die Feder Ihrer Unternehmungen. Keine „neue Erkenntnis" hat Sie gezwungen, die Tendenzen des „Prologs" fallen zu lassen. Nur einer Laune — Ihrem ganz unbegründeten Haß auf mich — haben Sie alles geopfert. Oder hatten Sie Gründe? Mir danken müßten Sie, Ihre Sehnsucht war es, den jüngsten Tag zu erleben, an dem gerichtet wird. Ich habe ihn verwirklicht. Gründe, mich zu hassen, gibt es nicht, und nur, wer unrein ist, hat Grund, mich zu fürchten. Das haben Sie mir bewiesen.

RAINER:
Ich habe nicht aus persönlichen Motiven Sie und Ihre Richtung geschädigt. Ich bin nur nicht Literat geblieben und mußte die Forderungen erfüllen, zu denen mich mein neuer Beruf als Volksmann verpflichtet. Ich gebrauche mein Vermögen für meine Zwecke — man hat mich als Kandidaten

für das Parlament aufgestellt — und ich könnte es auch sonst nicht verantworten, Ihre Literatur — nicht zu bekämpfen.

YGES:
Was hat die Literatur mit der Politik zu tun?

RAINER:
Die Sache mit der Sache — nichts. Aber sehr wohl dadurch, daß ich bin. Sie feiern im Literaten die Wiederkunft des Heiligen, der allein mit den Problemen der Ewigkeit lebt — unbekümmert um die sozialen Probleme der Zeit. Für mich aber ist die Zeit das Bergwerk, in dem ich Kohlen schlage, um für den Tag zu sorgen.

YGES:
Sind Sie davon „überzeugt"?

RAINER:
Ja, deshalb mußte ich mich von Ihnen trennen.

YGES *(martert Rainer mit jedem Wort)*:
Tatsache ist aber, daß Sie durch die Annahme meiner Wette schon bewiesen haben, daß es für Sie wie für einen Heiligen nichts Wichtigeres gibt als das Wunder seines zeitlosen Ichs.

RAINER *(sieht mit einem unbegreiflichen Entsetzen auf Yges)*.

YGES:
Ihr soziales Gewissen muß sehr schwach sein, wenn es Ihnen gestattet, Ihre Pflichten der „Zeit" gegenüber zu vernachlässigen. Die „Zeit" hat nur ein Interesse an Ihrem Arbeitswert, und den Anspruch darauf gestehen Sie ihr zu. Wie wollen Sie es begründen, daß Sie ihn ihr nehmen? *(Rainer schweigt.)* Sie wollen nicht mein Schüler sein. Aber zu meinem Gegner sind Sie noch nicht geworden. Sie haben mich um den Genuß einer Laune verkauft. Ein Abtrünniger

sind Sie, der seinen Verrat legitimieren will. Aber eine Genugtuung habe ich, daß Sie jetzt zerplatzen an Möglichkeiten! — Wollen Sie den Tag von heute durchstreichen und sich selbst belügen, daß nichts geschehen sei? Es wird Ihnen nicht schwer fallen. Oder wollen Sie unwahr ehrlich sein und sich erschießen? Aber ihre Freunde werden Sie verachten, daß Sie über Ihren Arbeitswert den ethischen setzen. Oder wollen Sie den „Prolog" wieder herausgeben? Aber Sie werden keine Mitarbeiter finden. Oder wollen Sie mein Sklave werden? — Wollen Sie das? — Sie haben die Wette nicht verloren — wenigstens nicht juristisch, wenn auch dem Sinn nach. Meine Behauptung, daß Sie unsere Ehe brechen würden, sollte ja nur ein Beispiel dafür sein, daß Sie es nicht unterlassen werden, mich, wo es nur dankbar ist, zu ärgern, zu schädigen, zu verleumden und zu bespotten. Ich habe vergessen, daß Sie mich auch töten könnten. Um Ihrer Verpflichtung zu entschlüpfen, haben Sie eine Hintertür gefunden. Ich überlasse es Ihnen, sie zu benutzen.

JEANNE *(steht auf)*:
Komm, Rainer, wir gehen!

YGES *(beherrscht sich durch ein Lächeln)*:
Wie gut, daß Sie es sich erst dreimal verboten haben, daß ich Sie verdächtige! Beim vierten Male behalte ich desto sicherer recht!

RAINER *(tonlos)*:
Ihre Frau hat mich geküßt, und dann sprach sie von einem Prinzen...

JEANNE *(zeigt Rainer ihre Verachtung)*.

YGES *(sehr ruhig)*:
Nicht nur verlogen sind Sie, sondern auch dumm. Jetzt

haben Sie sich sogar Jeannes Hilfe verscherzt. *(Boshaft)* Was werden Sie nun tun?

RAINER:

Das — zu dem ich mich verpflichtet habe — wenn ich die Wette verliere.

YGES
(läuft mit großer Schnelligkeit zum Schrank und entnimmt ihm ein Livree):

Hier ist die Livree, die du als mein Sklave tragen wirst. Du erhältst ein eigenes Zimmer und ißt mit dem Mädchen. Sonstige Ansprüche zu stellen, hast du nach unserer Vereinbarung nicht das Recht. — Kleide dich um, sofort und schnell!

RAINER
(nimmt die Kleider, die Yges auf die Chaiselongue geworfen hat, und geht in das Nebenzimmer).

JEANNE:

Würdest du auch ihm gedient haben, wenn du verloren hättest?

YGES:

So lautete nicht die Abmachung.

JEANNE:

Wie lautete sie denn?

YGES *(schweigt).*

JEANNE:

Ich verstehe ja noch nicht ganz, um was es sich handelt. Aber so viel weiß ich, daß bei einer solchen Wette vorher bestimmt wird, was jeder zu leisten hat, wenn er verliert.

YGES:

Ich habe mich verpflichtet, ihm 2000 Stimmen für seine Kandidatur zu gewinnen.

JEANNE *(lacht)*.

RAINER *(tritt ein)*.

YGES *(setzt sich in einen Fauteuil im Erker)*:
Gewöhn' dich daran zu klopfen, wenn du eintrittst. — Jeanne, mach bitte Licht! Ich möchte sehen, ob es wahr ist, daß Kleider Leute machen. *(Jeanne geht zum Erkerfenster, um die Rouleaux herunter zu lassen.)* Ach so, die Leute! Wenn du doch auch solch Mitleid mit mir haben wolltest, Jeanne, wie mit deinem — Diener!

JEANNE *(hat, während Yges dies sagt, die Gardienenschnur zu einer Schlinge gelegt und wirft sie ihm schnell um den Hals. Yges will aufspringen, fällt aber zurück und stirbt. Rainer will hinzuspringen, wendet sich aber dann plötzlich ab)*.

JEANNE *(umarmt ihn)*:
Rainer! Mein armer Rainer! *(Sie küßt ihn.)* Küß mich wieder!

RAINER *(hastig)*:
Mach doch Licht!

JEANNE:
Küß mich!

RAINER:
Warum hast du das getan?

JEANNE *(küßt ihn)*.

RAINER:
Er bewegt sich noch!

JEANNE:
Ach, das ist die Gardine. — Siehst du?

RAINER:
Mach doch Licht, es ist hier so dunkel.

JEANNE:

Ich kenne mein Zimmer, ich werde dich führen. Komm!

RAINER:

Warum hast du das getan? *(Jeanne küßt ihn.)*

JEANNE:

Küß mich! *(Rainer tut es)* — — noch einmal! — auch dahin — und dahin —

RAINER:

Da steht jemand, da!

JEANNE:

Das ist doch der Ofen!

RAINER:

Der Ofen...?

JEANNE:

Faß ihn doch an!

RAINER:

Warum...

JEANNE:

Bleib' mal so stehen — so — wie blaß und krank du aussiehst!

RAINER *(schreit)*:

Ich habe zugesehen — ich habe ihn getötet!

JEANNE *(küßt ihn)*:

Ganz ruhig — so — ganz, ganz ruhig bleiben — sei lieb — komm!

RAINER:

Warum hast du denn das getan?

JEANNE:

Komm! komm! *(sie zieht ihn hinter den Bettschirm; man hört die Betten)* Lieber! Lieber!

RAINER:

Nein!!

JEANNE:

Komm, komm — mein Prinz!

RAINER *(befreit)*:

Jeanne! Jeanne! Jeanne!

JEANNE:

Du! Warum hast du mich nicht geheiratet?

RAINER:

Frag' nicht mehr nach der Vergangenheit! *(Es klopft.)*

JEANNE *(schreit auf)*:

Mein Mann! *(Sie lacht nervös über ihren Irrtum.)*

RAINER *(leise)*:

Ist der Riegel vor?

JEANNE:

Nein, wo ist denn das Mädchen?

RAINER *(springt auf und läuft zur Tür)*:

Wer ist da?

STIMME:

Ich! Gonn! Ich muß dich sprechen!

RAINER:

Warte! *(Zu Jeanne)* Es ist besser, wenn wir ihn herein lassen.

JEANNE:

Aber mach schnell. *(Sie springt auf und läuft aus dem Zimmer. Rainer zündet Licht an und versteckt die Livree.) (Gonn tritt ein und drückt Rainer ein Paket in die Hand.)*

GONN:

Ich konnte es nicht lassen, dir noch einmal zu helfen. Aber diesmal garantiere ich für den Erfolg.

RAINER:

Wem gehört das Geld?

GONN:

Dir.

RAINER:

Ich habe dir nur 1000 Mark geborgt.

RAINER:

Die habe ich für dich gesetzt. Um 7 Uhr habe ich die Renndepeschen gelesen, um ½ 8 war ich beim Buchmacher. — Ich schenke dir natürlich nicht das Geld.

RAINER:

Ich gehe keine Verpflichtungen mehr ein.

GONN:

Wenn nun aber dadurch der Wette die Voraussetzung genommen wird?

RAINER:

Ich verstehe dich nicht. —

GONN:

Die Wette ist eine geschickte Spekulation Yges'. Nicht wahr? Er hat sie nicht aus denselben Gründen vorgeschlagen, aus denen du sie angenommen hast. Er wollte sich dafür rächen, daß du ihn zwangst, als Phonograph ohne Trichter, als Ausrufer ohne Klingel zu leben. Wenn ich dir nun dieses Geld zur Verfügung stelle, damit er eine neue Zeitschrift gründet, vielleicht unter dem alten Namen?

RAINER:

Aber damit wäre doch nichts gebessert.

GONN:

Glaubst du wirklich, daß er deine „Verlogenheit" entdeckt hätte, wenn er seinen Scharfsinn weiter dazu hätte verwenden dürfen, Literaturpolitik zu treiben? Damals fehlte dir Geld, um ihm den „Prolog" zu schenken. Das hast du mir selbst gesagt. Heute habe ich es dir verschafft, und sämtliche Konflikte und Wetten sind nun, hoffe ich, ebenso nichtig und wertlos wie das Mittel, durch das ich sie beseitigt habe. *(Er streckt ihm die Hand entgegen.)* Aber — wie siehst du denn aus?

RAINER:

Ich habe im Dunkeln gesessen — Jeanne mußte sich anziehen — zum Theater. Das Licht blendet mich noch.

GONN:

Wo hast du denn deinen Rock?

RAINER *(lächelnd)*:

Ach, — Jeanne ärgerte es, daß mir ein Knopf am Jackett fehlte. Sie wird gleich kommen. Yges wird auch bald kommen. Jaa — was ich dir sagen wollte —

GONN:

Was verwirrt dich? Mein Vorschlag ist gut und diesmal ohne Gefahr für dich.

RAINER:

Er nimmt kein Geld. Der Gewinn wäre auch nicht selten genug.

GONN:

Er nimmt es.

RAINER *(schweigt)*.

GONN:
Rainer, es gibt nur zwei Mächte auf dieser Erde: die Seele und das Geld. Wer beide verachtet, ist verloren.

RAINER *(zögernd)*:
Ich möchte mich — chemischer von ihm scheiden.

GONN:
Das wolltest du schon vor zwei Stunden, und ich half dir es zu tun; aber da du ihm scheinbar trotz alledem diese Absicht beichten willst, muß ich annehmen, daß deine Wahlverwandtschaft zu ihm stärker ist als dein Wille.

RAINER *(entschlossen)*:
Nein! — Würdest du mir noch einmal helfen, wenn ich es — endgültiger tue?

GONN *(nach kurzer Überlegung)*:
Wenn du mich nicht noch einmal im Stich läßt —

RAINER *(schiebt den Sessel beiseite, hinter dem Yges liegt).*
(Gonn schweigt lange.)

GONN:
War das die einzige Möglichkeit?

RAINER:
Ja. Ich hatte die Wette verloren.

GONN:
Dann allerdings... *(Er drückt Rainer die Hand.)*

JEANNE *(tritt ein. Sie trägt ein Straßenkostüm).*

GONN *(erschrickt, als er Jeanne bemerkt).*

JEANNE *(ruhig)*:
Du wirst uns behilflich sein?

GONN:

Nur dir! Rainer wird nicht fliehen!

RAINER:

Soll Jeanne steckbrieflich verfolgt werden und ich mich zum Abgeordneten wählen lassen?

GONN:

Ja.

JEANNE:

Komm, Rainer.

GONN *(erregt)*:

Ich denunziere dich lieber, als daß ich dulde, daß du uns Bettgenüssen opferst!

RAINER:

Ich habe der Bewegung die Richtung gegeben. Ich bin überflüssig.

GONN *(geschäftlich)*:

Ich werde der Partei davon Mitteilung machen. *(Er will gehen.)*

RAINER *(zu Jeanne)*:

Ich bitte dich, — auf wenige Minuten! *(Jeanne geht hinaus.)*

GONN:

Wenn du fliehst, kann mich nichts mehr davon überzeugen, daß die Utopie für dich mehr als eine Laune war. — Tust du es, ja oder nein? Alles übrige interessiert mich nicht.

RAINER:

Ich liebe diese Frau.

GONN:

Ja oder nein?

RAINER:

Ich liebe Jeanne...

GONN:

Warum?

RAINER *(überrascht)*:

Gründe gibt es dafür nicht.

GONN:

Du kannst Jeanne doch nicht — sinnlos lieben.

RAINER *(lächelnd)*:

Woher weißt du, daß der Meeresgrund des Ozeans kein Loch hat? Würde die Liebe da sein wie das Meer, wenn nicht ein festgefügter Grund sie tragen würde?

GONN *(überrascht)*:

Das ist — falsch.

RAINER:

Damals, wie heute, finde ich keine tieferen Gründe, sie nicht zu heiraten. Damals habe ich es nicht getan. Heute tue ich es. Und beide Male bin ich mit mir zufrieden.

GONN *(gehässig)*:

Nur mit dem Unterschied, daß es dich damals befriedigte, stolz zu sein, und heute nicht.

RAINER:

Das weiß ich nicht. Ich weiß nur, — daß ich Jeanne liebe...

GONN:

Du glaubst wohl, daß dieses Wörtchen genügt, um der Sache eine Bedeutung zu geben. Liebe! Etwas, was seine Bedeutung seiner Popularität verdankt!

RAINER:

Vielleicht. Aber die Popularität mindert nicht ihren Wert.

GONN:

Wert!

RAINER:

Ja, Wert! Das versteht deine Armut nicht!

GONN *(verächtlich)*:

Vielleicht lernst du mich ihn schätzen.

RAINER:

Gern. Hör' gut zu, Gonn! Ich brauchte nicht zu fliehen und auch nicht zu dulden, daß Jeanne den Verdacht auf sich lenkt! Sie hat es getan! Ich bin unschuldig! Und trotzdem — *(Jeanne stürmt herein).*

JEANNE:

Das ist nicht wahr — das ist nicht wahr — er hat es getan! Glaub' ihm nicht, Gonn! Er mußte es ja tun! Yges hat ihn gemartert und in seine Seele geschlagen, daß es klatschte! Und dann mußte er eine Livree anziehen, die Yges für ihn schon gekauft hatte! Denk' dir, die hatte er schon gekauft...

GONN *(zu Rainer)*:

Und diese Erniedrigung war noch nicht tief genug, um dich hochzuschnellen? Du bist ja noch weniger, als ein Gummi!

JEANNE:

Aber Rainer hat es getan! Ich schwöre, daß er es getan hat!

GONN
(blickt auf Rainer, während er zu Jeanne sagt):

Ich glaube dir nicht, du hast schon mal einen Meineid geleistet!

JEANNE
(zu Rainer, mit einem verächtlichen Blick auf Gonn):

Er will dich moralisch erpressen! Du sollst mich verachten lernen!

GONN *(versucht sich zu beherrschen).*

JEANNE:

Komm, Rainer!

RAINER *(zu Gonn)*:

Willst du mir deinen Paß geben — für den Notfall? *(Gonn gibt ihm das Schriftstück.)* Danke. *(Jeanne geht zur Tür.)*

GONN:

Sage mir nur noch das: Verachtest du dich nicht selbst? *(Rainer sieht flüchtig zu Gonn auf, dann verläßt er mit Jeanne das Zimmer.)*

MARCEL SCHWOB

DER KINDERKREUZZUG

1914

KURT WOLFF VERLAG · LEIPZIG

*Dies Buch wurde
gedruckt im Februar 1914
als sechzehnter Band der Bücherei
„Der jüngste Tag" bei Poeschel & Trepte
in Leipzig*

Berechtigte Übertragung von Arthur Seiffhart

Copyright by Kurt Wolff Verlag, Leipzig, 1914

Circa idem tempus pueri sine rectore sine duce de universis omnium regionum villis et civitatibus versus transmarinas partes avidis gressibus cucurrerunt et dum quaereretur ab ipsis quo currerent, responderunt: Versus Jherusalem, quaerere terram sanctam.... Adhuc quo devenerint ignoratur. Sed plurimi redierunt, a quibus dum quaereretur causa cursus, dixerunt se nescire. Nudae etiam mulieres circa idem tempus nihil loquentes per villas et civitates cucurrerunt. . . .

ERZÄHLUNG DES GOLIARD

Ich armseliger Goliard, elender Pfaff, der ich in den Wäldern und auf den Landstraßen umherstreife, um im Namen unseres Heilandes mein tägliches Brot zu erbetteln, ich habe ein frommes Schauspiel gesehen und die Worte der kleinen Kinder gehört. Ich weiß, mein Leben ist nicht sehr heilig und ich habe den Versuchungen unter den Linden am Wege nicht widerstanden. Die Brüder, die mir Wein geben, sehen wohl, daß ich kaum gewöhnt bin, ihn zu trinken. Aber ich gehöre nicht zur Sekte derer, die verstümmeln. Es gibt böse Menschen, die den Kleinen die Augen ausstechen, ihnen die Beine absägen und die Hände binden, um sie auszustellen und Mitleid mit ihnen zu erwecken. Und deshalb habe ich Furcht, wenn ich alle diese Kinder sehe. Sicher wird sie unser Heiland beschützen. Ich rede in den Tag hinein, denn Freude erfüllt mich. Ich freue mich über den Frühling und über alles, was ich gesehen habe. Mein Geist ist nicht sehr stark. Ich erhielt die Tonsur, als ich zehn Jahre alt war und habe die lateinischen Worte vergessen. Ich bin wie die Heuschrecke; denn ich springe hierhin und dorthin und summe, und manchmal öffne ich bunte

Flügel, und mein kleiner Kopf ist durchsichtig und leer. Man sagt, daß St. Johannes sich in der Wüste von Heuschrecken nährte. Man müßte viel davon essen. Aber St. Johannes war nicht ein Mensch wie wir.

Ich bewundere St. Johannes, denn er irrte umher und redete ohne Unterlaß. Mir scheint, seine Worte hätten milder sein sollen. Auch der Frühling ist mild in diesem Jahr. Niemals hat es so viele weiße und rote Blumen gegeben. Die Wiesen sind frisch gewaschen. Überall auf den Hecken glänzt das Blut unseres Heilandes. Unser Herr Jesus ist weiß wie eine Lilie, aber sein Blut ist rot. Warum? Ich weiß nicht. Auf irgendeinem Pergament muß es geschrieben stehen. Wenn ich Schreiben gelernt hätte, würde ich Pergament haben und würde darauf schreiben. Dann könnte ich jeden Abend sehr gut essen. Ich ginge in die Klöster und betete für die toten Brüder und schriebe ihre Namen auf meine Rolle. Ich würde meine Totenrolle von einer Abtei zur anderen tragen. Das ist etwas, was unseren Brüdern gefällt. Aber ich kenne die Namen meiner toten Brüder nicht; vielleicht sorgt sich unser Heiland auch nicht darum, sie zu erfahren. Mir schien, als ob alle diese Kinder keine Namen hätten. Und es ist sicher, daß unser Herr Jesus sie liebt. Sie erfüllten die Landstraße wie ein Schwarm weißer Bienen. Ich weiß nicht, woher sie kamen. Es waren ganz kleine Pilger. Als Pilgerstäbe hatten sie Hasel- und Birken-

stöcke. *Auf den Schultern trugen sie das Kreuz; und alle diese Kreuze hatten andere Farben. Ich sah grüne, die wohl aus aufgenähten Blättern gemacht waren. Es sind wilde, unwissende Kinder. Ich weiß nicht, wohin sie irren. Sie glauben an Jerusalem. Ich denke, Jerusalem muß weit sein und unser Heiland muß näher bei uns sein. Sie werden nicht nach Jerusalem kommen. Aber Jerusalem wird zu ihnen kommen. Wie zu mir auch. Das Ziel aller heiligen Dinge liegt in der Freude. Unser Heiland ist hier, auf diesem Rotdorn, auf meinem Munde und in meiner armen Rede. Denn ich denke an ihn, und seine Grabstätte ist in meinen Gedanken. Amen. Ich will hier in der Sonne schlafen gehen. Dies ist eine heilige Stätte. Die Füße unseres Heilandes haben alle Orte geheiligt. Ich will schlafen. Jesus, laß am Abend alle diese kleinen weißen Kinder schlafen, die das Kreuz tragen. Wahrhaftig, ich sage es ihm. Ich bin sehr schläfrig. Ich sage es ihm wirklich, denn vielleicht hat er sie gar nicht gesehen und er muß doch über die kleinen Kinder wachen. Die Mittagsstunde drückt auf mich. Alle Dinge sind weiß. Amen.*

ERZÄHLUNG DES AUSSÄTZIGEN

Wenn ihr verstehen wollt, was ich euch erzählen werde, so wisset zuvor, daß mein Haupt von einer weißen Kapuze umhüllt ist und daß ich eine Klapper aus hartem Holze schwinge. Ich weiß nicht mehr, wie mein Gesicht aussieht, aber ich fürchte mich vor meinen Händen; sie laufen vor mir her wie schuppige, fahle Tiere. Ich möchte sie abschneiden. Ich schäme mich vor dem, was sie berühren. Mir ist, als ob sie die roten Früchte, die ich pflücke, absterben lassen, und die armseligen Wurzeln, die ich ausreiße, scheinen welk zu werden unter ihrem Griff. Domine ceterorum libera me! *Der Heiland hat nicht meine bleiche Sünde gesühnt. Ich bin vergessen bis zur Auferstehung. Wie die Kröte, die beim kalten Licht des Mondes in einen dunklen Stein eingeschlossen wird, so werde ich in meiner scheußlichen Höhle eingeschlossen bleiben, wenn die anderen mit ihrem lichten Körper auferstehen.* Domine ceterorum fac me liberum, leprosus sum! *Ich bin einsam und mir graust. Meine Zähne allein haben ihre natürliche Weiße bewahrt. Die Tiere haben Furcht vor mir und meine Seele möchte fliehen. Der Tag stiehlt sich von mir weg. Zwölfhundert und zwölf*

Jahre ist es her, daß der Heiland sie erlöst hat, und mit mir hat er kein Mitleid gehabt. Ich wurde nicht berührt mit dem blutigen Speer, der ihn durchbohrt hat. Das Blut des Heilandes der anderen hätte mich vielleicht geheilt. *Ich denke oft an Blut; mit meinen Zähnen könnte ich beißen; sie sind unversehrt. Da Er es mir nicht geben wollte, so habe ich die Gier, den zu packen, der Ihm gehört. Deshalb lauerte ich den Kindern auf, die von der Vendôme nach diesem Walde der Loire herabkamen. Sie trugen Kreuze und waren Ihm ergeben. Ihre Körper waren Sein Körper, und er hat mich nicht eines Körpers teilhaftig werden lassen. Ich bin auf Erden von einer bleichen Verdammnis umgeben. Ich habe mich auf die Lauer gelegt, um aus dem Halse eines seiner Kinder unschuldiges Blut zu saugen.* Et caro nova fiet in die irae. *Am jüngsten Tage werde ich einen neuen Leib bekommen.*

Und hinter den anderen ging ein frisches Kind mit rotem Haar. Ich faßte es ins Auge und sprang plötzlich hervor; ich ergriff seinen Mund mit meinen scheußlichen Händen. Es war nur mit einem härenen Hemde bekleidet; seine Füße waren bloß und seine Augen blieben sanft. Und es betrachtete mich ohne Erstaunen. *Als ich bemerkte, daß es nicht schreien würde, ergriff mich der Wunsch, einmal eine menschliche Stimme zu hören. Ich zog meine Hände von seinem Munde* zurück, und es wischte sich nicht seinen Mund ab. Und seine Augen schienen anderweit zu weilen.

„Wer bist du?" fragte ich.

„Johannes der Deutsche", antwortete das Kind. Und seine Worte klangen hell und wohltuend.

„Wo gehst du hin?" fragte ich weiter.

Und das Kind antwortete: „Nach Jerusalem, das heilige Land zu erobern!"

Ich lachte und fragte: „Wo liegt Jerusalem?"

Und das Kind antwortete: „Ich weiß nicht."

Und ich fragte weiter: „Was ist Jerusalem?"

Und das Kind antwortete: „Es ist unser Heiland!"

Da begann ich von neuem zu lachen, und ich fragte: „Wie ist dein Heiland?"

Und das Kind antwortete: „Ich weiß nicht; er ist weiß!"

Und dieses Wort brachte mich in Wut und unter meiner Kapuze öffnete ich meine Zähne und beugte mich zu seinem frischen Halse. Das Kind aber wich nicht zurück und ich sprach zu ihm: „Warum hast du keine Furcht vor mir?"

Und das Kind sagte: „Warum sollte ich Furcht vor dir haben, weißer Mann?"

Da brach ich in Tränen aus, und ich warf mich auf den Boden und ich küßte die Erde mit meinen scheußlichen Lippen und schrie:

„Weil ich aussätzig bin!"

10

Und das deutsche Kind betrachtete mich und sprach mit heller Stimme: „Ich weiß nicht."

Es hatte keine Furcht vor mir! Es hatte keine Furcht vor mir! Meine gräßliche Weiße galt ihm gleich der seines Heilandes. Und ich nahm eine Handvoll Gras und wischte seinen Mund und seine Hände ab. Und ich sprach zu ihm: „Zieh' in Frieden zu deinem weißen Heiland und sage ihm, daß er mich vergessen hat."

Und das Kind betrachtete mich, ohne etwas zu sagen. Ich habe es begleitet, bis es aus der Finsternis dieses Waldes heraus war. Es wanderte, ohne zu zittern. Weit hinten im Sonnenschein sah ich sein rotes Haar verschwinden. Domine infantium, libera me! *O, daß der Ton meiner Holzklapper bis zu Dir dringe, wie der reine Klang der Glocken. Herr derer, die nicht wissen, erlöse mich!*

ERZÄHLUNG
DES PAPSTES INNOCENZ III.

Weit vom Weihrauch und den Meßgewändern kann ich sehr leicht mit Gott reden in dieser schmucklosen Kammer meines Palastes. Hierher komme ich, um an mein Alter zu denken, ohne daß mir die Arme gestützt werden. Während der Messe erhebt sich mein Herz, und mein Körper strafft sich; das Funkeln des geweihten Weines erfüllt meine Augen, und mein Geist ist gesalbt mit den kostbaren Ölen; aber an diesem einsamen Ort meiner Kirche darf ich mich unter meiner irdischen Ermüdung beugen. Ecce homo! *Denn durch den Prunk der Hirtenbriefe und Bullen kann die Stimme seiner Priester wahrlich nicht bis zum Herrn dringen und sicherlich gefallen ihm weder Purpur, noch Kleinodien, noch Bilder; aber in dieser kleinen Zelle hat er vielleicht Mitleid mit meinem unvollkommenen Gestammel. O Herr, ich bin sehr alt, sieh mich hier weißgekleidet vor Dir. Mein Name ist Innocenz und Du weißt, daß ich nichts weiß. Verzeihe mir mein Papsttum, denn es ist eingesetzt worden, und ich erdulde es. Nicht ich habe seine Ehrungen befohlen. Ich sehe Deine Sonne lieber durch diese runde Scheibe, als in dem prächtigen Widerschein meiner Kirchen-*

fenster. Laß mich seufzen wie andere Greise und Dir dieses bleiche, gefurchte Antlitz zuwenden, das ich mühsam aus den Wogen der ewigen Nacht erhebe. Die Ringe gleiten von meinen dürren Fingern, so wie die letzten Tage meines Lebens dahingleiten.

Mein Gott! Ich bin Dein Stellvertreter hier, und ich strecke Dir meine hohle Hand entgegen, voll des reinen Weines Deines Glaubens. Es gibt große Verbrechen. Es gibt sehr große Verbrechen. Wir können von ihnen lossprechen. Es gibt große Ketzereien. Es gibt sehr große Ketzereien. Wir müssen sie unerbittlich bestrafen. In dieser Stunde, da ich vor Dir kniee, weiß, in dieser weißen, schmucklosen Zelle, leide ich, o Herr, unter einer großen Angst, denn ich weiß nicht, ob Richten über Verbrechen und Ketzereien zu meinem prunkhaften Papsttum gehört oder in diese, durch einen kleinen Lichtkreis erhellte Zelle, in der ein alter Mann schlicht die Hände faltet. Und ich bin auch unruhig wegen deiner Grabstätte; sie ist immer noch von Ungläubigen umgeben. Man hat sie ihnen noch nicht abnehmen können. Niemand hat Dein Kreuz nach dem Heiligen Lande getragen. Wir sind in Untätigkeit versunken. Die Ritter haben ihre Waffen niedergelegt und die Könige können nicht mehr befehlen. Und ich, Herr, klage mich an und schlage gegen meine Brust: ich bin zu schwach und zu alt.

Jetzt, Herr, höre auf dies zitternde Flüstern, das

aus dieser kleinen Zelle meiner Kirche zu Dir dringt und rate mir. Seltsame Nachrichten haben mir meine Diener gebracht, von Flandern und Deutschland bis zu den Städten Marseille und Genua. Unbekannte Sekten entstehen. Durch die Städte hat man nackte Frauen laufen sehen, die nicht redeten. Diese stummen schamlosen Weiber zeigten empor zum Himmel. Mehrere Wahnsinnige haben auf den Märkten den nahen Untergang gepredigt. Die Einsiedler und umherziehenden Mönche sind voller Aufregung. Und mehr als siebentausend Kinder sind, ich weiß nicht durch welche Zauberei, aus den Häusern gelockt worden. Siebentausend befinden sich auf der Landstraße und tragen das Kreuz und den Pilgerstab. Sie haben nichts zu essen; sie haben keine Waffen, sie sind unfähig und machen uns Schande. Sie verstehen nichts von jeder wirklichen Religion. Meine Diener haben sie befragt. Sie antworten, daß sie nach Jerusalem gehen, um das Heilige Land zu erobern. Meine Diener haben ihnen gesagt, daß sie nicht über das Meer kommen würden. Sie antworteten, das Meer würde sich teilen und austrocknen, um sie hindurchzulassen. Die guten Eltern, die fromm und klug sind, bemühen sich, sie zurückzuhalten. Sie aber zerbrechen die Riegel bei Nacht und übersteigen die Mauern. Viele sind Söhne von Adligen und Kurtisanen. Es ist ein Jammer. Herr, alle diese Unschuldigen werden dem Schiffbruch und den Anbetern Mohammeds preisgegeben. Ich sehe, wie der Sultan von Bagdad von seinem Palast aus nach ihnen späht. Ich zittre davor, daß die Seeleute sich ihrer Leiber bemächtigen, um sie zu verkaufen.

Herr, erlaube mir, mit Dir zu reden nach den Geboten der Religion. Dieser Kreuzzug der Kinder ist kein frommes Werk. Mit ihm kann man nicht das heilige Grab für die Christenheit gewinnen. Er vermehrt die Zahl der Landstreicher, die an der Grenze des erlaubten Glaubens herumirren. Unsere Priester können ihn nicht beschützen. Wir müssen glauben, daß diese armen Geschöpfe vom Bösen besessen sind. Sie laufen herdenweise auf den Abgrund zu wie die Säue im Gebirge. Wie du weißt, Herr, bemächtigt sich der Böse gern der Kinder. Einst erschien er in Gestalt eines Rattenfängers und lockte mit dem Klange seiner Pfeife alle Kleinen aus der Stadt Hameln. Wie manche erzählen, ertranken alle diese Unglücklichen im Weserfluß; andere behaupten, daß er sie im Innern eines Berges einschloß. Du mußt befürchten, daß Satan alle unsere Kinder den Martern derer entgegenführt, die nicht unseren Glauben haben. Herr, du weißt, daß es nicht gut ist, wenn der Glauben sich neugestaltet. Sobald er im feurigen Dornbusch erschien, ließest Du ihn im Tabernakel einschließen. Und als er Deinen Lippen auf Golgatha entfloh, befahlst Du, daß er in den Kelch und die Monstranz eingeschlossen werde. Diese kleinen Propheten werden das Gebäude Deiner Kirche erschüttern. Das muß ihnen verboten werden. Willst Du die empfangen, die nicht wissen, was sie tun, ohne Rücksicht auf Deine Geweihten, die in Deinem Dienst ihre Chorhemden und Stolen trugen, die den schweren Versuchungen widerstanden, um Dich zu gewinnen? Wir müssen die Kindlein zu Dir kommen lassen, aber auf dem Wege Deines Glaubens. Herr, ich spreche mit Dir nach Deinen Geboten. Diese Kinder werden umkommen. Laß es nicht geschehen, daß unter Innocenz ein neues Blutbad unter den Unschuldigen stattfindet.

Vergib mir jetzt, mein Gott, daß ich unter der Tiara Dich um Rat gefragt habe. Mich ergreift die Greisenschwäche. Betrachte meine armen Hände.. Ich bin ein sehr alter Mann. Mein Glaube ist nicht wie der der ganz Kleinen. Das Gold dieser Zellenwände ist durch die Zeit verblichen; sie sind weiß. Der Schein Deiner Sonne ist weiß. Auch mein Kleid ist weiß, und mein verdorrtes Herz ist rein. Ich habe nach Deinem Gebot gesprochen. Es gibt Verbrechen. Es gibt sehr große Verbrechen. Es gibt Ketzereien. Es gibt sehr große Ketzereien. Mein Haupt zittert vor Schwäche: vielleicht darf man weder strafen noch lossprechen. Das vergangene Leben macht uns in unseren Entschlüssen schwanken. Ich habe nie ein Wunder gesehen. Erleuchte mich. Ist dieses ein Wunder? Welch Zeichen *hast Du ihnen gegeben. Ist die Zeit gekommen? Willst Du, daß ein sehr alter Mann, wie ich, gleich sei in seiner Weiße Deinen kleinen arglosen Kindern? Siebentausend! Wenn auch ihr Glaube unwissend ist, willst Du die Unwissenheit von siebentausend Unschuldigen bestrafen? Auch ich werde Innocenz, der Unschuldige, genannt. Herr, ich bin unschuldig wie sie. Bestrafe mich nicht in meinem hohen Alter. Die langen Jahre meines Lebens haben mich gelehrt, daß diese Herde von Kindern keinen Erfolg haben kann. Ist dies dennoch ein Wunder, Herr? Meine Zelle bleibt friedlich, wie bei anderen Andachten. Ich weiß, es ist nicht nötig, Dich anzuflehen, damit Du Dich offenbarst. Aber ich flehe zu Dir von der Höhe meines Greisenalters, von der Höhe Deines Papsttums. Belehre mich, denn ich weiß nicht. O Herr, es sind Deine kleinen Unschuldigen. Und ich, Innocenz, ich weiß nicht, ich weiß nicht.*

ERZÄHLUNG
DREIER KLEINER KINDER

Wir drei, Nikolaus, der nicht sprechen kann, Alain und Denis, sind hinausgezogen auf die Landstraßen, um nach Jerusalem zu ziehen. Schon lange laufen wir. Weiße Stimmen riefen uns in der Nacht. Sie riefen alle kleinen Kinder. Sie waren wie die Stimmen der Vögel, die im Winter starben. Und zuerst haben wir viele arme Vögel gesehen, die ausgestreckt auf dem gefrorenen Erdboden lagen, viele kleine Vögel mit roten Kehlen. Dann haben wir die ersten Blumen und die ersten Blätter gesehen und wir haben daraus Kreuze geflochten. Wir haben vor den Dörfern gesungen, wie wir es sonst immer zum neuen Jahre taten. Und alle Kinder kamen zu uns gelaufen. Und wir sind weitergezogen wie eine Herde. Da waren Männer, die uns fluchten, weil sie nicht den Heiland kannten. Frauen gab es, die uns am Arme festhielten und uns ausfragten und unsere Gesichter mit Küssen bedeckten. Und es gab auch gute Seelen, die uns Holznäpfe mit warmer Milch und Früchte brachten. Und alle Leute hatten Mitleid mit uns. Denn sie wissen nicht, wohin wir gehen und sie haben die Stimmen nicht gehört.

Auf der Erde gibt es dichte Wälder und Flüsse und

Gebirge und Wege voller Dornen. Und am Ende der Erde ist das Meer, über das wir bald fahren werden. Und am Ende des Meeres liegt Jerusalem. Wir haben weder Führer noch Wegweiser. Nikolaus läuft wie wir, Alain und Denis, obwohl er nicht sprechen kann, und alle Länder sind gleich und gleich gefährlich für Kinder. Überall gibt es dichte Wälder und Flüsse und Gebirge und Dornen. Aber überall werden die Stimmen mit uns sein. — Bei uns ist ein Kind, das Eustachius heißt; es ist blind geboren. Es hält die Arme immer ausgebreitet und lächelt. Wir sehen nicht mehr als er. Ein kleines Mädchen führt ihn und trägt sein Kreuz. Sie heißt Allys. Sie spricht niemals und weint niemals. Sie richtet ihre Augen immer auf die Füße Eustachius', um ihn zu halten, wenn er strauchelt. Wir lieben alle beide. Eustachius wird die heiligen Lampen des Grabes nie sehen können. Aber Allys wird seine Hände nehmen, um mit ihnen die Steine des Grabes zu berühren.

O, wie schön sind die Dinge auf der Erde. Wir erinnern uns an nichts, weil wir nie etwas gelernt haben. Doch wir haben alte Bäume und rote Felsen gesehen. Manchmal gehen wir lange durch die Finsternis. Manchmal laufen wir bis zum Abend über helle Wiesen. Wir haben Jesu Namen in Nikolaus' Ohren gerufen, so daß er ihn gut kennt. Aber er kann ihn nicht nennen. Er freut sich mit uns über das, was wir sehen. Denn seine Lippen können sich zum Lachen öffnen und er streichelt unsere Schultern. Und so sind sie gar nicht unglücklich; denn Allys wacht über Eustachius und wir, Alain und Denis, wachen über Nikolaus.

Man sagte uns, daß wir in den Wäldern Menschenfresser und Werwölfe treffen würden. Das sind Lügen. Niemand hat uns erschreckt; niemand hat uns ein Leid getan. Die Einsiedler und die Kranken kommen, uns zu sehen, und die alten Frauen zünden für uns Lichter in den Hütten an. Man läßt für uns die Kirchenglocken läuten. Die Bauern erheben sich von den Äckern, um uns zu erspähen. Auch die Tiere betrachten uns und laufen nicht fort. Und seit wir unterwegs sind, ist die Sonne wärmer geworden und wir pflücken nicht mehr dieselben Blumen. Aber alle Stengel lassen sich in derselben Form flechten und unsere Kreuze sind immer frisch. So ist unsere Hoffnung groß und bald werden wir das blaue Meer sehen. Und am Ende des blauen Meeres liegt Jerusalem. Und der Heiland wird alle kleinen Kinder zu seinem Grabe kommen lassen und die weißen Stimmen in der Nacht werden fröhlich sein.

ERZÄHLUNG
DES SCHREIBERS FRANÇOIS LONGUEJOUE

Heute, am fünfzehnten Tage des Monats September, im Jahre zwölfhundertundzwölf nach der Fleischwerdung unseres Herrn, sind in die Kanzlei meines Herrn Hugues Ferré mehrere Kinder gekommen, die verlangen, über das Meer zu fahren, um das heilige Grab aufzusuchen. Und weil genannter Ferré nicht genug Handelsschiffe im Hafen von Marseille hat, so hat er angeordnet, daß ich Meister Guillaume Porc bitte, er solle die Anzahl vervollständigen. Die Meister Hugues Ferré und Guillaume Porc werden um unseres Heilandes Jesu Christi willen die Schiffe bis zum heiligen Lande führen. Es sind augenblicklich um die Stadt Marseille mehr als siebentausend Kinder versammelt, von denen einige welsche Sprachen reden. Die Ratsherren fürchteten mit Recht den Ausbruch einer Hungersnot und haben sich im Rathause versammelt, wohin sie nach geschehener Beratung unsere obengenannten Meister befohlen haben, um sie zu ermahnen und dringend zu bitten, eilends die Schiffe zu schicken. Das Meer ist jetzt wegen der Tag- und Nachtgleiche sehr bewegt, aber es ist zu bedenken, daß ein so großer Zustrom für unsere gute Stadt sehr gefährlich werden kann, um so mehr, als alle diese Kinder durch die Länge des Weges ausgehungert sind und nicht wissen, was sie tun. Ich habe es den Seeleuten im Hafen bekannt gegeben und die Schiffe bemannen lassen. Zur Vesperstunde wird man sie ins Wasser ziehen können. Das Kinderheer ist nicht in der Stadt, sondern alle laufen am Strande herum und sammeln Muscheln als Abzeichen für die Reise und man sagt, daß sie sich über die Seesterne wundern und denken, sie seien lebend vom Himmel gefallen, um ihnen den Weg zum Heiland zu weisen. Das ist, was ich über dieses außergewöhnliche Ereignis zu sagen habe: erstens, daß es wünschenswert ist, daß Meister Hugues Ferré und Guillaume Porc schnell diese fremde, unruhige Menge aus unserer Stadt führen; zweitens, daß der Winter sehr hart war, wodurch die Erde in diesem Jahr arm ist, was die Herren Kaufleute genau wissen; drittens, daß die Kirche gar nicht von der Absicht dieser vom Norden kommenden Herde unterrichtet war, und daß sie sich nicht um die Torheit einer kindischen Schar (turba infantium) *kümmern wird. Und man muß Meister Hugues Ferré und Guillaume Porc loben wegen der Liebe, mit der sie unserer guten Stadt zugetan sind, wie auch wegen der Ergebenheit für unseren Heiland, indem sie ihre Schiffe schicken und sie begleiten zu dieser Zeit der Tag- und Nachtgleiche und trotz der großen Gefahr, durch die Ungläubigen angegriffen zu werden, die auf ihren Feluken von Algier und Bugia aus Seeräuberei auf unserem Meer treiben.*

22

ERZÄHLUNG DES KALANDARS

Ruhm sei Gott! Gelobt sei der Prophet, der mir erlaubt hat, arm zu sein und den Herrn anrufend durch die Städte zu irren. Dreifach gesegnet seien die heiligen Begleiter Mohammeds, die den göttlichen Orden errichteten, dem ich angehöre! Denn ich gleiche ihm, der mit Steinwürfen aus der Stadt gejagt wurde, die so ehrlos ist, daß ich sie nicht nennen will und der in einen Weinberg flüchtete, wo ein Christensklave sich seiner erbarmte und ihm Trauben gab, und als der Tag sich neigte, durch die Worte des Glaubens bewegt wurde. Gott ist groß! Ich habe die Städte Mossul, Bagdad und Basrah durchquert, ich habe Sala-ed-Din (seine Seele ruhe in Gott) und seinen Bruder, den Sultan Seif-ed-Din gekannt und ich habe den Beherrscher der Gläubigen gesehen. Ich kann sehr gut von dem wenigen Reis, den ich mir erbettele, leben, und von dem Wasser, das man in meine Kalebasse gießt. Ich achte darauf, daß mein Körper rein ist. Aber die größte Reinheit herrscht in meiner Seele. Es steht geschrieben, daß der Prophet, ehe er berufen wurde, auf dem Erdboden in einen tiefen Schlaf fiel. Und zwei weiße Männer stiegen herab und standen zur Rechten und zur Linken seines Leibes. Und der weiße Mann zur Linken schnitt seine Brust mit einem goldenen Messer auf, nahm das Herz und drückte das schwarze Blut heraus. Und der weiße Mann zur Rechten schnitt ihm mit einem goldenen Messer den Bauch auf, zog die Eingeweide heraus und reinigte sie. Und sie brachten die Eingeweide wieder an ihren Platz und von nun an war der Prophet rein, um den Glauben zu verkündigen. Dieses ist eine übermenschliche Reinheit, die vor allem den himmlischen Wesen zukommt. Jedoch auch die Kinder sind rein. Solcherart war die Reinheit, welche die Prophetin zu erzeugen wünschte, als sie den Strahlenkranz bemerkte, der das Haupt des Vaters des Propheten umgab und versuchte, sich mit ihm zu vereinen. Aber der Vater des Propheten vereinigte sich mit seinem Weibe Aminah und der Strahlenkranz verschwand von seiner Stirn und die Prophetin erkannte so, daß Aminah soeben ein reines Wesen empfangen hatte. Ruhm sei Gott, welcher reinigt! Hier, unter der Vorhalle dieses Basars, kann ich ruhen und ich werde die Vorübergehenden grüßen. Hier hocken reiche Tuch- und Juwelenhändler. Hier ist ein Kaftan, der gut tausend Denare wert ist. Ich brauche kein Geld und bin frei wie ein Hund. Ruhm sei Gott! Ich erinnere mich jetzt, da ich im Schatten bin, des Anfangs meiner Rede. Zuerst spreche ich von Gott (es gibt keinen Gott außer Gott), und von unserem *heiligen Propheten, der den Glauben offenbarte, denn dies ist der Ursprung aller Gedanken, ob sie dem Munde entquellen oder mit dem Schreibrohr geschrieben sind. Zu zweit betrachte ich die Reinheit, mit der Gott die Heiligen und die Engel begnadet hat. Und drittens denke ich nach über die Reinheit der Kinder. Ich sah vor kurzem eine große Schar Christenkinder, die der Beherrscher der Gläubigen gekauft hat. Ich habe sie auf der großen Landstraße gesehen. Sie liefen wie eine Herde Hammel. Man sagt, daß sie von Ägypten kommen und daß die Schiffer der Franken sie dorthin gebracht haben. Sie waren vom Satan besessen und versuchten, das Meer zu überqueren, um nach Jerusalem zu kommen. Ruhm sei Gott! Er hat nicht erlaubt, daß eine so große Grausamkeit vollendet wurde. Denn die armen Kinder wären unterwegs gestorben, da sie weder Beistand noch Lebensmittel hatten. Sie sind ganz unschuldig. Und als ich sie sah, habe ich mich zur Erde geworfen und mit der Stirn auf den Boden geschlagen und habe den Herrn mit lauter Stimme gelobt. Jetzt will ich erzählen, wie diese Kinder aussahen. Sie waren weiß gekleidet und trugen Kreuze auf ihre Kleider genäht. Sie schienen nicht zu wissen, wo sie sich befanden und schienen nicht traurig zu sein. Ihre Augen sind beständig ins Weite gerichtet. Ich habe eins von ihnen bemerkt, das blind war und von einem kleinen Mädchen an der Hand geführt wurde. Viele haben rotes*

Haar und grüne Augen. Es sind Franken, die dem Kaiser von Rom gehören. Sie sind irrgläubig und beten den Propheten Jesus an. Der Irrtum dieser Franken ist offenbar. Denn erstens ist es durch die Schriften und Wunder bewiesen, daß es kein Wort gibt außer dem Mohammeds. Weiter erlaubt uns Gott täglich, ihn zu rühmen und unseren Lebensunterhalt zu suchen und er befiehlt seinen Gläubigen, unseren Orden zu beschützen. Auch hat er den Kindern den Scharfblick versagt, denn sie sind ausgezogen aus einem fernen Lande, verführt durch Iblis, und er hat sich nicht offenbart, um sie zu warnen. Und hätten sie nicht das Glück gehabt, in die Hände der Gläubigen zu fallen, so wären sie von den Feueranbetern gefangen genommen und in tiefe Keller eingeschlossen worden. Und diese Verfluchten hätten sie ihrem menschenfressenden, abscheulichen Götzen geopfert. Gelobt sei unser Gott, der alles wohl tut, was er tut und der selbst die beschützt, die nicht an ihn glauben. Gott ist groß! Ich werde jetzt meinen Reis im Laden dieses Goldschmiedes fordern und meine Verachtung des Reichtums verkündigen. Wenn es Gott gefällt, werden alle diese Kinder durch den Glauben gerettet werden.

ERZÄHLUNG
DER KLEINEN ALLYS

Ich kann nicht mehr gut laufen, weil wir in einem heißen Lande sind, wohin uns zwei schlechte Männer aus Marseille geführt haben. Und zuerst wurden wir an einem finsteren Tage mitten unter Blitzen auf dem Meere hin und her geschüttelt. Aber mein kleiner Eustachius hatte keine Furcht, denn er sah nichts und ich hielt seine beiden Hände. Ich liebe ihn sehr und bin seinetwegen hierher gekommen. Denn ich weiß nicht, wohin wir gehen. Wir sind schon so lange Zeit fort. Die anderen erzählten uns von der Stadt Jerusalem, die am Ende des Meeres liegt und von unserem Heiland, der dort sei, um uns zu empfangen. Und Eustachius kannte unseren Herrn Jesus gut, aber er wußte nicht, was Jerusalem ist, noch was eine Stadt oder das Meer ist. Er ist fortgegangen, um Stimmen zu gehorchen und er hörte sie in jeder Nacht. Er hörte sie in der Nacht, weil es dann still ist, denn er kann die Nacht nicht vom Tage unterscheiden. Und er fragte mich wegen dieser Stimmen, aber ich konnte ihm nichts sagen. Ich weiß nichts und ich habe nur Kummer Eustachius' wegen. Wir gingen immer mit Nikolaus, Alain und Denis zusammen; aber sie sind auf ein anderes Schiff gestiegen und kein Schiff war mehr da, als die Sonne wieder aufging. Ach, was ist aus ihnen geworden? Wir werden sie wiederfinden, wenn wir bei unserem Heiland ankommen. Das ist noch sehr weit. Man spricht von einem großen König, der uns zu sich kommen läßt und der die Stadt Jerusalem beherrscht. In dieser Gegend ist alles weiß, die Häuser und die Kleider, und das Gesicht der Frauen ist von einem Schleier verhüllt. Der arme Eustachius kann diese Weiße nicht sehen, aber ich erzähle ihm davon, und er freut sich. Denn er sagt, das ist das Zeichen vom Ende. Der Herr Jesus Christus ist weiß. Die kleine Allys ist sehr müde, aber sie hält Eustachius bei der Hand, damit er nicht fällt und sie hat keine Zeit, an ihre Müdigkeit zu denken. Heute abend werden wir uns ausruhen und Allys wird wie immer nahe bei Eustachius schlafen und wenn die Stimmen uns nicht ganz verlassen haben, wird sie versuchen, sie in der hellen Nacht zu hören. Und sie wird Eustachius an der Hand halten bis zum weißen Ende der großen Reise, denn sie muß ihm den Heiland zeigen. Und ganz sicher wird der Heiland Mitleid mit der Geduld Eustachius' haben und wird erlauben, daß Eustachius ihn sieht. Und vielleicht wird dann Eustachius die kleine Allys sehen.

28

ERZÄHLUNG PAPST GREGORS IX.

Hier ist das mörderische Meer, das so unschuldig und blau erscheint. Seine Falten sind weich und es ist weiß umrandet, wie ein göttliches Kleid. Es ist ein flüssiger Himmel und seine Sterne leben. Ich denke darüber nach, auf diesem Felsenthron, auf den ich mich aus meiner Sänfte tragen ließ. Dieses Meer liegt wirklich inmitten der Länder der Christenheit. Das geweihte Wasser fließt hinein, in dem der Heiland die Sünde wusch. Über sein Gestade beugten sich die Gestalten aller Heiligen und es wiegte ihre durchsichtigen Spiegelbilder. Großes, gesalbtes, geheimnisvolles Meer, das weder Ebbe noch Flut hat, Wiege des Azurs, wie ein flüssiger Edelstein in das Erdenrund gebettet, ich befrage dich mit meinen Augen. O Mittelmeer, gib mir meine Kinder wieder! Warum hast du sie genommen? Ich habe sie nicht gekannt. Ihr frischer Atem hat mein Greisenalter nicht umhaucht. Sie kamen nicht, um mich mit ihren zarten, halbgeöffneten Lippen anzuflehen. Ganz allein, wie kleine Landstreicher voll außerordentlichen, ungestümen Glaubens, eilten sie nach dem gelobten Lande und wurden vernichtet. Von Deutschland und Flandern, von Frankreich, Savoyen und der

Lombardei kamen sie zu deinen treulosen Wellen, heiliges Meer, undeutliche Worte der Anbetung murmelnd. Sie zogen bis zur Stadt Marseille. Sie zogen bis zur Stadt Genua. Und du trugst sie auf deinem breiten, schaumgekrönten Rücken in Schiffen davon; und du wandtest dich um und strecktest deine grünen Arme nach ihnen aus und hast sie behalten. Und die anderen hast du verraten, da du sie zu den Ungläubigen führtest; und jetzt seufzen sie als Gefangene der Anbeter Mohammeds in den Palästen des Orients.

Einst ließ dich ein hochmütiger König Asiens mit Ruten peitschen und mit Ketten beladen. O Mittelmeer, wer wird dir verzeihen? Du bist beklagenswert schuldig. Dich klage ich an, dich allein, deine Klarheit ist trügerisch, du bist ein schlechtes Spiegelbild des Himmels. Ich lade dich zur Verantwortung vor den Thron des Höchsten, dem alle geschaffenen Dinge untertan sind. Geweihtes Meer, was hast du an unseren Kindern getan? Hebe zu Ihm dein blaues Antlitz, strecke Ihm deine schaumbedeckten Finger entgegen; lächle dein unendliches purpurnes Lächeln; laß dein Rauschen sprechen und gib Ihm Rechenschaft.

Du bleibst stumm mit allen deinen Mündern, die zu meinen Füßen am Strande ersterben. In meinem Palast zu Rom gibt es eine alte schmucklose Zelle, die das Alter gebleicht hat wie ein Chorhemd. Papst Innocenz pflegte sich dorthin zurückzuziehen. Man behauptet, daß er dort lange Zeit über die Kinder und über ihren Glauben nachgedacht hat und daß er vom Herrn ein Zeichen forderte. Hier, von der Höhe dieses Felsenthrones, in freier Luft, erkläre ich, daß dieser Papst Innocenz selbst den Glauben eines Kindes hatte und daß er vergeblich sein müdes Haupt schüttelte. Ich bin viel älter als Innocenz, ich bin der Älteste aller Statthalter Gottes, die der Herr hier unten eingesetzt hat und ich beginne erst zu begreifen. Gott offenbart sich nicht. Hat er seinem Sohne am Ölberge beigestanden? Gab er ihn nicht preis in seiner höchsten Angst? O kindliche Torheit, seine Hilfe anzuflehen! Alles Übel und jede Versuchung wohnt nur in uns selbst. Er hat vollkommenes Vertrauen in das durch seine Hände geschaffene Werk. Und du hast sein Vertrauen verraten. Göttliches Meer, wundere dich nicht über meine Sprache. Alle Dinge sind gleich vor dem Herrn. Die stolze Vernunft der Menschen gilt nicht mehr im Vergleich mit dem Unendlichen als das kleine leuchtende Auge eines deiner Tiere. Gott gewährt gleiche Gunst dem Sandkorn wie dem Kaiser. Ebenso sündlos wie das Gold unter der Erde reift, denkt der Mönch im Kloster nach. Ein Teil der Welt ist so schuldig wie der andere, wenn sie vom Pfad der Tugend abweichen; denn sie stammen von Ihm. In seinen Augen gibt es weder Steine, noch Pflanzen, noch Tiere, noch Menschen, sondern nur Geschöpfe. Ich sehe all die weißen

Köpfe, die deine Wellen krönen und die in dein Wasser tauchen; sie springen nur eine Sekunde in das Licht der Sonne und sie können verdammt oder erlöst sein. Ein sehr hohes Alter verringert den Ehrgeiz und klärt die Religion ab. Ich habe ebensoviel Mitleid mit dieser kleinen Muschel, wie mit mir selbst.

Deshalb klage ich dich an, mörderisches Meer, das du meine kleinen Kinder verschlungen hast. Denke an den asiatischen König, der dich bestrafte. Aber er war kein hundertjähriger König. Er war nicht alt genug. Er konnte nicht die Dinge des Weltalls verstehen. Ich werde dich daher nicht bestrafen. Denn meine Klage und dein Rauschen würden zu gleicher Zeit vor den Füßen des Höchsten ersterben, wie das Geräusch deiner Tröpfchen zu meinen Füßen. O Mittelmeer, ich verzeihe dir und spreche dich los. Ich gebe dir die heilige Absolution. Ziehe hin und sündige nicht mehr. Ich bin, wie du, schuldig mancher Sünden, die ich nicht kenne. Du beichtest unaufhörlich am Strande mit deinen tausend seufzenden Lippen und ich beichte dir, großes, heiliges Meer, mit meinen welken Lippen. Wir beichten einer dem andern. Sprich mich los und ich spreche dich los. Laß uns zurückkehren zur Unwissenheit und Reinheit. Amen.

Was soll ich auf Erden tun? Ein Sühnedenkmal wird errichtet werden, ein Denkmal für den Glauben, der nicht weiß. Die Zeiten, die nach uns kommen, sollen von unserer Frömmigkeit wissen und nicht verzweifeln. Gott führte die kleinen Kinder, die das Kreuz genommen hatten, durch die heilige Sünde des Meeres zu sich;. Unschuldige wurden hingemordet; die Körper der Unschuldigen werden ihre Ruhestätte haben. Sieben Schiffe scheiterten auf dem Riff von Reclus; ich werde auf dieser Insel eine Kirche „Zu den Neuen Unschuldigen Kindlein" erbauen und zwölf Priester einsetzen. Und du, unschuldiges, geweihtes Meer, wirst mir die Körper meiner Kinder wiedergeben; du wirst sie an den Strand der Insel tragen; und die Priester werden sie in den Grüften der Kirche bestatten und über ihnen werden sie ewige Lampen entzünden, in denen geweihte Öle brennen und sie werden den frommen Wallfahrern alle diese kleinen Gebeine zeigen, die hier in der Nacht liegen.